AF890528

Alfa Romeo

Das Werk – Die Ära Arese

UMBERTO DI PAOLO

Alfa Romeo

DAS WERK –
DIE ÄRA ARESE

HEEL

HEEL Verlag GmbH
Gut Pottscheidt
53639 Königswinter
Telefon 02223 9230-0
Telefax 02223 923026
info@heel-verlag.de
www.heel-verlag.de

© 2017 HEEL Verlag GmbH, Königswinter
2. Auflage 2024

Verantwortlich für den Inhalt: Umberto Di Paolo
Lektorat: Jost Neßhöver
Gestaltung: Huwer-Design, Hürth

Fotos:
Centro Documentazione Alfa Romeo Arese
Fotoarchiv Daniel Bussmann
Fotoarchiv Dino Fracchia – www.dinofracchia.it
Fotoarchiv Umberto Di Paolo
Fotoarchiv Jost Neßhöver

Alle Rechte, auch die des Nachdrucks, der Wiedergabe in jeder Form und der Übersetzung in andere Sprachen, behält sich der Herausgeber vor. Es ist ohne schriftliche Genehmigung des Verlages nicht erlaubt, das Buch und Teile daraus auf fotomechanischem Weg zu vervielfältigen oder unter Verwendung elektronischer bzw. mechanischer Systeme zu speichern, systematisch auszuwerten oder zu verbreiten. Ebenso untersagt ist die Erfassung und Nutzung auf Netzwerken, inklusive Internet, oder die Verbreitung des Werkes auf Portalen wie Googlebooks.

Alle Angaben ohne Gewähr, Irrtümer vorbehalten

Printed in Slovenia

ISBN: 978-3-95843-482-0

10

24

40

114

174

182

190

202

208

212

220

226

Danksagung
Dieses Buch konnte nur dank der Unterstützung von Freunden und Alfa-Romeo-Enthusiasten zustande-kommen. Ein herzliches Dankeschön für ihren Einsatz und ihre Unterstützung.

Ganz besonders bedanken möchte ich mich bei Lorenzo Ardizio, dem Kurator des Museo Storico und Leiter des beispielhaften Centro Documentazione Alfa Romeo in Arese, aus dessen Fundus ein Großteil der hier gezeigten Fotos stammt. Außerdem bei meinem guten Alfa-Freund Daniel Bussmann, der mich nach Arese begleitet hat und mir bei der Recherche tatkräftig geholfen und mit zahlreichen seiner Fotos zum erfolg-reichen Gelingen des Buches beigetragen hat.

Weiterer Dank gilt Dino Fracchia für seine wertvollen Fotografien aus den siebziger und achtziger Jahren. Danke auch an meine Frau Ginette und meinen Sohn Jesco für ihr Verständnis und ihre Geduld, wenn meine Arbeit am Buch des Öfteren Vorrang hatte.

Anmerken möchte ich noch, dass das vorliegende Buch nicht den Anspruch hat, eine lückenlose Dokumentation zu bieten. Es geht vor allem darum, die Erinnerung an ein sehr großes Alfa-Kapitel wachzuhalten und einen so noch nie gewährten Einblick in die faszinierende und spannende Geschichte des Werks Arese zu geben.

Viel Spaß!

Der Autor
Umberto Di Paolo, Jahrgang 1968, wurde durch seinen Vater schon in frühester Jugend vom Alfa-Virus infiziert. Wegen der Vorliebe für die Sportwagen aus dem Mailänder Vorort Arese absolvierte er auch eine Ausbildung zum Automechaniker. Dabei entwickelte sich eine noch größere Faszination für die italienische Autobaukunst, wobei es ihm anfangs vor allem der GTV6 angetan hatte, dem er auch sein erstes Buch gewidmet hat.

Diese Publikation ist bereits sein siebtes Werk zum Thema Alfa Romeo. Neben Büchern über den GTV6 veröffentlichte er auch Bücher über die Tourenwagenlegende Alfa 155, den limitierten Supersportwagen 8C Competizione und – ebenfalls im HEEL Verlag – über den Alfa 75.

Umberto Di Paolo fährt seit seinem achtzehnten Lebensjahr Alfa Romeo. Nach einer Alfetta GTV 2.0, einem GTV6, Alfa 156 2.5 V6, der Limousine 166 3.0 V6 und nach neun zuverlässigen Jahren mit dem sportlichen 147 GTA, fährt er seit Anfang 2015 einen 159 Tbi 1.8 Ti. Eine große Sammlung von Büchern, Fotos, Prospekten und Modellautos bildet sein Privatarchiv.

„Als Kind fuhren wir, wie dazumal noch üblich, jedes Jahr standesgemäß mit dem Familien-Alfa über die Autostrada del Sole in die Sommerferien ans Meer. Schon damals war es für mich immer etwas Besonderes, wenn wir bei Arese an der Fabrik mit dem großen Alfa-Romeo-Schriftzug auf dem Dach vorbeifuhren. Nachdem ich die überdimensionalen Lettern zuletzt Ende 2014 noch im Keller des Museums unter einer dicken Staubschicht sah, bin ich nun umso glücklicher, dass ein ähnlicher Schriftzug neuerdings auf dem Dach des teilweise renovierten Centro Direzionale beim neuen Alfa Museum thront und in Arese wieder auf die glorreiche Marke aufmerksam macht."

Oben links: Zeitweise waren bis zu 20.000 Mitarbeiter in der Fabrik von Alfa Romeo beschäftigt.

Oben rechts: In der Halle der Karosseriefertigung arbeitete man an fünf Produktionsstraßen zeitgleich.

Darunter: Nach dem Jahrtausendwechsel standen die meisten Hallen leer und boten einen traurigen Anblick. Das komplette Areal verwilderte nach und nach.

Vorwort

Arese, das ist der Name eines kleinen Vorortes von Mailand an der Autostrada A8 Milano-Laghi, und er dürfte den allermeisten Menschen wohl kaum etwas sagen. Eingefleischten Alfisti hingegen bedeutet dieser Ort beinahe so etwas wie Heimat. Allein der Klang des Namens verursacht bei den Kennern Gänsehaut. Die Kleinstadt genießt im Kreis der Alfisti Kultstatus, weil dort seit 1963 die Produktionsstätte des traditionsreichen italienischen Automobilherstellers Alfa Romeo stand. In der Blütezeit waren dort zeitweise mehr als 20.000 Mitarbeiter beschäftigt, die täglich 500 Autos auf fünf Fabrikationslinien produzierten.

Nachdem der Fiat-Konzern 1986 Alfa Romeo übernommen hatte, wurde das Werk in Arese jedoch nach und nach vollständig abgebaut und 2005 endgültig geschlossen. Seit 2010 standen die Hallen dann leer, Unkraut wucherte an allen Ecken und Enden, der Asphalt bröckelte, die undichten Dächer ließen Wasser hinein, das sich in großen Pfützen sammelte, Vögel flogen ein und aus und hinterließen überall Kot. Die Fabrik glich vor dem großen Abbruch einer Geisterstadt.

Ein wenig Alfa aber gibt es immer noch in Arese, und ein paar Leute arbeiten auf dem einstmals riesigen Areal auch immer noch für das Unternehmen. Da wäre unter anderem das 2015 frisch renovierte Alfa Museum, das „Museo Storico Alfa Romeo". Außerdem findet sich im letzten überlebenden Gebäudekomplex das „Centro Documentazione Alfa Romeo", das historische Archiv der Marke. Dort lagern die vielen kleinen Schätze der Traditionsmarke mit der ruhmreichen Vergangenheit: Bücher, Fotos, Dias, Bau- und Konstruktionspläne sowie unzählige Ordner gefüllt mit Informationen über alle jemals produzierten Alfa Romeo Modelle. Der Alfista, der in diese Schatzkammer hineindarf, mag sie gar nicht wieder verlassen.

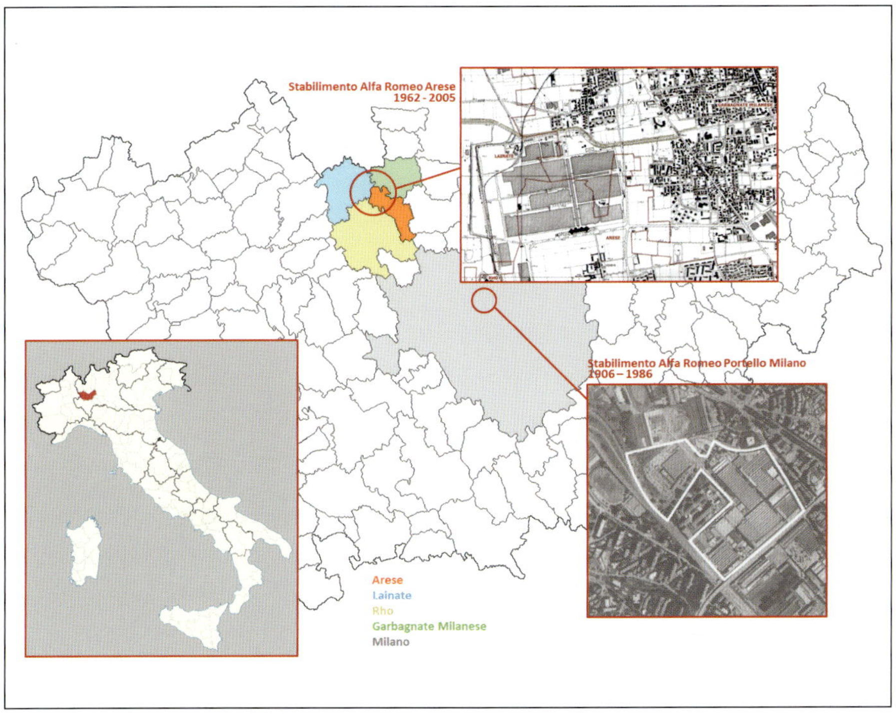

„La Fabbrica" oder „Lo Stabilimento Alfa Romeo di Arese" stand übrigens nicht allein auf Areser Boden. Angesichts der schieren Größe des Komplexes von beeindruckenden zwei Millionen Quadratmetern verteilten sich die einzelnen Anlagen auf Grundstücke in Arese und in den drei Nachbargemeinden Rho, Garbagnate Milanese und Lainate. Die Grenzlinien der vier Gemeinden verliefen teilweise mitten durch die Produktionshallen.

Die Fabrik gehörte bei ihrer Fertigstellung im Jahre 1963 zu den modernsten Produktionsstätten für Automobile weltweit und war zugleich die größte Anlage von Alfa Romeo. Um so tragischer ist die Tatsache, dass dieses geschichtsträchtige Automobilwerk heute nicht mehr existiert. Ein großer Teil des Geländes, auf dem einst die Vorzeigefabrik stand, gehört einem US-amerikanischen Immobilien-Konsortium, das darauf Parkplätze für die Weltausstellung EXPO 2015 und für ein großes Einkaufszentrum hat errichten lassen.

Für Arese bedeutete die Errichtung des Alfa-Werks enorm viel. Die Bevölkerungszahl wuchs ab Baubeginn 1961 von ursprünglich 3037 kontinuierlich. Zum Zeitpunkt der Schließung von La Fabbrica lebten in Arese annähernd 19.000 Menschen. Die Population der Stadt blieb nach der Schließung des Werkes zwar bis heute beinahe unverändert, für viele Bewohner der Region jedoch, die jahrelang von der Arbeit bei Alfa gelebt haben, und natürlich für viele Alfisti war der Beschluss des Fiat-Managements, „Lo Stabilimento" zu schließen, nicht nachvollziehbar.

Warum wurde die Fabrik nicht modernisiert oder durch einen Neubau ersetzt? Warum wurde 2011 auch das Museum für mehr als vier Jahre geschlossen? Was ist aus den Menschen, die Alfa Romeo groß gemacht haben, geworden? Dieses Buch versucht darüber ein wenig Aufschluss zu geben, aber mehr noch soll es mit seinen vielen bislang unveröffentlichten Fotos die Erinnerung wachhalten an „La Fabbrica", das Mutterhaus solch schöner und historisch bedeutender Alfa Romeo wie Giulia, Montreal, Alfetta, GTV6 und 75.

Oben links: Das Werk stand im Norden der Provinz Mailand auf dem Boden der vier Gemeinden Arese, Rho, Lainate und Garbagnate Milanese.

Oben rechts: Hinter der ehemaligen Forschungs- und Entwicklungsabteilung wurden anstelle der östlichen Fabrikhallen Parkplätze für die EXPO 2015 errichtet.

Mitte: Das Bild entstand nicht lange vor dem Abriss. Im Vordergrund ist das Centro Tecnico zu sehen.

Unten: Ein Bild aus besseren Zeiten. Vor dem Parksilo mit dem großen Alfa-Romeo-Schriftzug werden nagelneue Autos auf Lastwagen verladen.

Die Geschichte
Von Portello nach Arese

Die Geschichte
Von Portello nach Arese

Oben: Einst in Mailand: das Eingangsportal des ersten Alfa-Romeo-Werks Portello

Unten: Nicola Romeo (1876–1938) war Retter der Firma A.L.F.A. und Namenspate der Automarke.

Zur Jahrhundertwende 1900 war der italienische Norden reich an Industrieunternehmen aller Branchen. Auch Alfa Romeo gehörte ab 1910 zu den norditalienischen Fabrikaten. Bevor das Werk in Arese jedoch zum Mittelpunkt der Produktion und der Verwaltung von Alfa Romeo wurde, war der Hauptsitz noch in Mailand, im „Portello“, der ersten großen Produktionsstätte des Automobil-Herstellers aus der Lombardei. Das Werk Portello, was so viel bedeutet wie kleine Pforte, wurde 1906, damals noch von Alexandre Darracq, für die Produktion seiner Fahrzeugmodelle 8/10HP und 14/16HP gebaut, ehe es 1910 in den Besitz von A.L.F.A. (Anonima Lombarda Fabbrica Automobili) überging und dort mit dem 24HP der erste A.L.F.A. überhaupt produziert wurde.

Darracq hatte ursprünglich Neapel als Standort für die Fabrik bevorzugt, entschied sich dann allerdings zugunsten von Mailand für sein Unternehmen, die Sociétà Anonima Italiana Darracq. Er kaufte ein 36.000 Quadratmeter großes Grundstück an der Landstraße nach Portello, weil es zentral und strategisch besser gelegen und sowohl auf der Ost-West- als auch auf der Nord-Südachse gut erreichbar war. Das war günstig für den Vertrieb der Wagen und für die Versorgung mit Einzel- und Ersatzteilen.

1910, kurz vor dem Konkurs Darracqs, erwarb eine Gruppe einflussreicher lombardischer Finanziers, darunter Konstrukteur Giuseppe Merosi und sein Partner Ugo Stella, zusammen mit der Banca Agricola di Milano die Fabrik und benannte sie um in A.L.F.A. Es ging los mit 110 Angestellten, doch binnen kurzer Zeit erlangte A.L.F.A. größere Bekanntheit als Darracq. Innerhalb nur weniger Jahre wuchs die Belegschaft auf mehr als 300 Mitarbeiter.

Doch trotz der Popularität der Wagen aus der Lombardei – nicht zuletzt dank einiger beachtlicher Rennerfolge – hatte die Firma noch immer finanzielle Schwierigkeiten. Mit der Übernahme des Werkes durch Nicola Romeo im Ersten Weltkrieg begann für A.L.F.A. jedoch eine neue Ära. Hauptaktionär war die Banca di Sconto, und die Zahl der Mitarbeiter stieg bis Januar 1916 auf 2500. Nach dem Ersten Weltkrieg, in dem das Werk Kriegsgerät und Munition herstellte, begeisterte Nicola Romeo mit der Idee, wieder Sportwagen in Portello zu bauen. Im November 1918 wurde die Fahrzeugproduktion wieder aufgenommen, und auf dem Markenemblem war nun ALFA ROMEO zu lesen.

Das Werk Portello wurde unter Nicola Romeo sukzessive ausgebaut und die Produktion kontinuierlich gesteigert.

Oben links: Das Werk Portello wurde im Zweiten Weltkrieg am 12. August 1943 von den Alliierten bombardiert.

Oben rechts: Alfa war Rüstungsunternehmen und daher das Ziel der Bomber, die das Werk Il Portello fast vollständig zerstörten.

Links: Die Luftaufnahme zeigt das Werk nach dem Bombardement.

1925 wurde Romeo Präsident des Unternehmens, trat 1930 in den Ruhestand und verstarb 1938 im Alter von nur 62 Jahren. Seine Firma Alfa Romeo gehörte indessen seit 1933 der Finmeccanica, die der Staatsholding IRI unterstellt war. Das Istituto per la Ricostruzione Industrial hatte die faschistische Regierung zur Rettung großer Banken gegründet, nachdem einige große Industrieunternehmen, die im Krieg gewaltig gewachsen waren, in erhebliche Schwierigkeiten gerieten. So wurde der Staat zum Großunternehmer und Besitzer großer Aktienanteile.

Den Zweiten Weltkrieg erlebte Nicola Romeo nicht mehr, auch die traurige Tatsache, dass „Il Portello“ am 12. August 1943 von den Alliierten bombardiert und fast vollständig zerstört wurde, weil Alfa Romeo im Regierungsauftrag ein weiteres Mal Kriegsmaterial herstellte. Sechzig Prozent der Anlagen lagen in Schutt und Asche.

Nach dem Krieg und dem Ende der abermaligen Epoche starken Rüstungsengagements stand Alfa Romeo vor der Aufgabe, sich in einer Welt des Chaos und der Zerstörung neu zu orientieren. Man fing so gut wie von vorne an. Nach dem Wiederaufbau des Werks durch Freiwillige begann Alfa Romeo glücklicherweise erneut mit der Produktion von Automobilen und sorgte für den erhofften Aufschwung in der Region.

Oben links: 1950 startete die Serienproduktion des Alfa Romeo 1900, der zum Erfolgsmodell wurde.

Oben rechts: Eines der schönsten Autos seiner Zeit war der Alfa Romeo 8C 2900B Lungo.

Unten links: Ein weiterer Meilenstein in Alfas Markenhistorie: der Alfa Romeo 6C 2500 Villa d'Este

Unten rechts: So schick wie schnell: die Giulietta Sprint Veloce

Großen Einfluss hatte der Erfolg des ersten Großserienmodells. Seit 1948 hatte man an den Plänen für eine Limousine gearbeitet, und 1950 lief die Serienproduktion des Alfa Romeo 1900 an. Die Firma gehörte in den 1950er Jahren schon zu den angesehensten Automobilherstellern weltweit und produzierte neben dem 1900 weitere Meilensteine der Automobilgeschichte wie 6C, 8C und die Giulietta im „Portello".

Anfang der 60er Jahre wurde der Platz allerdings immer knapper, und die Kapazität der Produktion geriet bald an ihre Grenze. Von 1332 Fahrzeugen im Jahr 1951 steigerte man die Fertigungskapazität auf 37.000 Wagen im Jahr 1960. Auch die Stadt Mailand wuchs ständig weiter und verschob ihre Grenzen zunehmend in die Agglomeration und in die landwirtschaftlich geprägten Gegenden. Gern hätte sich Alfa Romeo in Portello weiter ausgedehnt, aber da sich die Fabrik in einem Wohngebiet befand, war für eine Vergrößerung schlicht zu wenig Platz vorhanden.

Eine neue Fabrik musste also her. Sie sollte aber auf jeden Fall in der Nähe errichtet werden, weil sich die gute Verkehrslage als ausgesprochen wichtig fürs Werk erwiesen hatte. Die Wahl fiel auf ein brachliegendes Gelände vor den Toren Mailands, etwa zehn Kilometer nördlich der Stadtgrenze direkt an der Autobahn gelegen zwischen den vier kleinen Gemeinden Arese, Rho, Garbagnate Milanese und Lainate.

Am 27. Februar 1959 wurde offiziell beschlossen, „La Fabbrica" in Arese zu bauen. Der größte Befürworter war

Oben: Viel Handarbeit: die Motorenproduktion für die Giulietta in Portello

Links: Nach dem Wiederaufbau begann das Unternehmen erneut mit der Produktion von Automobilen.

Oben: Die neu eröffnete Fabrik in Arese: Bis zur endgültigen Fertigstellung dauerte es noch bis 1974.

Rechts: Giuseppe Eugenio Luraghi (1905–1991) war lange Präsident von Alfa Romeo und verantwortlich für die goldene Ära.

Giuseppe Luraghi, der neue Präsident von Alfa Romeo. Anfang der 60er Jahre erfolgte der Spatenstich, die Bauphasen verzögerten sich jedoch immer wieder infolge von Vertrags- und Budgetproblemen, so dass die neue Fabrik erst im September 1963 eröffnet werden konnte.

Ursprünglich hatte es schon 1962 losgehen sollen mit dem Start der Serienproduktion des neuen Modells Giulia, Nachfolgerin der Giulietta. Durch die Verzögerungen musste die Fabrikation der Giulia noch im alten Werk Portello gestartet werden. Die Fertigung wurde dann aber so bald als möglich nach Arese übertragen, was 1964 gelang.

Oben: Die neue Limousine Giulia sollte mit mehr als 592.000 produzierten Exemplaren in 15 Jahren ein wahrer Dauerbrenner werden.

Rechts: Der wunderschöne Alfa 33 Stradale von 1968 wurde nur 18 Mal gebaut. Ein Exemplar steht heute im Werksmuseum in Arese.

Begonnen wurde in Arese mit der Produktion des Schwestermodells, der Giulia Sprint GT. Noch aber konnte man sich nicht erlauben, Portello als Fertigungsbetrieb zur Gänze aufzugeben. Nach wie vor entstanden dort für geraume Zeit noch die Aggregate für Giulia und GT und auch kleinere Serien ganzer Fahrzeuge, etwa der wunderschöne Alfa 33 Prototipo Stradale, „Il Portello" schloss die Tore schlussendlich erst 1986 für immer, also 23 Jahre nach der Eröffnung des Werkes in Arese.

Links: 1986 wurde „Il Portello“ in Mailand abgerissen. Heute stehen dort Wohnhäuser und eine Parkanlage.

Rechts: Der neue Spider mit dem Übernamen Duetto wurde durch den Film „The Graduate“ („Die Reifeprüfung“) weltbekannt und sorgte für großartige Verkaufszahlen.

1963 bis 1973: Die Fabrik erlebte in den ersten zehn Jahren nach der Eröffnung goldene Zeiten. Die Wagen aus Arese wurden in die USA, nach Australien und natürlich innerhalb ganz Europas exportiert. Alfa Romeo war in dieser erfolgreichen Zeit ein Symbol für die nationale Hochkonjunktur, und die legendären Modelle aus dem Staatskonzern gelten auch heute noch als wahre Ikonen des „Stile Italiano“.

Auf fünf Produktionsstraßen wurde die vollständige Fabrikation der Wagen aus dem Nichts bewerkstelligt. Von der Projektierung über Metallpressen, Motorenherstellung mit Gießerei, Lackiererei und Sattlerei bis zur Endmontage erfolgte alles in der gleichen Fabrik. 1967, nach dem Film „The Graduate“ (Die Reifeprüfung), in dem Dustin Hoffman einen Spider Duetto fährt, explodierten die Verkäufe förmlich. 20.000 Angestellte der „Fabbrica“ produzierten täglich 500 Autos. Während auf der einen Seite der Fabrik das Aluminium, die Stahlbleche und all die anderen Rohmaterialien eintrafen, verließen auf der anderen Seite etwa 250 Giulia, 210 GT/GTV und 40 Duetto fix und fertig das Werk – Tag für Tag.

1973 bis 1979: Nach der Giulia mit ihren vielen Motorisierungen, nach Giulia GT, GTV sowie GTA und Alfa Montreal wurde ab 1972 auch die Limousine Alfetta in Arese zusammengebaut, die Nuova Giulietta folgte ab 1973, und ab 1974 gab es die Coupéversionen der Alfetta, GT und GTV. Ende der 70er Jahre war „La Fabbrica“ Schauplatz zahlreicher Demonstrationen und Streiks. Gewerkschaften und Angestellte forderten mehr Lohn und bessere Sozialleistungen, und die Fabrik erhielt bald den Spitznamen „Kathedrale der Metallgewerkschaft“.

Alfas guter Ruf begann langsam zu bröckeln, trotzdem entwickelten sich Arese und Lo Stabilimento bis Mitte der 70er Jahre kontinuierlich weiter. Heftige Einschnitte waren die Energiekrisen 1973 und 1979. Für Alfa Romeo und alle weiteren Hersteller sportlicher Automobile bedeutete das einen starken Umsatzrückgang.

Oben: Die Gewerkschaften riefen in den siebziger Jahren immer wieder zum Ausstand auf. Hier stehen die Streikenden auf dem Vorplatz des Centro Direzionale.

Links: Kein seltener Anblick in den Siebzigern: Ein Streikposten vor dem Centro Tecnico.

Oben: 1979, vier Jahre später als ursprünglich geplant, ließ Alfa Romeo mit dem Alfa 6 das neue Flaggschiff vom Stapel.

Unten links: Das von Giuseppe Busso entwickelte V6-Aggregat wurde mehrfach prämiert und über viele Jahre immer wieder weiterentwickelt.

Unten rechts: Als letztes Arese-Triebwerk wurde der V6 mit 3.2 Litern Hubraum, 24 Ventilen und 250 PS in den beiden GTA-Versionen von 147 und 156 eingebaut.

Trotzdem kam 1979 mit dem Alfa 6 ein neues Flaggschiff auf den Markt. Die Präsentation erfolgte vier Jahre später als ursprünglich geplant, weil der neu entwickelte V6-Motor zunächst einfach nicht in die neue Zeit passen wollte. Mit Vergaserbestückung war er schlicht zu durstig.

1980 bis 1986: Das von Giuseppe Busso entwickelte V6-Aggregat erwies sich am Ende als toller Wurf und gewann dank der spritsparenden neuen Bosch-Einspritzanlage zahlreiche Awards in der automobilen Fachwelt und in der internationalen Presse. Im Coupé GTV6 befeuerte dieser Motor dann ab 1980 auch das passendere Auto.

Ab 1984 wurde das in Arese gebaute Triebwerk auch noch im Alfa 90, dem Nachfolger der Alfetta Limousine, eingesetzt. Der Busso-Motor wurde schließlich in immer wieder neuen Versionen bis 2005 in Arese gebaut und kam am Schluss noch in den beiden 250 PS starken GTA-Versionen von Alfa 147 und Alfa 156 zum Einsatz.

Oben: *Auch in den 80er Jahren wurde gestreikt. Mittlerweile ging es um die bloße Existenz der Arbeitsplätze.*

Unten: *Der Alfa 75 wurde zum 75. Geburtstag der Marke lanciert und ebenfalls in Arese produziert.*

Bereits Anfang der 80er Jahre begann jedoch der langsame Niedergang des Werkes. Die Produktion wurde immer weiter zurückgefahren. Neue Modelle wurden nun statt in Arese neuerdings in Pomigliano, dem ehemaligen Alfasud-Werk im Süden bei Neapel, produziert.

Bald wurde nurmehr die Hälfte des riesigen Komplexes benötigt, und immer mehr Hallenraum stand leer. Die Zukunft wurde unsicher, und die Arbeiter litten an wachsender Ungewissheit. Weitere Streiks waren die Folge. Sie konnten jedoch auch nicht verhindern, dass „La Fabbrica" weiter in die Unrentabilität rutschte.

1982 beschäftigte das Werk Arese noch immer rund 19.000 Mitarbeiter und produzierte die Modelle Alfetta, Nuova Giulietta und Alfa 6 sowie die Alfetta-Coupés GT und GTV. 1984 ersetzte der Alfa 90 die Alfetta, und anstelle der Giulietta lief ab 1985 der Alfa 75 vom Band, der so hieß, weil die Marke mittlerweile den 75. Geburtstag gefeiert hatte. Puristen nennen den 75 auch den letzten echten Alfa Romeo, weil es das letzte Modell war, das noch nicht unter Fiat-Regie herauskam.

Oben: Heute steht auf dem ehemaligen Werksgelände von Alfa Romeo eines der größten Shopping-Center Europas.

Unten: Der Alfa 164 war der erste vollständig unter Fiat entwickelte Alfa und eine Gemeinschaftsproduktion mit Fiat, Lancia und Saab.

1987 bis 2011: 1986 wurde Alfa Romeo vom IRI an Fiat verkauft und die Ära Arese näherte sich ihrem Ende. Ab dem 1. Januar 1987 gehörte Alfa Romeo dem neuen Besitzer. Zwei Jahre später, 1989, traf ein weiterer Tiefschlag „La Fabbrica“. Nach einer Klage von besorgten Bürgern Areses entschieden die Region Lombardei und der zuständige Verwaltungsrichter, dass aus Gründen des Umweltschutzes nur noch 400 statt 800 Autos pro Tag lackiert werden durften. Das Werk reagierte mit der ersten mehrerer großer Entlassungswellen.

Der Alfa 75 wurde noch bis 1992 im „Stabilimento“ fabriziert, ab 1988 zusammen mit dem neuen Oberklasse-Alfa, dem 164. Das war der erste vollständig unter Fiat entwickelte Alfa der neuen Generation und eine Gemeinschaftsproduktion mit Fiat, Lancia und Saab. Fiat schloss 1992 aber auch das Autobianchi-Werk Desio und verlegte nun die Produktion des Kleinwagens Y10 nach Arese – auf die freigewordenen Montagebänder des Alfa 75. Ab 1995 wurden auf den Förderbändern dann erneut Alfas, die neuen Modelle GTV und Spider der Baureihe 916, gebaut.

Im Jahr 1997, nach zehn Jahren und beinahe 270.000 produzierten Exemplaren, endete auch die Produktion des Alfa Romeo 164. Es rollte eine weitere Welle von Entlassungen, erneut musste ein großer Teil der Arbeitnehmer über die Klinge springen. Die Zahl der Beschäftigten fiel auf unter 4000.

Die letzten Alfas, die im Werk Arese vom Band liefen, waren in den Jahren 1994 bis 2000 die beiden Modelle GTV und Spider, deren Fabrikation anschließend bis zum Produktionsende 2005 in die Montagehallen von Pininfarina verschoben wurde. Danach kamen aus Arese nur noch die berühmten Busso-V6 sowie Fiat Multipla, ehe die Produktionshallen 2005 für immer geschlossen wurden.

Oben: Volle Auftragsbücher, volle Parkplätze – als noch alles gut war in Arese.

Unten: Teile der alten Fabrikhallen stehen noch, während dahinter die Besucherparkplätze für die EXPO 2015 angelegt werden.

Von den ursprünglich zwei Millionen Quadratmetern standen 2009 nur noch 300.000 in Verbindung zu Alfa Romeo. Übrig blieb als einziges das Centro Stile im ehemaligen Ersatzteillager der Fabrik und das Centro Direzionale mit dem historischen Museum. Doch auch das Designcenter zog 2013 nach Turin ins Centro Stile von Fiat um. Nachdem sich Alfa Romeo respektive Fiat schon beim Abbruch des traditionsreichen Werks „Portello" nicht gerade mit Ruhm bekleckert hatten, wiederholte Fiat 2011 den Fehler und gab auch diese geschichtsträchtige Automobilfabrik der Beseitigung preis.

Auf dem riesigen Gelände, wo einst die Gießerei, die Entwicklungsabteilung und die Montagehalle der mechanischen Gruppen sowie das Ersatzteillager standen, wurden Besucherparkplätze für die Mailänder Weltausstellung EXPO 2015 gebaut – die dann aber meist leerblieben. Die Gebäude mit den großen und kleinen Pressen mussten neuen Lagerhallen für den nahegelegenen Flughafen weichen, und an der Stelle der Lackiererei und der großen, 480 Meter langen Montagehalle steht heute ein riesiges Einkaufszentrum, das im Frühling 2016 eröffnet wurde. Zudem sind weitere Projekte wie Hochhäuser geplant. Bei dem Gedanken daran beschleicht einen Wehmut, noch schlimmer wird es bei einem Besuch vor Ort, wenn man weiß, dass dort einst „Lo Stabilimento Alfa Romeo di Arese" stand.

Wie es überhaupt so weit kommen konnte, ist im Kapitel „Der Anfang vom Ende" ausführlicher beschrieben.

Der Aufbau
Das modernste
Automobilwerk
der Welt entsteht

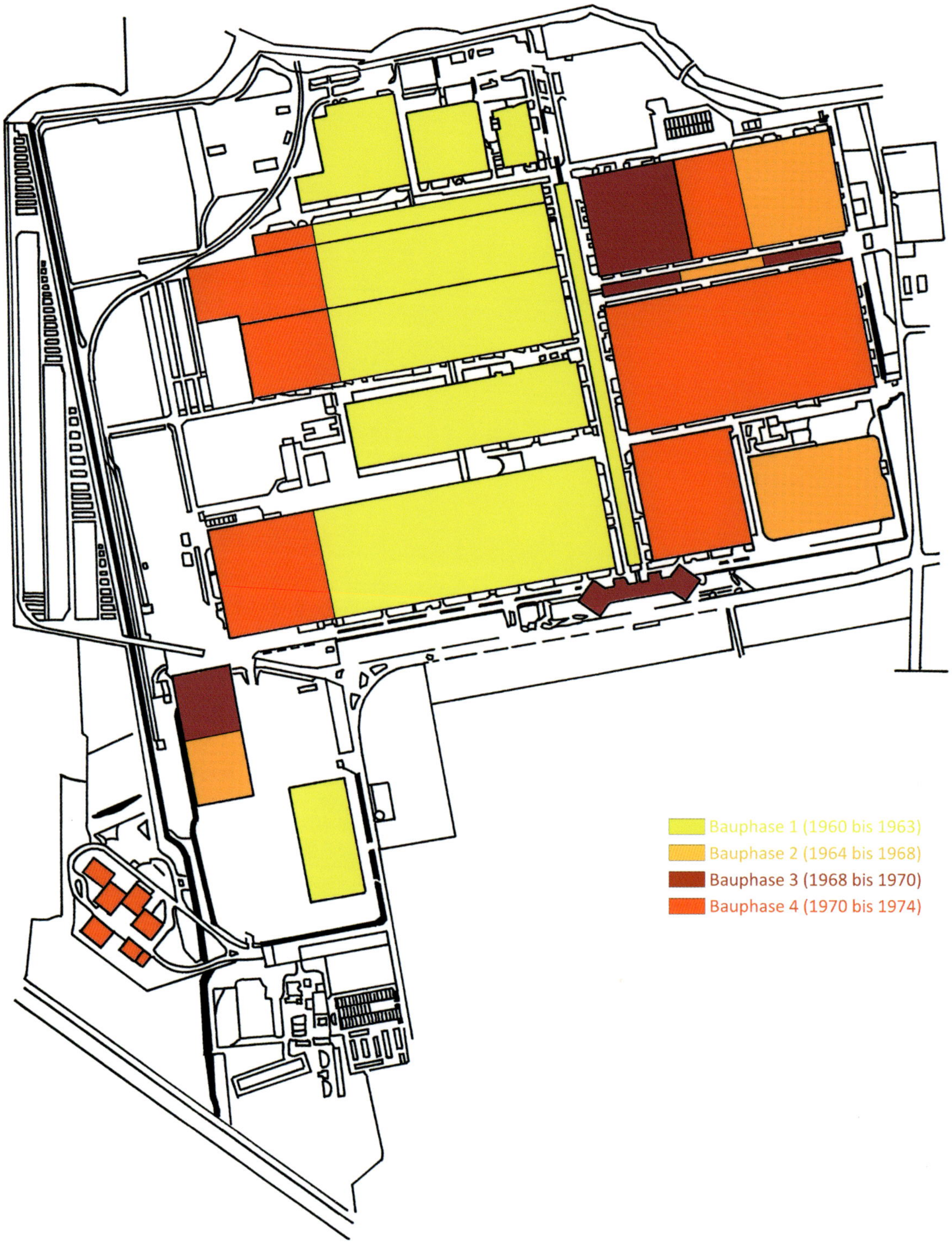

Oben: Der erste Spatenstich für den Bau des Stabilimento erfolgte Anfang 1960.

Rechts: Die vier Bauphasen zwischen 1960 und 1974

Der Aufbau

Das modernste Automobilwerk der Welt entsteht

Arese wurde aus verschiedenen Gründen als Standort für die neue Fabrik ausgewählt. Zum einen wegen der guten Lage direkt an der Autobahn, zum anderen, weil das Gelände groß genug war für das geplante riesige Werk. Außerdem war das Grundstück erschwinglich, da das Land nach der Umwidmung von landwirtschaftlicher in industrielle Nutzung relativ günstig zu haben war.

Das Werk wurde in vier Bauphasen erstellt. Vom ersten Spatenstich Anfang 1960 bis zur Vollendung vergingen 14 Jahre, wobei sich die Phasen teilweise überschnitten. Vom Beschluss im Februar 1959, die neue Produktionsstätte zu errichten, bis zum Abschluss der ersten Bauphase 1963 vergingen nur vier Jahre. Dann ließ sich der erste Teil der Produktion endlich in Arese aufnehmen.

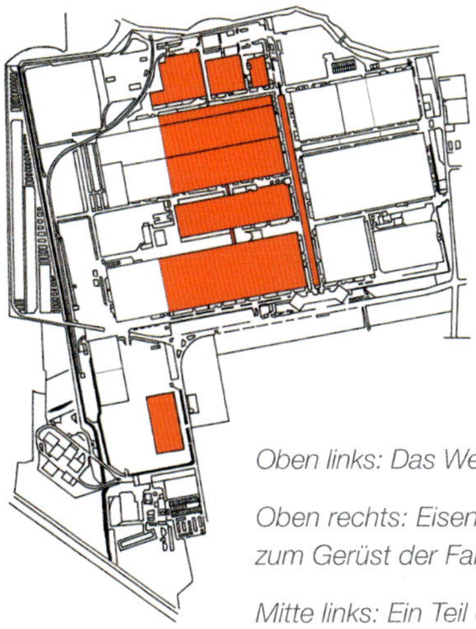

Oben links: Das Werk nimmt Konturen an.

Oben rechts: Eisen und Beton fügen sich zum Gerüst der Fabrikhallen.

Mitte links: Ein Teil des Fundaments

Mitte rechts: Die Eisenbieger und die Eisenflechter haben viel zu tun.

Unten links: Ein Betonmischer liefert eine von ungezählten Fuhren.

Unten rechts: Bauphase 1 (1960 bis 1963)

Oben links: Der Rohbau der Montagehalle steht.

Oben rechts: Die Halle mit den Karosseriepressen geht als eine der ersten in Betrieb.

Unten links: Die größte Halle der Fahrzeugmontage ist 480 m lang.

Unten rechts: Die Halle für die Pressen ist hauptsächlich eine Stahlkonstruktion.

In dieser Zeit wurden im nördlichsten Teil die Halle für die Warenanlieferung und das Wärmekraftwerk realisiert – beides existenziell notwenig für den Betrieb. Gleich im Anschluss, in Richtung Süden, kamen der Reihe nach die Hallen des Presswerks, des Karosseriebaus, der Lackiererei und der Fahrzeugmontage dazu.

Während die Lackiererei aus Betonwänden gebaut war, handelte sich bei den anderen drei Hallen um Metallkonstruktionen. Karosseriebau und Lackiererei waren zudem durch eine geschlossene Brücke verbunden, in der die Rohkarossen auf kleinen Kettenwagen jeweils zum nächsten Fertigungspunkt transportiert wurden.

Oben: Auch die Halle für den Karosseriebau besteht vorwiegend aus Stahl.

Rechts: Der Betonboden muss noch gegossen werden.

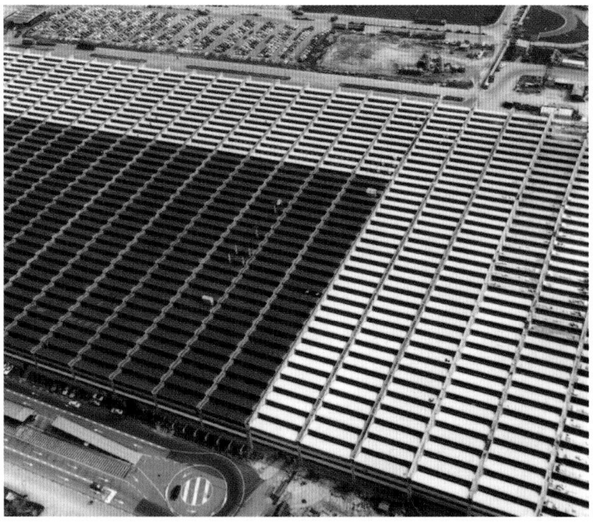

Oben links: Ausblick vom großen Parksilo in Richtung Fahrzeugmontagehalle

Oben rechts: Blick von oben auf die Montagehalle. Unten ist ein kleiner Teil der Teststrecke zu sehen.

Unten links: Das langgezogene Gebäude für Verpflegung, Feuerwehr, Versorgung und Sanität steht kurz vor der Fertigstellung.

Unten rechts: Die Karosserien werden von der Lackiererei an Montageketten über eine Passerelle in die Fahrzeugbauhalle transportiert. Darunter, zwischen den beiden Hallen, befindet sich die kleine aber feine Teststrecke.

Die größte Halle des ganzen Stabilimento war die für die Fahrzeugendmontage. Ihre Länge betrug mehr als 480 Meter. Auch dort erfolgte der Transport der Karosserien von der Lackiererei zur Montage wieder über eine Passerelle. Direkt darunter, zwischen den beiden Gebäuden und von außerhalb des Geländes kaum einsehbar, wurde eine kleine aber feine Teststrecke, die „Pista Prova", für die Endkontrolle der Neuwagen gebaut.

Ebenfalls in der ersten Phase entstand eine riesige Kantine mit Großküche. Sie erstreckte sich vom Norden bis zum Süden des Geländes und trennte das Werk gleichsam in zwei Teile – auf der einen Seite die Gebäude der ersten Bauphase, auf der anderen die später gebauten Hallen. Die Mensa fand sich im ersten Stock des langgezogenen Gebäudes, darunter waren die Servicestellen von Feuerwehr und technischem Dienst untergebracht sowie eine Krankenstation und die Garderoben.

Das letzte Gebäude, das in Phase eins fertig wurde, fand sich etwas abseits der großen Hallen an der Viale Alfa Romeo bei den großen Neuwagenparkplätzen. Die Abstellhalle bot 1600 Neuwagen Platz. Sie steht übrigens noch und ist mit ihrem Tonnendach besonders auffallend.

Oben: Das komplette Werk steht. Nur das Centro Tecnico fehlt noch.

Unten links: Das zentrale Servicegebäude mit der großen Mensa im ersten Stock ist fertig.

Unten rechts: Mehrere Passerellen verbinden die Werkshallen mit der großen Mensa.

Oben: Die große Garage abseits des Werks kurz vor der Fertigstellung. Vorn steht ein Alfa Romeo Matta.

Rechts: Parksilo und Neuwagenparkplatz, im Hintergrund geht die letzte Vergrößerung der Endmontage ihrer Vollendung entgegen.

Oben: Die Gießerei gehört zu den letzten gebauten Hallen.

Mitte links: Eine Ansicht von 1969: Vor allem im östlichen Teil fehlen noch einige Hallen, und der zweite Teil des Silos ist noch im Bau.

Mitte rechts: Nach der zweiten Bauphase stehen auch die neue Schmiede und ein kleiner Teil der zweiten Mensa.

Unten: Bauphase 2 (1964 bis 1968)

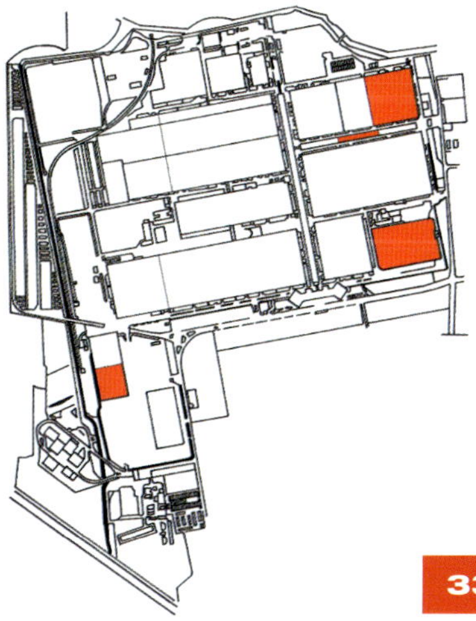

Sämtliche mechanischen Komponenten für die Giulia und das Coupé wurden vorläufig immer noch in Portello gefertigt, und auch die Konstruktions- und Forschungsabteilung befand sich noch in Mailand. Ziel war es jedoch, alle Produktionsschritte von A bis Z in Arese unter ein Dach zu bringen, denn der logistische Aufwand der Warenverschiebungen war zu Zeiten der erfolgreichen Modelle Giulia und GT immens.

So fiel in die zweite Bauphase vor allem der Bau des Teilelagers, das 1966 in Betrieb genommen wurde. Allerdings waren die Arbeiten daran erst 1968 komplett abgeschlossen. Außerdem wurden in Phase zwei ein erster Teil des großen Parksilos, die Halle der Schmiedeabteilung und eine zweite Mensa errichtet, da die Vergrößerung des Werks auch mehr Personal bedeutete. Die zweite Kantine war etwas kleiner und verlief von West nach Ost. Nach der Vollendung des Werkes befand sie sich zwischen der Gießerei und der Konstruktionshalle der mechanischen Komponenten. Sie wurde jedoch in zwei Etappen errichtet, der zweite Teil entstand erst in der dritten Bauphase.

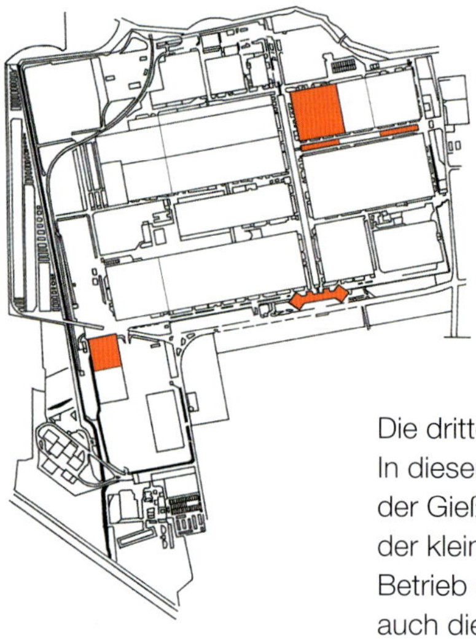

Oben: Die große Montagehalle wird in der vierten Bauphase noch erweitert.

Links: Bauphase 3 (1968 bis 1970)

Die dritte Bauphase begann 1968 und endete 1970. In diesen beiden Jahren wurden die große Halle mit der Gießerei sowie der zweite Teil des Parksilos und der kleinen Mensa gebaut. Die Gießerei war für den Betrieb enorm wichtig, weil sowohl die Motoren als auch die Getriebe aus Aluminium gegossen wurden. In der Schmiede hingegen wurden Komponenten aus Stahl hergestellt – etwa Nocken- und Kurbelwellen.

Schmiede und Gießerei wurden im nordöstlichen Teil gebaut, waren aber noch nicht miteinander verbunden, dazwischen klaffte lange eine Lücke, die erst in Phase vier mit der Vergrößerung der Gießerei geschlossen wurde.

Auch die Arbeiten am Centro Tecnico, der technischen Abteilung, begannen in der dritten Phase, das Gebäude für die Techniker und Konstrukteure war jedoch erst 1974, zum Ende von Phase vier, bezugsbereit.

Bis dahin arbeiteten die Ingenieure ebenfalls noch im Werk Portello. Das Centro Tecnico war ursprünglich als rechteckiger Betonklotz mit Standort vor der „Ricambi-Halle“ geplant, man entschied sich jedoch um. Am Ende thronte die Residenz der Entwickler gleichsam vor dem gesamten Werkskomplex und bestach mit raffinierter Architektur, für die der Architekt auch die maximale von der Gemeinde erlaubte Bauhöhe ausnutzte.

Oben: Auf dem Dach des Parkhauses mit einem der beiden großen Alfa-Romeo-Schriftzüge sind die runden Dächer der Rampenhäuser zu sehen.

Unten links: Das gewaltige Stahlgerüst des Centro Tecnico

Unten rechts: Später werden das Servicegebäude und das Centro Tecnico per Zusatzbau und einer Passerelle miteinander verbunden.

Oben: Vor dem großen Ersatzteillager „Ricambi“ sind tausende Parkplätze für die Angestellten vorgesehen.

Rechts: Das Gebäude für Forschung und Entwicklung entsteht erst in der letzten Bauphase.

Unten: Bauphase 4 (1970 bis 1974)

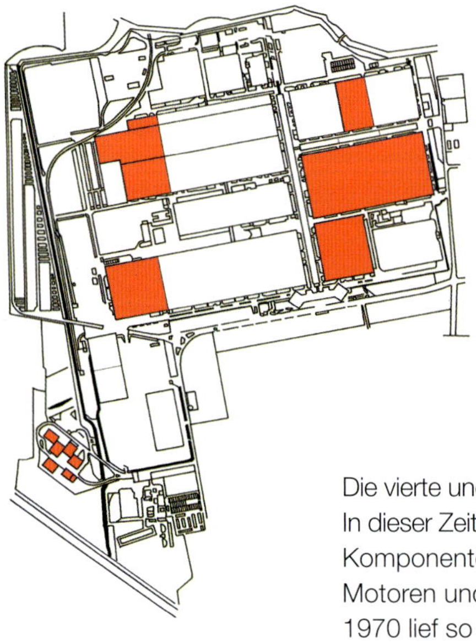

Die vierte und letzte Bauphase dauerte von 1970 bis 1974. In dieser Zeit wurde die Montagehalle für die mechanischen Komponenten erstellt. Dort wurden unter anderem Motoren und Getriebe zusammengebaut. Schon Ende 1970 lief so die komplette Fahrzeugproduktion in Arese unter einem Dach ab.

In der letzten Phase entstand übrigens auch das Gebäude für Forschung und Entwicklung, das durch eine Passerelle ebenfalls mit dem Centro Tecnico verbunden war. Dieses wabenartige, einem Bienenstock ähnelnde Bauwerk fand seinen Platz hinter dem Centro Tecnico direkt neben der Ricambi-Halle.

Oben: Dahinter steht das Werk für den Motoren- und Getriebebau sowie für die weiteren mechanischen Gruppen.

Links: Am Standort des Fotografen dieser Aufnahme entsteht bald darauf das Centro Tecnico.

Oben links: Die Erweiterung diverser Hallen ist in Phase vier in vollem Gange.

Oben rechts: Die vier Verwaltungsgebäude des Centro Direzionale entstehen ebenfalls in Phase vier zwischen 1970 und 1974.

Darunter: Der Gebäudekomplex ist im Rohbau schon fertig, als vom Museum erst das Gerüst steht.Als erstes ist die Mensa fertig gestellt.

Mitte links: Die Rückseite des Centro Direzionale …

Mitte rechts: … und die Vorderfront mit dem noch unvollendeten Museum

Unten: Blick von Norden auf das Parksilo. Rechts im Hintergrund sind das im Bau befindliche Centro Direzionale und die Autobahn A8 Milano-Laghi zu sehen.

Oben links: Das fertige Centro Direzionale mit dem neuen Museum links im Vordergrund

Oben rechts: Das Werk und das Centro Direzionale sind 1974 praktisch fertiggestellt. Auch das Centro Tecnico steht bereits im Rohbau.

Mitte: Das voll erleuchtete Centro Tecnico

Unten links: Der ältere Plan zeigt bereits ein großes Werk …

Unten rechts: … das dann am Ende noch um einiges größer werden sollte.

Phase vier umfasste aber auch bereits erste Erweiterungsbauten. Sowohl die Hallen mit den Pressen und für den Karosseriebau als auch die Montagehalle mit der Abteilung für die Fahrzeugendkontrolle mussten infolge der großen Absatzzahlen um einiges vergrößert werden. Zur vierten und letzten Bauphase gehörte ferner das Centro Direzionale mit dem Museum, das etwas abseits des Werkskomplexes in der Nähe der Autobahn errichtet wurde und nur durch ein separates, von einem Portier bewachtes, Zugangstor zu erreichen war. Ende 1974 waren alle Bauarbeiten am Stabilimento Alfa Romeo di Arese abgeschlossen, und alle Abteilungen arbeiteten auf Hochtouren an der neuen Limousine Alfetta.

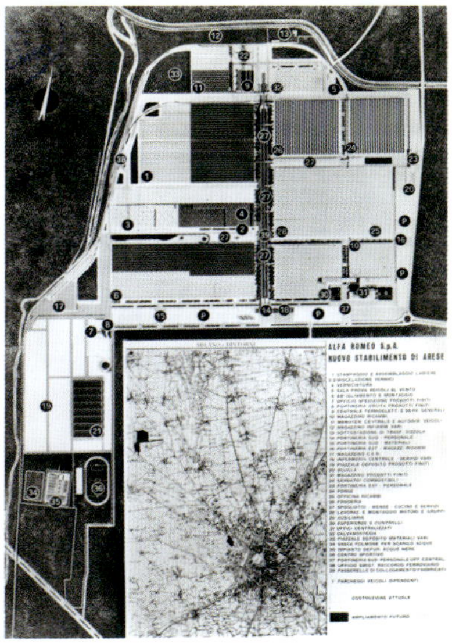

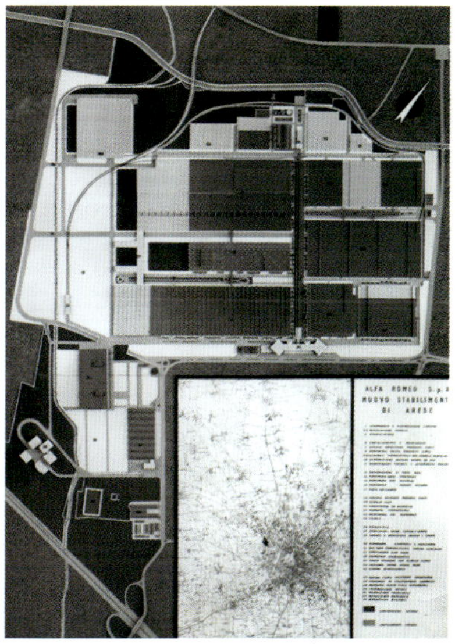

385
3

Das Werk
Lo Stabilimento Alfa Romeo di Arese

Werksübersicht:
1. *Schmiedeabteilung*
2. *Gießerei*
3. *Karosseriemontage*
4. *Große Pressen*
5. *Kleine Pressen*
6. *Lackiererei*
7. *Fahrzeugmontagehallen*
8. *Endmontage- und Kontrolle*
9. *Mechanische Bearbeitung*
10. *Motoren- und Getriebewerk*
11. *Motoren und Fahrzeugprüfhalle*
12. *Ersatzteillager (später Centro Stile)*
13. *Centro Tecnico*
14. *Parksilo für Neuwagen*
15. *Garage für Neuwagen und technischer Dienst*
16. *Centro Direzionale*
17. *Museum*
18. *Kläranlage*
19. *Wärmekraftwerk*
20. *Wartungsabteilung*
21. *Warenanlieferung*
22. *Eisenbahnverladestation*
23. *Mensa Centro Direzionale*
24. *Fabrikmensa*

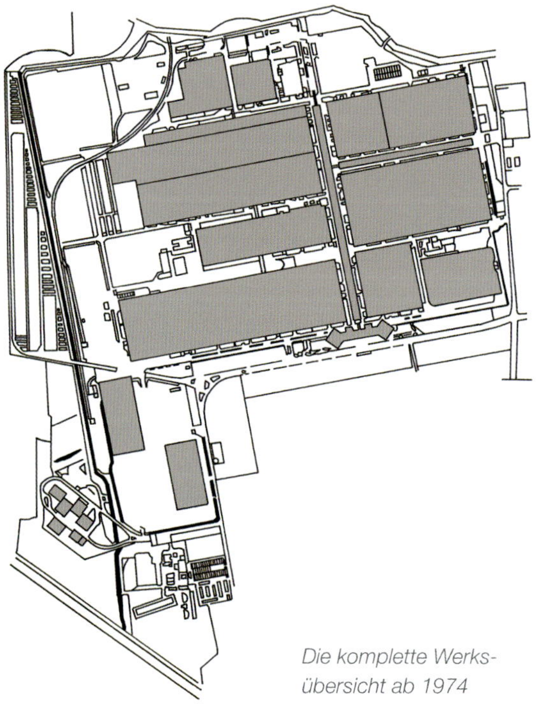

Die komplette Werksübersicht ab 1974

Das Werk
Lo Stabilimento di Arese

La Fabbrica stand nun auf einem Areal von zwei Millionen Quadratmetern. Der riesige Flächenbedarf war der Tatsache geschuldet, dass im Stabilimento in gut zwei Dutzend Hallen beinahe alles hergestellt wurde, was für die Herstellung eines Automobils benötigt wird. Eine „Fertigungstiefe“, von der in Zeiten der „just-in-time“-Teilelieferung aus allen Himmelsrichtungen und Erdteilen kaum jemand zu träumen wagt: Etwa 75 Prozent aller Teile wurden an Ort und Stelle in der Fabrik hergestellt. Dazu gehörten alle Karosserieteile, Motor, Getriebe, Fahrwerkteile, Kabelstränge, Sitze sowie Stoff- und Kunststoffteile. Bei externen Lieferanten wurden nur Komponenten eingekauft, die sich dort günstiger beschaffen ließen. Von außen kamen praktisch nur Fensterscheiben, Reifen, Felgen, Bremsteile, Elektrobauteile, Scheinwerfer, Auspuffanlagen und Armaturenbretter.

Oben: Der östliche Eingang in den Achtzigern …

Unten: … und gegen Ende der Produktionszeit. Da blättert der Lack bereits ab.

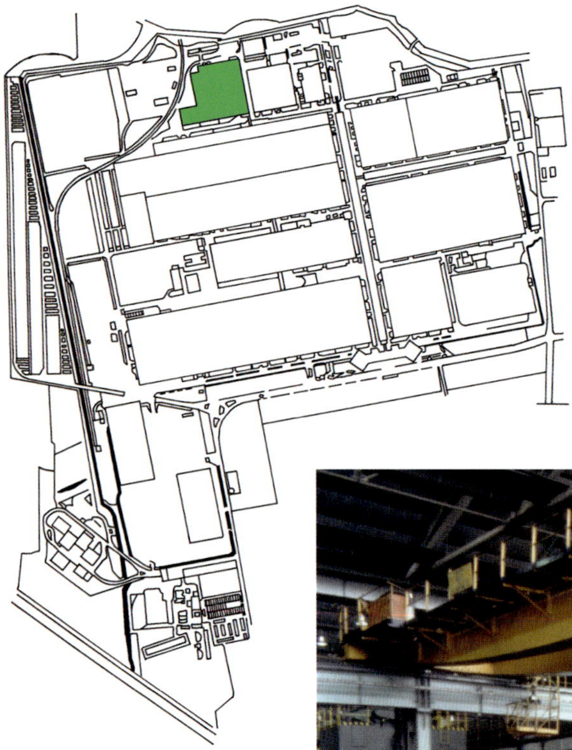

Oben links: Die Halle für die Warenanlieferung liegt im Norden des Geländes.

Oben rechts: Ein Lastwagen bringt Rohstoffe in die Fabrik.

Rechts: Portalkrane dienen zum Heben schwererer Lasten, etwa der Bandstahlrollen für die Karosseriebleche.

Die Anlieferung

Rohstoffe und Fertigteile wurden per Lastwagen in die Halle des Wareneingangs geliefert. Sie fand sich im Norden des Geländes gleich neben dem Kraftwerk. Auch die betriebseigene Eisenbahnlinie für den Neuwagentransport führte gleich neben der Halle vorbei, so dass auch per Güterzug Waren angeliefert werden konnten. Zu den angelieferten Materialen gehörten die Bleche für die Karosserieteile und das Rohaluminium für Motorblöcke und Getriebegehäuse. Dazu kamen sämtliche Bauteile, die von den spezialisierten Lieferanten aus ganz Europa geliefert wurden. Per Hubstapler wurden die Produkte anschließend direkt in die entsprechenden Produktionshallen verschoben oder ins Hauptlager befördert. Ersatzteile für die weltweit verteilten Händler und Werkstätten wurden hingegen in der Halle „Ricambi" auf der südöstlichen Seite des Geländes eingelagert.

Oben: Tonnenweise Leichtmetall: Aus den Aluminiumblöcken werden am Ende Motorblöcke, Zylinderköpfe und Getriebegehäuse.

Unten links: In diesem Teil des Lagers sind Stahl- und Aluminiumprofile untergebracht.

Unten rechts: In der Halle werden die Lastwagen per Gabelstapler entladen

Oben links: Die Halle „Ricambi“ ist fertiggestellt.

Oben rechts: Ersatzteile werden für die Einlagerung vorbereitet.

Mitte rechts: Große Teile werden im Ricambilager in nummerierten Korridoren in Gitterboxen gestapelt.

Unten links: Das Ersatzteillager „Ricambi“ befindet sich in der südöstliche Ecke des Fabrikgeländes.

Unten rechts: Soundfabrik: In dieser Gasse lagern Auspuffanlagen.

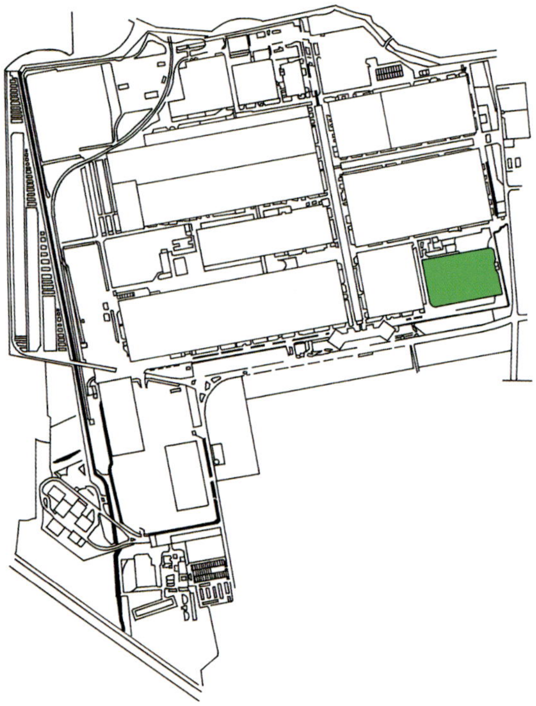

Das Teilelager

Die für den Fahrzeugbau benötigten Teile wurden direkt am Ort des Gebrauchs deponiert, damit schneller Zugriff stets gewährleistet blieb. Das galt für alle Abteilungen. Nebenbei waren aber auch alle Rohstoffe und die Fertigteile auf Vorrat im Hauptlager eingelagert.

Das Ersatzteillager Ricambi wurde erst in der zweiten Bauphase zwischen 1964 und 1968 erstellt, war jedoch schon ab 1966 operativ im Einsatz. Es enthielt sämtliche Teile in großer Zahl für den Zusammenbau der neuen Fahrzeuge sowie alle Ersatzteile für Wartung und Reparatur

Oben links: Gasse 502: Auf mehr als 100 Metern lagern Ersatzteile.

Oben rechts: Frisch produzierte Zahnräder werden für die Einlagerung eingepackt.

Unten rechts: Scheinwerferringe und weitere Kleinteile vor der Einlagerung

bereits verkaufter Autos. Dazu gehörten Service- und Verbrauchsmaterial, Karosseriebleche für die Reparatur von Unfallwagen und komplette Motoraggregate, Getriebe und Elektromotoren – übrigens auch für die älteren noch im Portello produzierten Alfas. Das Ersatzteillager war mit einem damals modernen halbautomatischen Hochregallager ausgestattet, in dem tausende Lagerfächer schnell zugänglich waren. Der Vertrieb der Teile in die ganze Welt geschah im Normalfall jeweils über Nacht, wobei weiter entfernte Länder bisweilen auch bis zu eine Woche auf

Oben links: Beim Vorbereiten und Konfektionieren der Kundenbestellungen dürfen keine Fehler passieren.

Oben rechts: Im Werk sind relativ wenige Frauen angestellt. Einige arbeiten im Teilelager.

Unten links: Das legendäre Scudetto: Jedes einzelne wird geprüft, gestempelt und separat verpackt.

Unten rechts: Versand: In Boxen erreichen die Teile die Packstation, in der Lieferungen in alle Welt fertiggemacht werden.

Oben links: Getrennt nach LKW-Touren werden die Lieferungen vorbereitet.

Oben rechts: Im Getriebelager. Ob das Bild während einer Pause oder während eines Streiks entstand, ist nicht überliefert.

Unten links: Hochmodern: das halbautomatische Hochregallager für Kleinteile

Unten rechts: Die Ersatzteile werden erfasst, verpackt und ausgezeichnet.

Oben: Ersatzteilflotte: Die Alfa-Laster waren nicht zuletzt dank Signalfarbe gleich als Teilelieferanten zu erkennen.

Rechts: Expressgut: Die Bestimmungsorte wurden über Nacht angefahren.

die bestellte Ware warten mussten. Von den Verteilzentren in den Bestimmungsländern wurde die Ware dann an Händler und Werkstätten weiterverteilt.

Damit auch alles schnell und reibungslos verlief, war das Ricambi-Lager bereits Ende der 70er Jahre mit Codelesern und Endlosdruckern ausgerüstet. Es gehörte auch zu den ersten Abteilungen, die für effizienteres Arbeiten mit IBM-Computern ausgerüstet wurden. 1990 musste das Ersatzteillager dem Centro Stile weichen, die interne Designabteilung zog von Portello in die Hallen des Teilelagers, das seinerseits nach Volvera bei Turin kam – ein weiterer Hinweis darauf, dass Fiat das Ende des Stabilimento Arese eingeläutet hatte.

Oben links: Auch Codeleser für das Ausstellen der Lieferpapiere waren bereits im Einsatz.

Oben rechts: Gebucht: Der Endlosdrucker spuckt die Lieferscheine aus.

Unten links: Auf Knopfdruck: Hier wird gerade eine Lieferung nach Neapel erfasst.

Unten rechts: Das Ersatzteillager gehörte zu den ersten Abteilungen, die mit IBM-Computern ausgerüstet wurden.

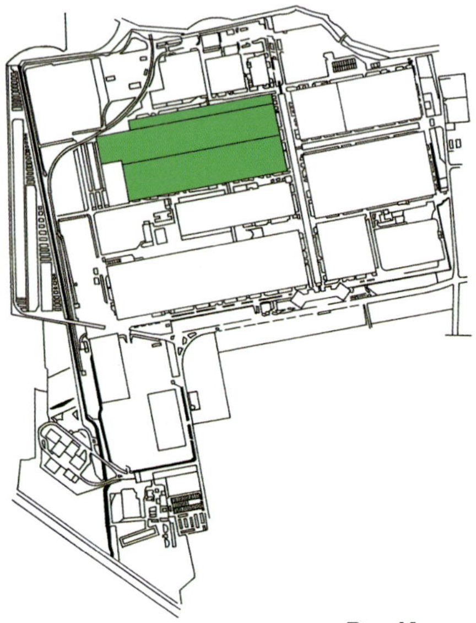

Oben links: Die Stahlbleche werden teilweise auf Rollen angeliefert.

Oben rechts: Auch maßgeschnittene Blechtafeln werden für die Kaltblechverformung in den Pressen verwendet.

Unten links: Die Hallen mit den Pressen und für den Karosseriebau gehören zu den ersten Gebäuden, die in Betrieb gehen.

Der Karosseriebau

Der Bau der Rohkarosserien begann in der Halle mit den Pressen. Die benötigten Bleche wurden in Tafeln oder auf Rollen geliefert. Spezialsägen sorgten für den passenden Zuschnitt. Auf mehr als 50 großen und kleineren Pressen mit einer Kraft von 200 bis 1050 Tonnen wurden die Stahlbleche in so genannte Matrizen – also Formen etwa für Kotflügel oder Hauben – gepresst und das überschüssige Material weggestanzt.

Die Blechreste rutschten durch Trichter auf unterirdische Förderbänder, die sie zu einer separaten Verpackungspresse führten. Die Pressblechwürfel wurden wieder ins Stahlwerk geliefert, wo sie eingeschmolzen und zu neuem Blech verarbeitet wurden. Diese Art des Recyclings hatte es im Werk Portello nicht gegeben. Sie war jedoch für die Großserienproduktion von Karosserieblechen unabdingbar.

Oben links: Die Blechcoils werden in einer Spezialmaschine auf die benötigte Länge zugeschnitten.

Oben rechts: Mehr als 50 Pressen unterschiedlicher Größe versorgen die Produktion mit geformten Blechpressteilen.

Mitte: Die großen Pressen arbeiten mit der gewaltigen Kraft von jeweils mehr als 1050 Tonnen.

Unten links: Der Arbeiter legt eine Platte unter den Stempel. Nachdem der ordentlich Druck ausgeübt hat, kann der Kollege das Formteil herausnehmen.

Unten rechts: An jeder Presse arbeiteten jeweils zwei Mitarbeiter. Sie müssen aus Sicherheitsgründen beide Hände auf die Schalter legen, damit die Presse loslegen kann.

Oben: Vor allem laut ist es im Presswerk, wo sich unter Hochdruck Bleche in Sekunden in Karosserieteile verwandeln.

Rechts: Fertige Frontbleche für Alfetta-Limousinen

So wurden sämtliche Karosserieteile wie Kotflügel, Motorhaube und Dach innerhalb von wenigen Sekunden in die richtige Form gepresst. Anfangs arbeitete die Belegschaft noch in drei Schichten. Namentlich die Nachtschichten waren natürlich unbeliebt und umstritten, und so wurde das System, nachdem sich herausgestellt hatte, dass das völlig ausreichte, auf zwei Schichten reduziert.

Die aufgestapelten Formteile für die aktuellen Modelle in der Produktion kamen danach in die Montagehalle, wo sie Schritt für Schritt zusammengebaut und verschweißt wurden. Bis die ersten Schweißroboter diese Arbeit über-

Oben: Die Verschweißung der Blechteile bedeutete viele Jahre lang noch reichlich Handarbeit. Hier verbinden die Schweißer Unterbodenbleche.

Unten rechts: Das Bodenblech für ein Transaxle-Modell wird zusammengeschweißt.

Unten rechts: Die A-Säulen und das Dach werden mit Montagehilfen passend eingeschweißt.

nahmen, erledigte man diese Arbeit in Arese allerdings noch viele Jahre lang von Hand. Die geübten Schweißer wussten ganz genau, wo und wie viele Schweißpunkte sie an den Karosserien anbringen mussten.

Auf Transportwagen und Förderbändern oder aufgehängt an Montageketten wurden die Gehäuse so fortlaufend ergänzt und – wo nötig – bearbeitet, bis am Ende die fertigen Rohkarosserien zur Lackierung bereit standen.

Oben: Die fertigen Formteile verbinden sich dank moderner Schweißtechnik zu formschönen Karosserien – hier sind es Giulias.

Rechts: Das hier sind Rohkarosserien für nagelneue Giulias – ganz rechts am Bildrand ist möglicherweise die Karosserie für einen Prototypen der seltenen Bertone-Cabrios GTC zu sehen. Knapp 1000 Stück entstanden bei Touring aus Areser GT-Karosserien.

Der nächste Schritt: Die fertigen GT-Karosserien sind bereit für die Lackierung.

Oben links: Das ist das Gegenteil einer Schrottpresse: Hier wird eine Alfetta Limousine erst in Form gebracht.

Oben rechts: Bei einem Alfa 90 wird der Frontscheibenrahmen angepasst.

Unten links: Dachmontage bei einem Alfa 90

Unten rechts: Von Hand werden letzte Anpassungen und Korrekturen am Chassis eines Alfa 90 vorgenommen, bevor es in die Lackiererei geht.

Oben: Vom Ende der Karosserie-Montagebänder geht es an Ketten per Laufkatze ab in die Lackiererei.

Links: Lauter Traumautos – auf den Fließbändern bewegen sich (von links) Alfetta GTV, Giulia GT, Berlina und Alfetta.

Oben: Die ersten Schweißroboter kommen in Arese erst Anfang der 80er Jahre zum Einsatz, hier bei der Nuova Giulietta.

Unten links: Die Seitenwände einer Giulietta werden zusammengeschweißt.

Unten rechts: Nochmals die „Giulietta-Linie“

Roboter

Bis Ende der 70er Jahre suchte man in Arese noch vergeblich nach Schweißrobotern, die heute im Automobilbau unverzichtbar sind und die komplette Produktionskette vom Einsatz im Karosserierohbau bis hin zur Lackierung erheblich beschleunigen. Obwohl bereits 1952 ein erster Prototyp in den USA getestet wurde, dauerte es noch bis 1971, als Mercedes-Benz als erster Autobauer in Europa Roboter in der Fertigung einsetzte.

Die automatischen Montagehelfer waren damals allerdings noch ausgesprochen teuer, so dass Alfa Romeo erst zu Beginn der 80er Jahre bei der Produktion für Alfetta, Giulietta, Alfa 90 und GTV auf Robotik setzte. Nach den Schweißrobotern kamen dann auch Lackierroboter im Spritzwerk zum Einsatz, die für eine gleichmäßigere Lackschicht und somit für die Verbesserung der Lackqualität sorgten.

Oben links: Roboter bei der Arbeit an Alfa-75-Karosserien

Oben rechts: Mit der Zeit werden die Roboter immer raffinierter und gelenkiger, hier etwa am Alfa 75.

Mitte links: Die Halle ist fast menschenleer: Die Roboter lösen die Handarbeit fast völlig ab.

Mitte rechts: Flexibel einsetzbar sind die modernen 5-Achs-Schweißroboter.

Unten: Beim Zusammenschweißen eines Alfa 164 sprühen die Funken.

Aus den kostenintensiven Maschinen wurden mit der Zeit immer vielfältiger einsetzbare und zuverlässigere High-Tech-Roboter. Mit jeder einzelnen Modellentwicklung hat sich die Rentabilität der Roboter Stück für Stück gesteigert. So zahlte sich ihr Einsatz auch bei Alfa Romeo schneller aus als erwartet.

Ein Mitarbeiter überwacht die Montagebänder bei der Giulia- und Giulia-GT-Produktion.

Das Kontrollzentrum

Ein allgemeines Kontrollzentrum, also eine einzelne Abteilung, die als Kontrollorgan für die korrekte Produktion der Autos verantwortlich ist und jeden Schritt der Automobilfertigung überwacht, gab es in Arese nicht. Vielmehr waren in jedem Sektor eigene Abteilungen für die Erreichung der verlangten Qualitätslevels verantwortlich und überwachten die Vorgaben permanent. In einigen Abteilungen war die Qualitätskontrolle besonders wichtig, etwa in der Fertigung der Motoren und der Getriebe, bei denen die Toleranzwerte für eine einwandfreie Funktion penibel eingehalten werden mussten.

Auch in der Lackiererei galt es, Bestwerte zu erreichen, war und ist doch der Lack praktisch das Erste, was dem Kunden ins Auge fällt. Außerdem ist er natürlich für die Korrosionsbeständigkeit enorm wichtig. Wir wissen, was

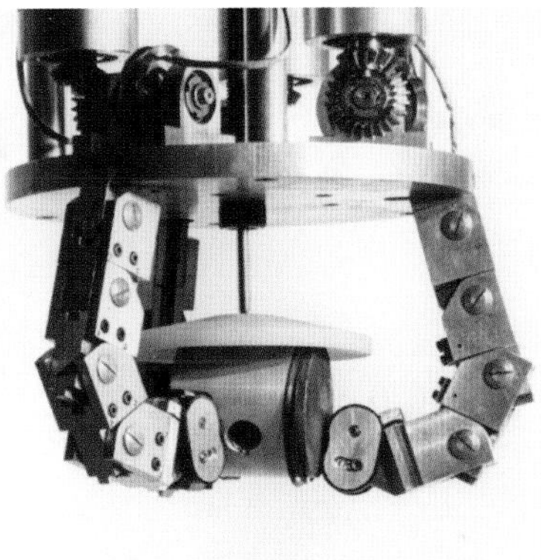

Oben links: Das Negativ einer Pressform von einem hinteren Alfa-75-Kotflügel wird ausgemessen.

Oben rechts: Vom Kontrollpult aus werden die Bänder gesteuert, hier werden Berlinas gebaut.

Mitte links: Im Motorenwerk müssen alle Alfa-Triebwerke auf den Prüfstand.

Mitte rechts: Alugussteile werden stichprobenweise geröntgt und auf Risse überprüft.

Unten: Kontrollgriff: Auch die Kolben wurden vor der Montage einer gründlichen Prüfung unterzogen.

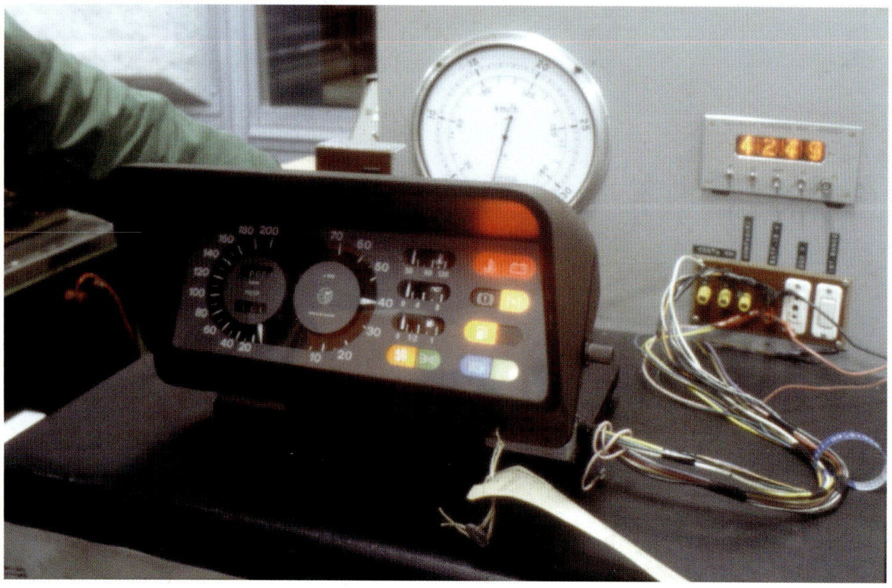

Oben links: Endkontrolle: Mit Sensoren werden Maße und Lackdichten einer funkelnagelneuen Alfetta geprüft.

Oben rechts: Sitzt, passt, wackelt und hat Luft: Mit Hilfe der unterschiedlichsten Lehren messen Prüfer das Scudetto, Schriftzüge und weitere Kleinteile.

Unten links: 4000 Touren im Stand? Ja, aber bitte nur auf dem Prüfstand für die Anzeigen und Kontrollleuchten im Instrumententräger.

Unten rechts: Formsache: Gelegentlich kommen auch Rückleuchten – hier für Alfa 6 und Nuova Giulietta – noch einmal in die Lehre.

Gegenüberliegende Seite: Abgehakt: Bevor die fertigen Autos – hier Berlinas – das Werk verlassen, wird bei der Schlusskontrolle die Checkliste konsultiert.

im Süden mit dem Alfasud geschah, weil die korrekten Abläufe im Lackierprozess, vor allem infolge von Streiks, nicht immer eingehalten wurden. Die Auswirkungen auf die Rostbeständigkeit waren fatal.

Bei Alfa Nord in Arese kannte man diese Probleme glücklicherweise nicht. Im Karosserierohbau musste der korrekte Zusammenbau mit Lehren überprüft werden, so dass später auch die Türen und Fensterscheiben tadellos und ohne große Spaltmaße eingebaut werden konnten. Ebenso machten Qualitätsfachkräfte in sämtlichen weiteren Fertigungsabläufen dauernd Stichproben, damit der Standard stets den hohen Vorgaben entsprach. Eine umfangreiche Schlusskontrolle rundete die von Anfang bis Ende dauernde Überprüfungsprozedur ab.

Langsam bewegt sich der Lindwurm aus Alfa-Karosserien durch die Lackierstraße.

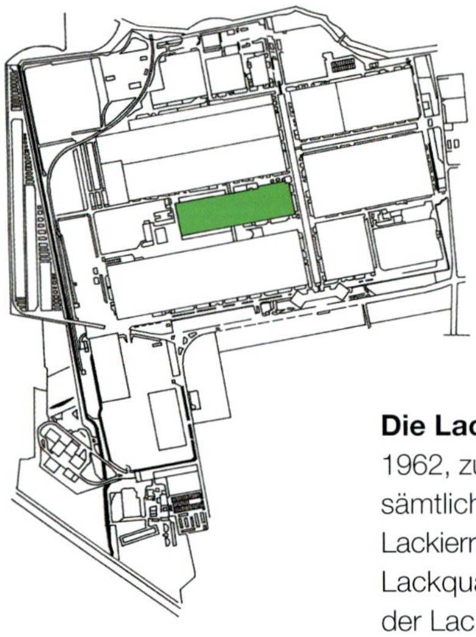

Die Lackiererei

1962, zu Beginn der Produktion in Arese, wurden beinahe sämtliche Lackierarbeiten noch von Hand ausgeführt. Lackierroboter gab es seinerzeit noch nicht. Somit war die Lackqualität maßgeblich vom handwerklichen Geschick der Lackierer abhängig. Da ein Farbwechsel unter diesen Umständen nicht so einfach vonstatten ging, wurden damals gleich mehrere Rohkarosserien hintereinander mit derselben Farbe besprüht, ehe die nächste Serie mit einer neuen Lackfarbe versehen wurde.

Vor der Lackierung durchliefen die fertig geschweißten Fahrzeughüllen nach dem Passieren einer Waschanlage zur Entfettung und Reinigung noch zwei Tauchbäder mit Mitteln zum Schutz vor atmosphärischen Einflüssen und für bessere Haftung des Karosserielacks. Erst danach kamen die kompletten Karosserien per Montageband zu den flinken Männern an den Spritzpistolen. Die erledigten ihre Arbeit gewissenhaft, so dass kaum Nachbesserung geleistet werden musste.

Oben links: Beim Alfa 75 wird eine aufwändige Mehrfachlackierung mit sechs Schichten angewendet, die teils mit Spritzautomaten aufgetragen werden …

Oben rechts: … und teilweise von Hand.

Mitte links: Aufgehängt an Transportketten bewegen sich die Karosserien zur Lackiererei.

Mitte rechts: Ganz in weiß: Eine Charge Giulias und GT bekommt schichtweise einen Überzug in „Bianco“.

Unten: Frisch lackierte dunkelblaue und weiße Giulias: Vor einem Farbwechsel muss jeweils eine ganze Charge in der gleichen Farbe lackiert werden.

Oben links: In der Waschanlage werden die Rohkarosserien entfettet und gereinigt.

Oben rechts: Das Tauchbad dient dem Schutz vor atmosphärischen Einflüssen und der besseren Haftung des Karosserielacks.

Rechts: Die Hülle eines GTV-6-Coupés wird ins Tauchbad gelassen.

Oben links: Auf Handarbeit wurde in Arese bis in die 90er Jahre hinein nicht gänzlich verzichtet.

Oben rechts: Dürftiger Arbeitsschutz in den 80ern: Die Lackierer sprühen eine Serie Alfettas in „Argento“.

Mitte links: Noch einmal: Dieser werdende Alfa 90 trägt auf der Motorhaube eine Markierung zur Nachbesserung.

Mitte rechts: Eine Serie Alfetta GTV

Unten: Ab in den Ofen: Die Alfetta-Karosserien rücken zum Einbrennen der Farbe weiter.

Danach ging es in den Ofen zur Trocknung der Farbe. Mitte der 70er Jahre wurde die Handarbeit dann teilweise durch große Spritzautomaten ersetzt. Die waren jedoch noch nicht beweglich, so dass sich um die Feinarbeit nach wie vor das Personal kümmern musste. So wurden auch noch lange Lehrlinge in der Werkslackiererei ausgebildet.

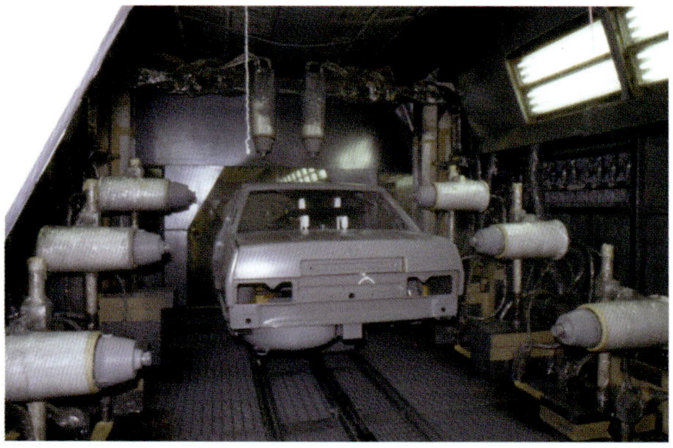

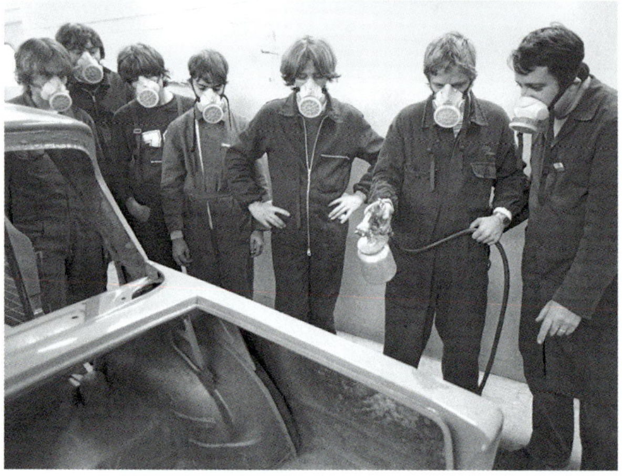

Oben links: Die ersten automatischen Sprühanlagen sind die Vorläufer der Lackierroboter.

Oben rechts: Die nächste Generation: Die neuen Lackierautomaten, hier mit einem Alfa 90, sind präziser, aber immer noch unbeweglich.

Mitte rechts: Nachwuchsarbeit: Im Werk werden auch angehende Lackierer ausgebildet.

Rechts: Karosserieballett: Nach dem Lackieren werden die Fahrzeughüllen auf Transportwagen in die Montagehalle geschoben.

Oben links: Choreographie auf zwei Ebenen: Kreuz und quer verlaufen die Transportketten im Lackierwerk.

Oben rechts: Sieht verwirrend aus, hat jedoch System: Am Ende landet jede Karosse, wo sie hingehört.

Links: Vor dem Zusammenbau werden die frischlackierten Hüllen überprüft und Lackfehler von Hand bereinigt.

Links: Bunt gemischt kommen jene Karosserien auf die „Reparaturlinie“, die noch der Nachbesserung bedürfen.

Rechts: Glanzstücke: Oben schweben fertige GT im strahlenden Finish hinfort, die Berlinas unten tragen noch keinen Klarlack.

Gegen Ende der 80er Jahre, als die ersten Schweißrobotor ihren Dienst in der Karosseriemontage schon längst zur allgemeinen Befriedigung erledigten, setzte man auch im Spritzwerk auf die vollautomatischen Helfer. Fortan gab es nur noch wenige Lackierarbeiten, für die Handarbeit erforderlich blieb.

Einsparungen und gleichmäßiger Lackauftrag waren nicht die einzigen Vorteile, die sich das Management damit einkaufte. Ein ganz wichtiger Vorteil war der flexible Farbwechsel von einem Auto zum nächsten.

Ein bemerkenswerter Qualitätssprung vollzog sich 1985. Nach den Rostproblemen mit dem Alfasud hatte Alfa Romeo mit der Einführung des Alfa 75 der Korrosion endgültig den Kampf angesagt. Der beste Beweis für das Vertrauen von Alfa Romeo in die Qualität war die sechsjährige Lack- und Anti-Rost-Garantie, die das Werk damals den Käufern eines neuen Alfas gewährte.

Komponenten und Prototypen wurden gründlichen Tests unterzogen. Das Programm simulierte binnen weniger Wochen alle Belastungen, denen ein Auto innerhalb von sechs Jahren Betrieb respektive über eine Distanz von 240.000 Kilometern ausgesetzt sein kann: extreme Hitze ebenso wie extreme Kälte, mechanische Belastungen aller Art und die Einflüsse der Luftverschmutzung.

So setzte Alfa Romeo ab 1985 gleich auf mehrere Methoden zum Schutz des Blechs. Zusätzlich zur normalen Verschweißung wurden die Strukturelemente der Fahrgastzelle mit einem Epoxy-Klebefilm geklebt.

Oben links: Vollautomatische Helfer besprühen auch die Radkästen und den Unterboden mit Farbe.

Oben rechts: Klassisch in Rosso Alfa: Eine fertige Alfa-164-Hülle verlässt den Ofen.

Links: Automatische Sprühlanzen tragen die Steinschlagschutzschicht am Unterboden eines Alfa 90 auf.

Unten: Ab dem Alfa 75 kam eine Mehrfachlackierung mit sechs Schichten zur Anwendung.

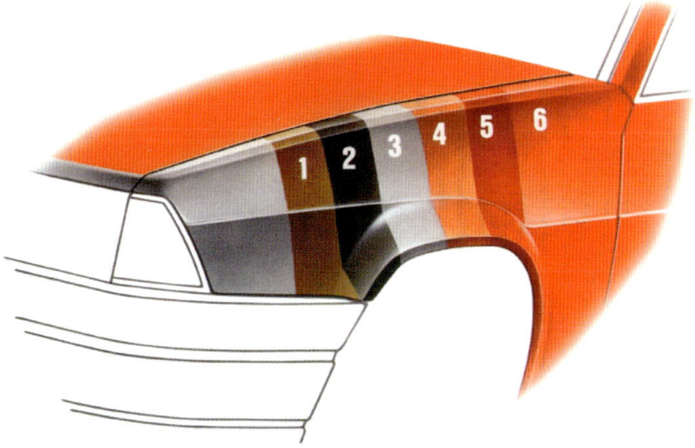

Zum Schutz gegen Splitt und Salz wurden die Radkästen mit einem Antisteinschlagbelag aus Polyäthylen versehen. Auch die Mehrschichten-Lackierung mit einer Kataphorese-Beschichtung, die einerseits das Blech vor Rost und andererseits die eigentliche Farbschicht vor schädlichen Außeneinflüssen schützt, trug wesentlich zur Rostverhinderung bei.

Die Hauptphasen dieses aufwändigen Verfahrens waren: Reinigung, Entfettung, Phosphatierung, Chromsäurebad, Kataphorese, Hitzebehandlung (180 °C) zum Einbrennen der Kataphorese, Versiegelung der Nahtstellen, Auftragen der PVC-Schutzschicht, erneute Hitzebehandlung (130 °C) zum Einbrennen von PVC und Versiegelung, Auftragen der Antisteinschlag-Grundierung mit anschließendem Einbrennen (150 °C), Aufbringen der Lackfarbe in zwei Schichten sowie des Klarlacks, Hitzebehandlung (160 °C) zum Einbrennen der Decklacke, Qualitätskontrolle und das Aufbringen einer Schutzschicht aus Wachs mit automatischer Einbringung in die Innenbereiche und Hohlräume.

Oben: Cuore sportivo. Die legendären Doppelnocker stehen für den Einbau bereit.

Unten: Die Hallen der Gießerei, der Schmiede und der mechanischen Gruppen für den Zusammenbau von Motoren und Getrieben beanspruchten einen großen Teil des Areals.

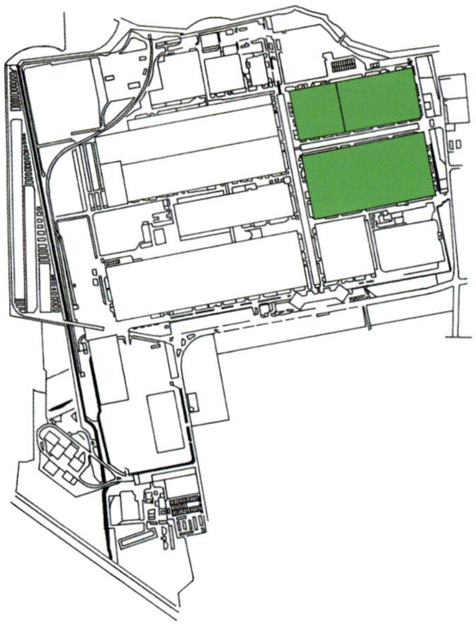

Das Motoren- und Getriebewerk

Bei Alfa Romeo hatte man schon seit jeher ein gutes Händchen für sportliche und leistungsstarke Motoren. So erstaunt es nicht, dass im Stabilimento Arese auch die Triebwerke der Fahrzeuge konstruiert und in einer eigens dafür errichteten Halle für die so genannten mechanischen Gruppen in Eigenregie gebaut wurden. Dies war allerdings erst ab 1969 möglich, nachdem in der dritten Bauphase der Fabrik auch die für diese Herstellungsprozesse nötige Gießerei und die Schmiedeabteilung fertiggestellt waren. Bis dahin wurden die Aggregate noch im Werk Portello produziert.

Oben links: Die Schmiede gehört zu den weniger gut überschaubaren Abteilungen des Werks.

Oben rechts: Es bedurfte gleich mehrerer Schmelzöfen, um den großen Alu-Hunger des Werks zu stillen.

Mitte links: Grundbestandteil der legendären Alfa-Herzen: Hier kommt flüssiges Aluminium aus dem Schmelzofen.

Mitte: Alles unter einem Dach: Selbst die Rohstoff-Verarbeitung übernehmen die Leute im Stabilimento Arese.

Mitte rechts: Hochbetrieb in der Gießerei – eine heiße Angelegenheit

Unten links: Das flüssige Aluminium wird per Hubstapler abgefüllt und zu den Gussformen gebracht.

Unten rechts: Einer der vielen Arbeitsplätze in der Schmiede

Oben: Nach dem Gießen öffnen die Arbeiter die Gussform …

Mitte links: … und heben den Motorblock heraus, …

Mitte rechts: … damit die Gusskanäle und weiteres überschüssiges Aluminium entfernt werden können.

Unten: Rohlinge: Die frisch gegossenen Motorblöcke aus der Gießerei müssen noch bearbeitet werden.

Nach dem Entwurf, der Planung und Konstruktion der Motoren durch die begnadeten Alfa-Romeo-Ingenieure wurden die Gussformen für die Motorblöcke und die Zylinderköpfe aus Aluminium angefertigt. Die Gießerei verarbeitete täglich mehrere Tonnen des Leichtmetalls zu den rohen Bestandteilen dieser beiden Hauptkomponenten. Anschliessend mussten die Rohlinge bearbeitet und für die Montage vorbereitet werden. Überschüssiges Aluminium musste entfernt werden, Dichtflächen plan gefräst und Lagerflächen entsprechend bearbeitet werden. Dazu war die Werkstatt mit allen nötigen Maschinen für die spanabhebende Bearbeitung ausgerüstet.

Oben links: Unerwünschte Brauen werden weggeschliffen.

Oben rechts: Kaum zu glauben, dass dies einmal die herrlichen präzis gearbeiteten Köpfe der Doppelnocker sein werden. Dies sind die ersten groben Arbeitsschritte.

Mitte links: Auch diese Zylinderköpfe haben noch einige Arbeitsschritte vor sich.

Mitte rechts: Noch mehr Gussteile: An den Stirndeckeln für den Motorblock ist die Öffnung für den Zündverteilerantrieb gut sichtbar.

Unten rechts: Das sieht schon ganz anders aus: Feinarbeit an einem V6-Zylinderkopf.

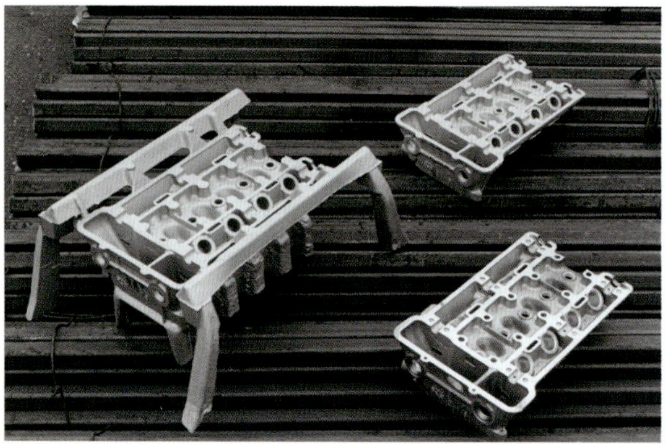

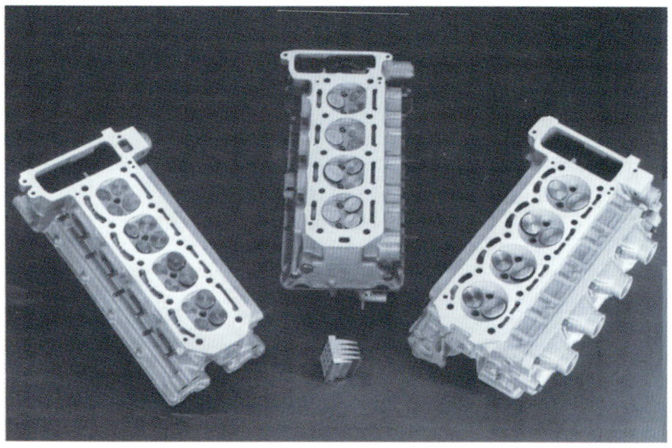

Oben: Die können praktisch alles: Im Werk gab es unzählige Bearbeitungsmaschinen für die mechanischen Teile.

Mitte links: Es werde ein Vierzylinderblock (im Uhrzeigersinn): Nach dem Guss hängt noch allerlei Überflüssiges daran, dann steht der blanke Block da, und schließlich sind auch alle Bohrungen gesetzt.

Mitte: Die gleichen Entwicklungsschritte macht auch der Zylinderkopf mit.

Mitte rechts: Sechzehn- und Zwölfventil-Zylinderköpfe werden schon früh getestet, kommen jedoch erst ab 1994 zum Einsatz.

Unten: Aus dem Vollen geschmiedet: So entsteht eine Kurbelwelle.

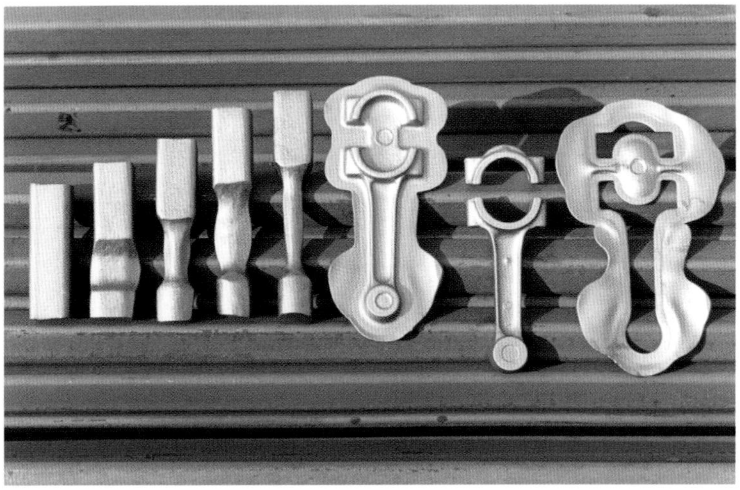

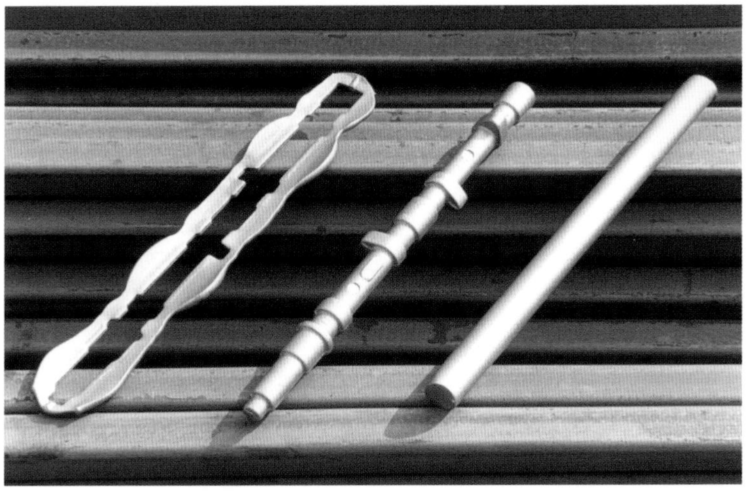

Oben links: In der Schmiede entstehen die Pleuel.

Oben rechts: Werdegang eines Metallklötzchens: in sechs Schritten zum Pleuelrohling

Mitte links: Vom Rohling zur geschmiedeten Nockenwelle: Auch sie ist aus dem Vollen gearbeitet.

Mitte rechts: Pleuelkarussell: In der Halle „Mechanische Gruppen“ geht es an den Feinschliff.

Unten links: Vor der Bearbeitung wird die Welle ausgemessen. Die Zapfen müssen in der bearbeitbaren Toleranz liegen.

Unten rechts: Grobes Zeug: Die frisch geschmiedeten Kurbelwellen lassen noch nichts von ihrer späteren glanzvollen Erscheinung ahnen.

Oben: Langsam wird es ein Motor: Kolben und Pleuelstangen kommen in die Zylinderlaufbuchsen. Ganz vorn sind die Lager zu sehen.

Mitte links: Abschmierdienst: Vor der Ventildeckelmontage werden die Nockenwellen geschmiert und das Motorenöl aufgefüllt.

Mitte rechts: Letzte Montagearbeiten an einem V6-Aggregat

Unten: Auch die Anbauteile wollen bearbeitet und ergänzt sein, bevor sie eingebaut werden können.

Oben links: Ein Arbeiter stellt das Ventilspiel an einem 2.5 V6 ein.

Oben rechts: Die Vierzylindermotoren werden auf die Transportwagen für die Montage geladen.

Unten: Letzte Checks in der Endmontage: In der Motorenprüfhalle werden alle fertigen Triebwerke vor dem Einbau ausgiebig getestet.

Auch Kurbel- und Nockenwellen sowie die Pleuelstangen wurden direkt im Werk aus dem Vollen geschmiedet, nachher bearbeitet und wo nötig gehärtet. Nur die Spezialteile wie Kolben, Zylinderlaufbuchsen, Ventile und Dichtungen wurden bei namhaften Spezialfirmen beschafft.

Danach erfolgte der Zusammenbau der Aggregate in der Werkstatt der mechanischen Gruppen. Auch dort waren die Mitarbeiter nur für jeweils wenige Montageschritte verantwortlich, ehe das Triebwerk zum nächsten Arbeitskollegen weitergereicht wurde, bis es schließlich am Ende der Montagekette einbaufertig bereitstand und nun zu den Prüfständen verschoben wurde. Teile, die die hohen Qualitätsansprüche während der Fertigung nicht erfüllten, wurden aussortiert und recycelt.

Im Motorenwerk von Arese wurden die bekannten Vierzylinder-„Nordmotoren“ und die weltberühmten V6-Triebwerke mit dem Beinamen „Busso“ – nach dem Konstrukteur Giuseppe Busso – hergestellt. Sowohl die Vier- als auch die Sechszylinder erlebten in ihrem langjährigen Lebenszyklus zahlreiche Modernisierungen. Der Vierzylinder wurde zuletzt noch für den Alfa 164 2.0 Twin Spark gefertigt, während der V6 bis 2005 in einer Leistungsstufe mit 250 PS für die Modelle 156 und 147 GTA in Arese produziert wurde.

Oben: Für den Motorentest müssen erst die Kühlwasser- und alle weiteren Anschlüsse montiert werden.

Unten links: Alles ok. Der Nächste bitte.

Unten rechts: Die Diesel stammen von VM. Auch sie werden in Arese gründlich getestet, bevor sie in neue Alfas eingebaut werden.

Oben links: Ganz was Feines: Die Hinterradaufhängung der Alfetta ist die hohe Schule des Starrachsenbaus, hier mit dem aufgeschnittenen Transaxle Getriebe.

Oben rechts: Auch die Getriebe für Alfasud, Arna und Alfa 33 werden in Arese produziert.

Unten links: In der Getriebelagerhalle treffen sich auch des Öfteren Gewerk-und Belegschaft.

Unten rechts: Bald stehen die Giuliettas auf eigenen Rädern. Hier werden die Hinterachsen mit den Getriebeeinheiten eingebaut.

Auch die bekannten Transaxle-Getriebe der Alfetta und ihrer Derivate sowie die Alfasud- und Alfa-33-Getriebe entstanden von Grund auf in Arese. Der Herstellungsvorgang lief wie bei den Motoren ab. Die Rohlinge aus der Gießerei wurden im Bearbeitungszentrum für den Zusammenbau bearbeitet und vorbereitet.

Es folgte die Montage des Differenzials, der Getriebewellen mit den Gangrädern und der Kupplungseinheit. Zum Schluss wurden die fertigen Getriebeeinheiten noch mit den hinteren Bremszangen und -scheiben ausgerüstet, bevor sie mit der Hinterachse, dem Wattgestänge und weiteren Anbauteilen ergänzt wurden und anschließend für den Einbau in die Fahrzeuge bereit waren.

Ab 1988, also nach der Übernahme durch Fiat, wurden Schalt- und Automatikgetriebe für die Arese-Modelle 164 und GTV/Spider 916 aus Kostengründen nicht mehr selbst produziert. Die Schaltgetriebe kamen aus dem Fiat-Werk, und die Automaten ließ man beim renommierten deutschen Hersteller für Antriebseinheiten ZF (Zahnradfabrik Friedrichshafen) bauen.

Rechts: Meistens arbeiten je zwei Mann am Fahrzeug, einer links, der andere rechts.

Unten: Montagestraßen waren in Arese in vielen Bereichen in Betrieb.

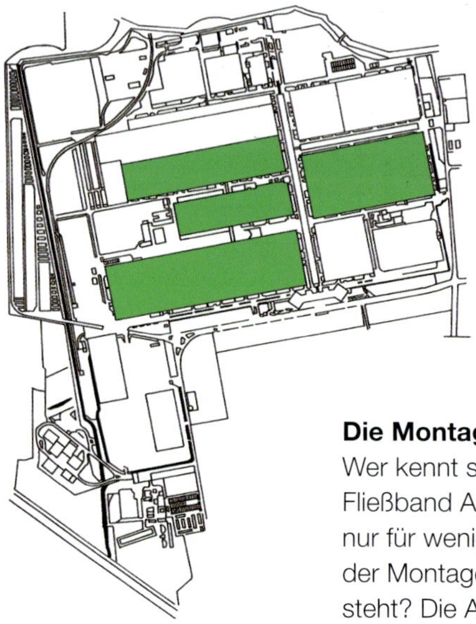

Die Montagebänder

Wer kennt sie nicht, die Bilder von Menschen, die am Fließband Automobile zusammenbauen und dabei oft nur für wenige Handgriffe zuständig sind, bis am Ende der Montagekette schließlich ein fertiges Auto bereit steht? Die Arbeit an solchen Montagebändern war im Automobilbau jedoch nicht von Beginn an üblich. Erst 1913 mechanisierte und verfeinerte Henry Ford das Prinzip der Fließbandarbeit und installierte die erste „moving assembly line" für die Produktion seines T-Modells. So steigerte Ford die Produktion auf das Achtfache, so dass er zugleich den Preis seiner Autos enorm verringern und die Löhne erhöhen konnte.

Alfa Romeo war hingegen bis 1950 immer noch eine Edel-Sportwagenmanufaktur, die teure Luxus- und Hochleistungsfahrzeuge in kleiner Stückzahl für die betuchten Kunden von Hand herstellte. In jenem Jahr setzte Alfa Romeo allerdings erstmals beim Tipo 1900 im Werk Portello auch auf Massenfertigung am Fließband. Bei dieser Art der Produktion sind die Betriebsmittel oder Arbeitsplätze bereits in der Reihe angeordnet, wie es der Arbeitsfolge entspricht. Die Arbeitsgänge sind zeitlich vorbestimmt, und bei festen Verkettungen müssen die vorgeschriebenen Montagetaktzeiten eingehalten werden.

Links: Eine Giulia geht vom Montageband per Transportkette in die Luft zur Installation der nächsten Baugruppen.

Rechts: Nach der Montage von Fahrwerk und Rädern geht's weiter zum Einbau von Motor und Getriebe.

Dadurch konnte auch Alfa Romeo endlich die Produktionskosten senken und ein Auto in Großserie anbieten, dass für eine breitere Käuferschicht erschwinglich war. Im Stabilimento Arese gab es fünf solcher Montagelinien, die parallel in Gang gehalten wurden. Anfangs, bei der Montage des Giulia Coupé, wurden die Bänder noch nach Modelltyp getrennt betrieben, doch schon bald, mit dem Produktionsbeginn der Giulia-Limousine in Arese, war es möglich, die Modelle bunt gemischt zu produzieren.

Die Abläufe waren so koordiniert, dass stets die passenden Aggregate und sämtliche weiteren Komponenten zur richtigen Zeit am richtigen Ort zum Einbau bereitstanden. Keine einfache Aufgabe, wenn man bedenkt, dass damals noch keine Computer für diese logistische Arbeit zur Verfügung standen. Alfa Romeo hat diese Angelegenheit mit einer ausgeklügelten Arbeitsvorbereitung und Lagerhaltung gelöst, die dank qualifizierten Personals ausgezeichnet funktionierte.

An den Montageketten wurden bei den frisch lackierten Gehäusen sämtliche Teile wie Fensterscheiben, Interieur, Armaturenbretter, Stoßstangen, Beleuchtung, Fahrwerk mit Bremsen und Rädern und bei der so genannten „Hochzeit" der Motor montiert, nicht selten kombiniert mit dem Getriebe.

In den 80er Jahren, als auch ins Alfa-Romeo-Werk Roboter und Computer Einzug gehalten hatten, ließen sich immer kompliziertere Abläufe programmieren, so dass auch die Schweißroboter erkannten, ob nun ein GTV6-Coupé oder ein Alfa 75 auf dem Band stand und wo an welchen Punkten geschweißt werden musste. Die Fahrzeuge und die passenden Einbauteile wurden mittlerweile automatisch zu den Montagebändern transportiert, alles war nur noch eine Frage der richtigen Programmierung. Die Computer waren nun auch bei Alfa Romeo zu einem unverzichtbaren Element in der Autoproduktion geworden.

Gegenüberliegende Seite:
Oben: In Arese setzte man von Beginn weg auf Fließbandarbeit, hier bei der Karosseriemontage.

Unten links: Schritt für Schritt und Teil für Teil rücken die Autos ihrer Vollendung entgegen.

Unten rechts: Auch im Lackierungsprozess war die Beförderung der Fahrzeughüllen ohne Transportketten undenkbar.

Diese Seite:
Oben links: Alles hatte seinen Platz, und jeder wusste, was er zu tun hatte, damit am Schluss auch nichts vergessen wurde.

Oben rechts: Mal Ate, mal Dunlop: Giulia, Giulia GT und Spider erhalten die Bremsen.

Mitte links: Im ständigen Auf und Ab der Bänder geht es hier für eine Giulietta nach oben.

Mitte rechts: Eine Serie Alfa 75 ist auf dem Weg zur Dachmontage.

Unten: Innenausbau: Der Teppich liegt, nun werden Türverkleidungen und Griffe montiert.

Ganz unten: Steuersachen: Der Monteur befestigt das Lenkrad dieser Giulietta.

Gegenüberliegende Seite:
Für den Einbau der Federung wurden hydraulische Heber verwendet. Zumindest für den Fototermin gehen die Monteure mit Schlips und Kragen zu Werk.

Diese Seite:
Oben: Die Hochzeit: Motor und Getriebe werden in die Karosserie eingebaut.

Mitte links: Eine Serie GTV Coupés wird Blech für Blech ergänzt: rechts noch ohne, links nach der Kurve bereits mit Dach.

Mitte rechts: Slot Cars: Vollautomatische Transportschlitten fahren unfertige Giuliettas durchs Werk.

Unten links: Auch die Schlusskontrolle erfolgt am Fließband. Jeder Mitarbeiter überprüft gemäß Checkliste bestimmte Funktionen, ehe es ab auf die Teststrecke geht.

Unten rechts: Giulietta und GTV Coupé an parallelen Montageketten

Heute kaum mehr vorstellbar: Der größte Teil der Komponenten stammt aus eigener Werksproduktion.

Die Produktion

Für den reibungslosen und speditiven Zusammenbau der Fahrzeuge auf den Montagebändern bedurfte es vieler tausend Einzel- und Kleinteile. Dazu gehörten neben den Motoren und den Getrieben auch sämtliche Teile für das Interieur, das komplette Fahrwerk, die Elektrik mit Kabelsträngen und Beleuchtung, die Glasscheiben sowie viele weitere Anbauteile. Aber woher kamen alle diese Teile, die aus den lackierten Karosserien schlussendlich einen fahrbereiten und voll funktionstüchtigen Alfa Romeo machten?

Einige wichtige Fahrzeugteile wurden bereits für das Werk Portello bei externen Lieferanten eingekauft, andere aber seit Beginn der Produktion in Arese in den eigenen Werkshallen hergestellt: die mechanischen Teile in der Abteilung der „gruppi meccanici", Türverkleidungen und weitere Interieurteile in der großen Halle „vestizione finale", in der auch die Endmontage der Fahrzeuge erfolgte. Für die Sitzbezüge und die Kabelbäume arbeiteten hauptsächlich Frauen an den Nähmaschinen und an den Konfektionsplätzen, insgesamt waren aber nur 15 Prozent der Mitarbeiter im Werk Frauen.

Später, als die Herstellung vieler Bauteile immer teurer wurde – sei es, weil die dafür notwendigen modernen Produktionsanlagen große Investitionen bedeutet hätten, oder weil Fachbetriebe, die sich auf die Herstellung der Teile spezialisiert hatten, günstiger produzieren konnten –, beschaffte Alfa Romeo viele Teile direkt bei externen Firmen, um Kosten und Platz zu sparen.

Oben links: In der Sitzproduktion werden die Gestelle gepolstert und bezogen.

Oben rechts: In drehbare Gestelle eingespannt, werden Sitzflächen und Lehnen bezogen.

Mitte links: Die Chromstoßstangen für Giulia und Co. werden auf Hochglanz poliert.

Mitte rechts: Sogar Kunststoffteile für Interieur und Exterieur werden im Alfawerk mit teuren Apparaten selber hergestellt.

Unten: Am Ende finden die vielen Einzelteile in der „vestizione finale“ zu kompletten Alfas zusammen.

Oben links: Im Werk waren nur wenige Frauen beschäftigt. Die drei auf dem Foto stellen Kabelbäume unter anderem für neue Giulias zusammen.

Oben rechts: Alfa-Arbeitsplatz Nähmaschine: Hier werden Sitzbezüge und Türverkleidungen produziert.

Mitte links: Für die Näherinnen gibt es viel zu tun, verlassen doch zeitweise bis zu 500 Neuwagen pro Tag das Werk in Arese.

Unten links: Schritt für Schritt werden aus Stoff und Polsterteilen die Sitze.

Unten rechts: Die Näherinnen müssen die verschiedensten (Kunst-) Stoffe sowie Leder verarbeiten.

Oben (im Uhrzeigersinn): Die Produktionshallen sind riesig. Hier sind zwei Öfen für das Härten mechanischer Teile zu sehen.

Aluminium wird in enormen Mengen im Werk verbraucht – mal im großen Maßstab, mal in kleinen Dosen.

Die Radnabenrohlinge kommen frisch aus dem Ofen.

Mitte (von links): Auch Versuchsstücke lassen sich in der Forschungs- und Entwicklungsabteilung dank modernster Maschinen, hier einer Fräse, produzieren.

Auch diese Gesenkschmieden dienen dazu, die Teileversorgung im Werk sicherzustellen.

Einer der vielen Arbeitsplätze in der Schmiedehalle

Links: Auch Laser kommen in Arese für die Herstellung von Spezialteilen zum Einsatz.

Jeder kommt dran: In der Motorenprüfhalle warten Doppelnocker auf den obligatorischen Testlauf.

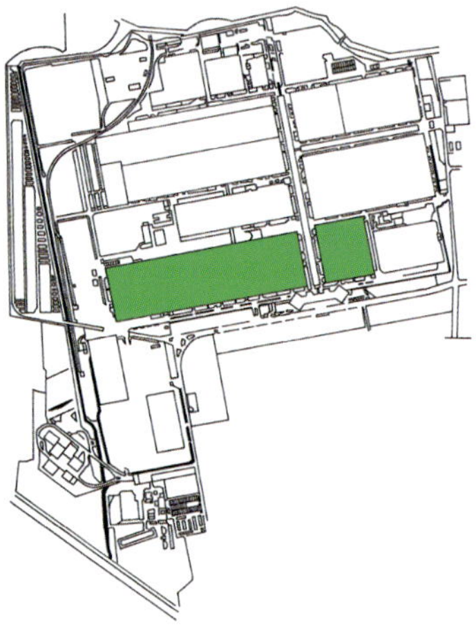

Die Prüfstände

Um Schäden durch die Montage fehlerhafter Teile zu vermeiden, wurden alle Motoren schon vor dem Einbau in die fertigen Karosserien auf Herz und Nieren geprüft. Dazu standen im Werk zahlreiche Prüfstände in der Motorenhalle in Reih und Glied. Nach einem ersten Funktionstest wurden auch ein Belastungstest vorgenommen und die Leistung der Motoren gemessen. Erst wenn die Motoren keine Schwächen zeigten, kamen sie in die Montagehalle zur „Hochzeit" mit der Karosserie.

Nachdem die Fahrzeuge schließlich fertig vom Band liefen, wurden noch die Leistung an den Rädern und die Wirkung der Bremsen auf speziellen Rollenprüfständen kontrolliert. Außerdem wurden das Fahrwerk getestet und die Abgaswerte gemessen. Diese Testvorgänge waren gleich nach Inbetriebnahme der Fabbrica Bestandteil der Fahrzeugabnahme. Sie wurden aus Qualitätsgründen an einem Großteil der Wagen vorgenommen und nahmen jeweils eine Menge Zeit in Anspruch, ehe die Neuwagen auf der werkseigenen Teststrecke auch noch die so genannte Taufe erlebten.

Für Nachbesserungen und Dichtheitskontrollen standen anschließend Hebebühnen zur Verfügung. Dank dieser intensiven Testabläufe konnte es sich Alfa Romeo gegen Ende der 70er Jahre leisten, als erster und einziger Autohersteller damals eine sogenannte „Supergaranzia Motore" anzubieten, eine Garantie auf den Motor für 100.000 Kilometer oder während der ersten beiden Jahre ab der ersten Inverkehrssetzung. Das war ein kluger Marketing-Schachzug, den die Konkurrenz jedoch schon bald kopierte.

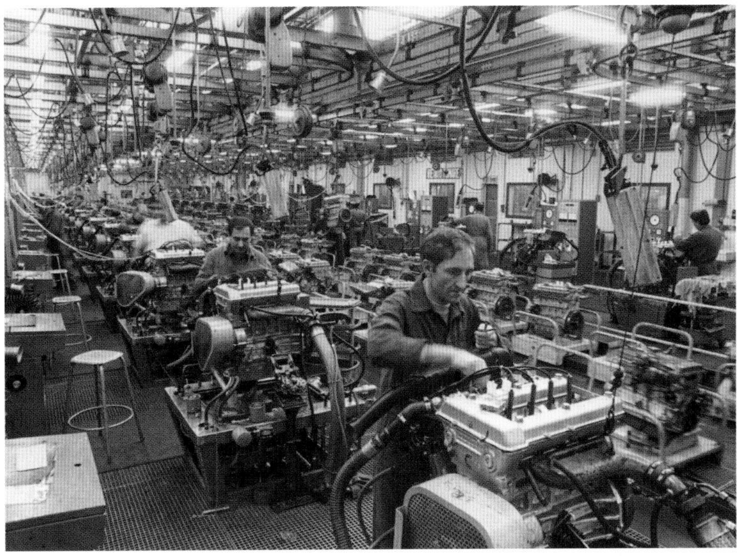

Oben links: Alle Motoren absolvieren vor dem Einbau einen Probelauf auf dem Prüfstand.

Oben rechts: Dazu gibt es auch genügend Prüfstände …

Unten links: … und das nötige Personal.

Unten rechts: Einzelne Aggregate werden in einem separaten Testraum einem noch ausführlicheren Prüfzyklus unterzogen.

Außer der Technik wurde aber auch die Karosserie auf Mängel getestet. Stichprobenmäßig wurden dazu die Rohkarosserien vor dem Zusammenbau anfangs auf Prüflehren überprüft und ab den 80er Jahren dann per Computerhilfe ausgemessen. Zusätzlich standen den Qualitätsprüfern für Hitzetests mehrere Wärmekammern zur Verfügung.

Oben links: Die Einzeltests werden auch 1990 noch vorgenommen, hier an einem 3.0 V6 für einen Alfa 164.

Oben rechts: Hier kommen die Motoren auf Rollenbahnen daher.

Mitte links: Ein Alfetta-2.0-Motor wird für den Test vorbereitet.

Mitte rechts: Ein GTV 6 für die USA – erkennbar an den Stoßstangen und den seitlichen Positionslichtern – auf dem Rollenprüfstand

Unten: In der Testhalle stehen mehrere Rollenprüfstände zur Verfügung.

Oben links: Und noch mehr Tests: Diesmal sind Bremsen und Beleuchtung dran.

Oben rechts: GT, GTC, Giulia und sogar ein 2600 Berlina – und zum Prüfstandslauf vor dem Fotografen tragen die Techniker Schlips.

Mitte links: 1989 fahren 75 und 164 auf die gleichen Bremsenprüfstände wie einst Giulia und Co. – und zwar langsam, bitte: Adagio!

Mitte rechts: Die Federrate der Fahrwerksfedern wird überprüft, schließlich sollen die Autos nicht zu hart und nicht zu weich abgestimmt sein.

Unten: Ob der Kameramann mit dem Stativbein auf dem Fahrwerks-Prüfstand wackelfreie Bilder von der Giulia GT hinbekommen hat, ist nicht überliefert.

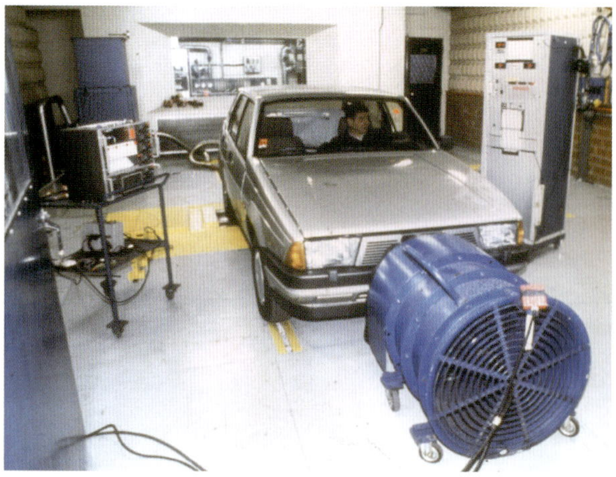

Oben links: Abgasprüfzyklus bei einem GTV6. Für die US-Versionen, wie auf dem Bild, herrschten besonders strenge Vorschriften.

Oben rechts: Außer den Abgasen lässt sich auf diesem Prüfstand auch die Leistung an den Rädern messen.

Mitte: Im Labor: Die Giulia ist an herrlich analoge Apparate angeschlossen.

Unten: Die kleine aber abwechslungsreiche Teststrecke zwischen den Hallen von Lackiererei und Fahrzeugmontage war für ausgiebige Tests der Neuwagen unentbehrlich.

Oben links: Für die Testfahrer stehen Hebebühnen zur Verfügung, um die Neuwagen auch von unten zu überprüfen.

Oben rechts: Mit speziellen Karosserielehren werden die Fahrzeughüllen stichprobenweise auf korrekte Maße überprüft.

Unten links: Ein GTV6 in der Wärmekammer

Unten rechts: Eine Alfa-75-Karosserie wird penibel per Joystick und Computer ausgemessen.

Fertig, hier endet das Fließband.

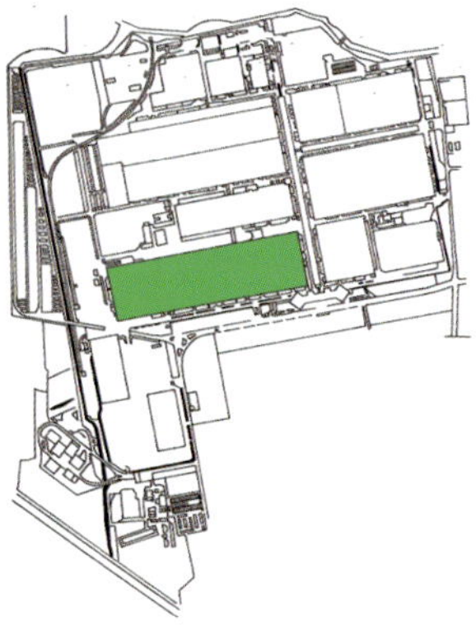

Die Endkontrolle

Nachdem die Alfas am Ende der Produktionskette angelangt waren, standen ihnen noch ausführliche Tests bevor, ehe sie in die Silos parkiert oder zum Abtransport verladen wurden. Zuerst wurden sämtliche Fahrzeuge anhand einer Checkliste einer umfangreichen Qualitätskontrolle unterzogen. Dabei wurde auf die Lackqualität, Spaltmaße bei der Karosserie, allgemeine Montagefehler und auf korrekte Funktion der Beleuchtung geachtet.

Anschließend, nach einem Bremsentest auf dem Prüfstand, wurden die Neuwagen auf der firmeneigenen Teststrecke, die sich zwischen den Hallen der Montage und der Lackiererei befand, auf Herz und Nieren geprüft. Auf Kopfsteinpflaster und einer Holperpiste, in einer Spitzkehre und auf einer Rampe mit 16 Prozent Steigung absolvierten die Fahrer vorgegebene Testabläufe und achteten auf unübliche Vibrationen und Geräusche, auf Spurtreue und korrekte Funktionsweise des Getriebes, der Lenkung, der Bremsen und der elektrischen Aggregate.

Die Motoren waren ja bereits vor der Montage ausführlich auf dem Prüfstand einem Härtetest unterzogen worden, aber nun galt es auch noch, die erforderlichen Abgaswerte

Links: Auch diese GTV-Coupés haben das Ende der Produktionskette erreicht.

Oben rechts: Zwei Giuliettas bei der Schlusskontrolle

Unten rechts: Die fertigen Neuwagen werden einer gründlichen Qualitätskontrolle unterzogen, bevor die Testfahrer noch ihre Runden drehen.

einzuhalten. Dafür wurden die Wagen in der Abgasprüfhalle untersucht. Falls in einer dieser vielen Prüfungen der Endkontrolle eine oder mehrere Abweichungen festgestellt wurden, die nicht sofort vom Testfahrer selbst behoben werden konnten, kamen die Fahrzeuge zurück in die Auslieferungshalle, wo die Nachbesserung erledigt wurde. Schlussendlich fanden auch diese Wagen ihren Platz auf den Abstellflächen oder im Parksilo, wo sie auf den Abtransport zu den Kunden warteten.

Oben: Beschleunigung, Bremsen, Handling – auf der Teststrecke wird jeder neue Alfa noch schnell probegefahren, bevor es zur Kundschaft geht.

Mitte links: Durch die Passerelle werden die lackierten Karossen zur Montage geschoben. Unter dem Verbindungsbauwerk sind links und rechts zwei Alfa 2600 zu sehen, die zwar noch in Portello gebaut werden, aber in Arese getestet.

Mitte rechts: Nachtaufnahme: Unten links eine Berlina auf der Holperpiste.

Unten links: 290: Ein Spider wird vor zwei Giuliettas über die Strecke gejagt.

Unten rechts: Der Ablauf ist vorgegeben, damit sich die Fahrer nicht in die Quere kommen.

Oben links: Auf der Rampe mit 16 Prozent Steigung werden Handbremse und Kupplung geprüft.

Oben rechts: Immer wichtiger wird der Umweltschutz. In der Abgasprüfhalle werden die Werte gemessen.

Mitte links: Alle Fahrzeuge werden von A bis Z durchgecheckt.

Mitte rechts: Diverse Test- und Wärmekammern stehen für Stichproben zur Verfügung.

Unten links: Wo noch Nachbesserung nötig ist, kümmern sich diese Techniker darum.

Unten rechts: Checkliste ausfüllen, kleine Korrekturen und letzte Kontrollen am Fahrzeug müssen die Testfahrer am Schluss erledigen, bevor die Neuwagen endlich zum Verkauf freigegeben werden.

Rechts Schmucklos, sachlich, nüchtern: Großraumbüro im neuen Centro Tecnico

Unten: Die Büros sind als offene Räume konstruiert.

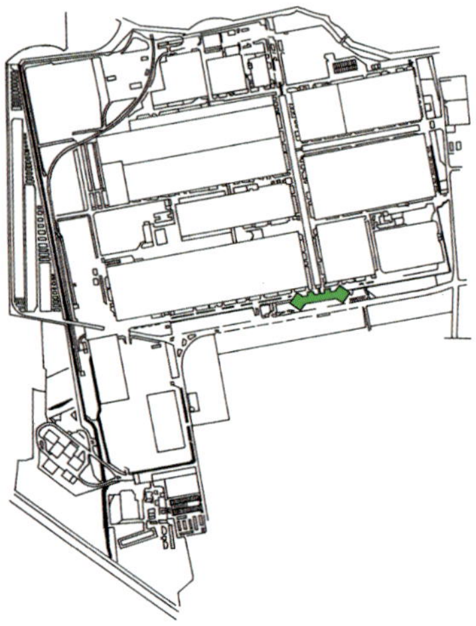

Das Centro Tecnico

Das technische Zentrum im Stabilimento di Arese wurde erst in einer dritten Bauphase 1969 geplant und 1974 fertiggestellt, also fast zwölf Jahre nach dem Bau des ersten Teils der Fabrik. Bis zum Bezug der Büros wurden sämtliche Arbeiten der technischen Abteilungen noch im alten Werk Portello durchgeführt.

Das neue 210 Meter lange und fünfstöckige Gebäude, das der bekannte Architekt Ignazio Gardella entworfen hatte und deshalb auch gerne „La Palazzina di Gardella" genannt wurde, bestach mit seiner auffallenden Form, überragte auch die höchsten Hallen der Fabrik und ist schon von weitem zu sehen.

Ursprünglich war der Bau für einen etwas weiter östlich gelegenen Standort und in einer bedeutend weniger auffälligen Art geplant gewesen. Doch schließlich entschied man sich bei der Form für den zweiten Vorschlag Gardellas, der außer den beiden seitlichen Rampen für den Zutritt der Angestellten auch einen direkten Zugang fürs Personal vom ersten Stock in die große Mensa und einen zweiten zur Forschungs- und Entwicklungsabteilung vorsah.

Der Haupteingang des Werks war nun beim Portal in der Mitte des Gebäudes, das Außenstehende nur nach Anmeldung beim Portier betreten durften. Ebenfalls beim Eingang, gleichsam unter dem Gebäude, das vorwiegend auf dicken Betonsäulen aufgebaut war, fanden sich zahlreiche gedeckte Parkplätze für die Mitarbeiter der technischen Büros. Da sich das Centro Tecnico an der Via Giuseppe Eugenio Luraghi, benannt nach dem Präsidenten der goldenen Alfa-Ära, direkt auf der anderen Straßenseite des größten Mitarbeiterparkplatzes befand, gingen auch die meisten Fabrikangestellten nun durchs neue Hauptportal.

Beim Umzug des Personals von Portello in die Räume des Centro Tecnico im Herbst 1974 waren viele Arbeiten noch gar nicht abgeschlossen. Die Klimaanlage funktionierte noch nicht, einige Treppen waren noch gesperrt, und die Arbeiten an den Außenanlagen hatten gerade erst begonnen.

Oben: Hellerleuchtet: Das Centro Tecnico ist auch bei Nacht ein imposantes Bauwerk.

Unten links: Der markante Überhang des fünften Stockwerks kragt vier Meter weit aus.

Unten rechts: Kurz vor der Schließung: Die Tage des Stabilimento Arese sind gezählt.

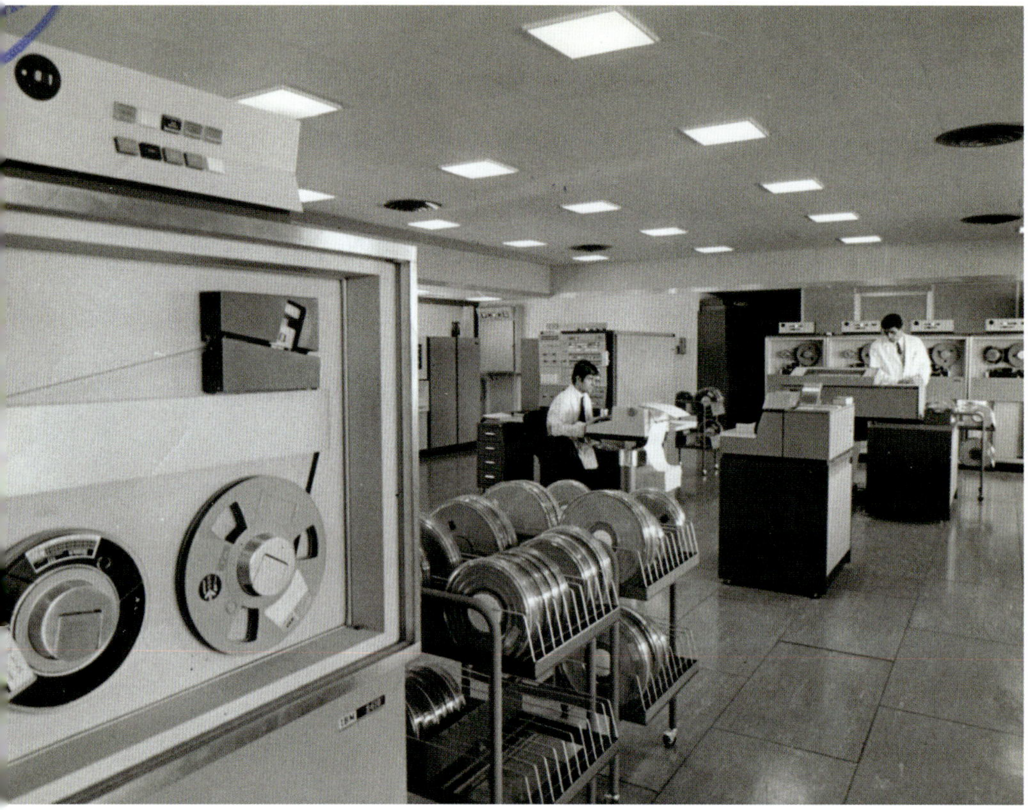

Oben links: Heute altmodisch, damals das Neuste auf dem Markt: schrankgroße Rechner mit Magnetbandspeicher.

Oben rechts: High Tech anno 1974 – die Konstrukteure im Centro Tecnico bei der Arbeit.

Mitte rechts: Nur das Beste war gut genug. Man beachte den elektronischen Zeichenstift.

Unten links: Ein großer Teil der Arbeit wird freilich noch klassisch und von Hand erledigt.

Unten rechts: Das elektronische Zeichenbrett im Einsatz

Viele Angestellte waren folglich anfangs noch unzufrieden. Die vielen tristen Grautöne und die schlechte Beleuchtung wurden bemängelt, doch nach kurzer Zeit, als das Interieur durch farbige Dekors und zahlreiche Pflanzen aufgepeppt war, für die eigens Gärtner angestellt wurden, verstummten auch die letzten Kritiker.

Im Gebäude wurden alle technischen Arbeiten erledigt. Dazu gehörten das Erstellen von Konstruktionsplänen und -zeichnungen, die Anfertigung der Mikrofiches für den Ersatzteilhandel, die Beschaffung der nötigen Rohstoffe, die Organisation und Überwachung der Fertigungsaufträge, die ganze Auftragsabwicklung des weltweiten Fahrzeughandels, die Garantieabwicklung und die kompletten Projektierungsarbeiten.

Im Centro wurde in den verschiedenen Abteilungen an Änderungen und Verbesserungen getüftelt, neue Bauteile wurden geplant und konstruiert, zu denen auch die Motoren gehörten, und die Dokumentationen für die Betriebsanleitungen wurden dort verfasst. Zudem beherbergte das Bauwerk auch ein betriebseigenes Labor für chemische und physikalische Materialtests und Untersuchungen von Komponenten der Fahrzeuge.

Oben links: Alfa-Romeo-Konstrukteure bei der Arbeit.

Oben rechts: Wie immer auf dem Weg zum papierlosen Büro – wie kommt bloß das Stempelkissen aufs Foto von 1977?

Mitte rechts: Modernste Zeichenmaschinen liefern detaillierte Pläne auf Knopfdruck an der knallorangefarbenen Tastatur.

Unten links: Nach dem Bezug trennen dann aber doch Raumteiler einzelne Bereiche voneinander. Die Datensichtgeräte sind der letzte Schrei der Büromaschinentechnik.

Unten rechts: Auch in den Büros der Zeichner gab es schon Computer.

Die sieben Stockwerke (inklusive Keller und Erdgeschoss) waren folgendermaßen belegt: Im Erdgeschoss fanden sich neben den Parkplätzen, dem Haupteingang mit Vorfahrt und dem Portierhäuschen auch noch die Haltestellen für die Autobusse zur Beförderung der Angestellten, das Lohnbüro und die Personalabteilung. Im Keller waren ein Archiv, der Vorgänger des späteren Centro Documentazione, und eine Tiefgarage zu finden.

Im ersten Obergeschoss befanden sich, neben einigen Büroräumen für Hilfsdienste, der Eingang für die Arbeiter des Centro Tecnico und für Besucher, sowie der Durch-

Oben: Entwurfsarbeit und Endprodukt: Jedes Teil, auch diese Alfetta-Rückleuchte, wird im Centro Tecnico entworfen.

Unten links: Vom Scudetto bis zur Heckstoßstange – für jedes Teil gibt es detaillierte Zeichnungen.

Unten rechts: Im Gebäude gibt es auch ein betriebseigenes Labor für chemische und physikalische Materialtests.

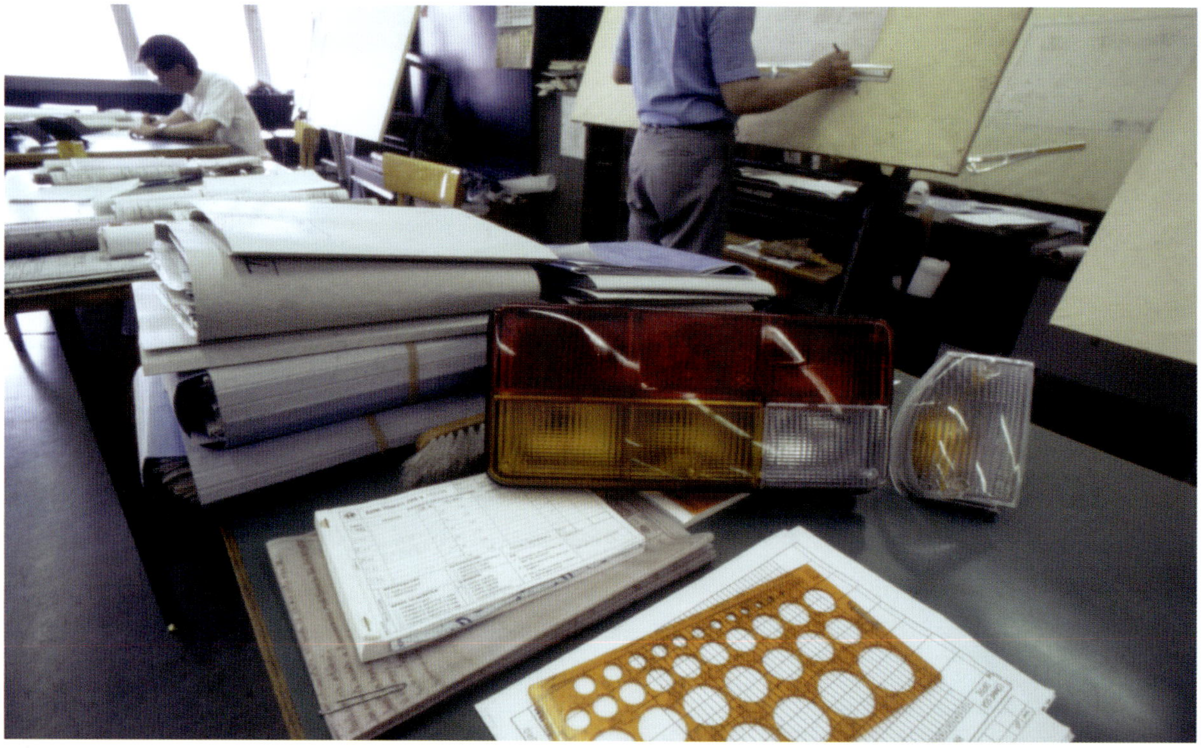

gang über eine Passerelle zur großen Kantine. In der zweiten Etage arbeiteten die Abteilungen von Projektierung und Forschung, und das dritte Stockwerk war besetzt von den Verantwortlichen für Qualität, Planung und Administration.

Im Geschoss vier und im fünften Stock mit dem markanten Überhang belegten das Personal der Beschaffung und die Leute der Produktions- und Fertigungsverwaltung die Großraumbüros. Während die Etagen eins bis vier je eine Fläche von 4800 Quadratmetern hatten, brachte es das fünfte Stockwerk durch seinen Überhang von vier Metern auf eine Gesamtfläche von 6000 Quadratmetern.

Das Gebäude stand 2016 noch, beherbergte jedoch nur noch einige wenige Abteilungen des FCA-Konzerns. Die meisten Räume standen leer, und es machte einen verwahrlosten Eindruck. Es war geplant, dass auch die letzten Arbeiter in die leeren Räume des Centro Direzionale umziehen würden.

Oben: Der „Palast von Gardella“ ist seinerzeit ein Meisterwerk der modernen Architektur.

Unten: Bereits 2012 macht das Areal vor dem Centro Tecnico einen verwahrlosten Eindruck.

Rechts: Einer der Essräume vor dem großen Ansturm.

Unten links: Auf dem Werksareal stehen mehrere Parkplätze und Verpflegungsmöglichkeiten zur Verfügung.

Unten rechts: Das große Parksilo überragt den Parkplatz und die alte Abstellhalle. Im Hintergrund ist das Centro Tecnico zu sehen.

Kantinen, Parkplätze, Silos und Transport

Im Alfa-Werk Arese arbeiteten zeitweise mehr als 20.000 Menschen. Natürlich wurde in der Fabrik auch für die tägliche Verpflegung der Mitarbeiter gesorgt. Da es in der kleinen Gemeinde Arese weder ausreichend viele Restaurantplätze noch einen Bahnhof in unmittelbarer Nähe zur Fabrik gab, wurden bereits bei der Planung Kantinen und Parkplätze bedacht. Parkraum ist denn auch der bestimmende Faktor der Raumplanung: Es galt, nicht nur den Mitarbeitern genügend Stellplätze zur Verfügung zu stellen. Auch die vielen Neuwagen aus der Produktion wollten ja irgendwo abgestellt sein, bevor sie auf die Reise zu den Kunden gingen.

Nur wenige Angestellte hatten ihren Wohnsitz in Arese oder in den umliegenden Gemeinden Lainate und Garbagnate Milanese. Die meisten Arbeiter kamen daher mit dem Auto in die Fabrik. Insgesamt gab es sechs Parkzonen mit einer Fläche von etwa 120.000 Quadratmetern. Eine Parkmöglichkeit mit mehr als 1000 Plätzen gab es direkt hinter dem Centro Direzionale, heute stellen dort die Besucher des Museums ihre Autos ab.

Je eine weitere Möglichkeit gab es im Westen und im Osten des Werkgeländes sowie weitere drei in der Nähe des Haupteingangs. Unmittelbar auf der anderen

Großer Bahnhof: Die nagelneuen Alfas verlassen Arese von der werkseigenen Verladestation aus in Richtung aller Herren Länder. Was nicht zum Zug kommt, geht auf Autotransportern auf die Reise. Gleich hinter dem großen Parksilo (Bild unten links) warten in Hochzeiten gleich mehrere Züge nebeneinander auf Auto-Nachschub.

Straßenseite des Centro Tecnico befand sich der größte Parkplatz mit mehr als 2000 Stellplätzen. Insgesamt standen somit mehr als 9500 Mitarbeiterparkplätze zur Verfügung.

Die täglich aus dem Werk rollenden mehreren hundert Neuwagen kamen auf einem großen Parkplatz unter, der zum Schutz vor Hagel teilweise mit Netzen ausgestattet war. Dazu wurde eine große geschlossene Garage mit 1600 Plätzen gebaut. Da die Kapazität allerdings schon bald erschöpft war und man möglichst wenig weiteren Boden opfern wollte, wurde zusätzlich ein mehrstöckiges Parkhaus-Silo konstruiert, das jedoch erst im Jahr 1968 fertig war.

Das Silo war von der Autobahn aus gut sichtbar und wies ein unverkennbares Design auf. Die zwei überdimensional großen und beleuchteten Alfa-Romeo-Schriftzüge auf dem Dach machten zudem eindrücklich auf das Automobilunternehmen aufmerksam. Auf fünf gedeckten Stockwerken, im Erdgeschoss und auf dem Dach bot es Stellplätze für rund 12.000 Autos. Ein- und Ausfahrt erfolgten über zwei separate Spiralrampen.

Im Silo, in der Garage und auf dem Außenparkplatz herrschte stets emsiges Treiben, da für den Abtransport die Wagen aus den Gebäuden gefahren und auf Lastwagen und Züge verladen werden mussten, während schon die nächsten aus dem Werk kamen. Ein Teil der

Oben: Norditalienische Kombination: Ein Fiat-Autotransporter mit einer Ladung Giuliettas.

Unten links: Das Kraftwerk im Norden des Komplexes versorgt das Werk mit Energie.

Unten rechts: Etwas abseits der übrigen Einrichtungen werden in der betriebseigenen Kläranlage sämtliche Abwässer der Fabrik gereinigt.

alten Garage mit dem gewölbten Dach wurde nach dem Bau des Silos teilweise für technische Dienste und für die Unterstützung bei internen Schulungen genutzt.

Der Transport per Lastwagen war natürlich eher für kürzere und mittlere Distanzen vorgesehen. Autos, die in weitere Ferne gingen, kamen zur fabrikeigenen Eisenbahn-Verladestation, die sich gleich beim Silo auf der östlichen Seite befand. Die Gleise führten über eine Abzweigung vom Bahnhof Garbagnate Milanese von nördlicher Seite her vorbei an den Werkshallen, wo eine weitere Abzweigung ein Gleis zum Park-Silo und eines zu den Parkplätzen westlich der Montagehalle führte.

Ein so großes Werk bedarf der Versorgung wie eine kleine Kommune. So wurde in der Betriebs-Kläranlage das Abwasser aus den vielen Abteilungen gereinigt. Ein riesiges Wärmekraftwerk im Norden des Areals war zuständig für Stromversorgung, Belüftung und Beheizung sämtlicher Hallen und Räume auf dem ganzen Areal.

Oben links: Viele Mitarbeiter nutzen das Angebot der preisgünstigen Mahlzeiten im Werk.

Oben rechts: In den beiden Betriebskantinen ist Selbstbedienung angesagt.

Unten links: „Reinlichkeit hilft der Umwelt – du kannst viel dazu beitragen", heißt es sinngemäß an der Wand der Großküche, in der täglich mehrere tausend Mahlzeiten zubereitet werden.

Unten rechts: Die größte Mensa findet sich im ersten Stock im Zentrum des Stabilimento (unten links).

Insgesamt gab es außerdem drei Kantinen. Eine war für das Personal des Centro Direzionale vorgesehen. Sie befand sich im Untergeschoss des kleinsten der fünf Bauwerke beim markanten Gebäudekomplex, in dem die Direktion mit der kompletten Unternehmensverwaltung, das Museum und das Archiv untergebracht waren. Die Kantine war sowohl von außen zu betreten als auch durch einen unterirdischen Verbindungsgang von den übrigen vier Gebäuden.

Die zweite und bei weitem auch die größte Mensa wurde hingegen direkt in der Fabrik gebaut und fand sich im ersten Obergeschoss im Herzen des Werks. Das Gebäude trennte die Fabrik praktisch in zwei Teile und verlief vom Centro Tecnico, von dem das Personal direkt über eine Passerelle Zutritt in die Essräume hatte, bis zum nördlichen Endes des Geländes. Im Erdgeschoss waren der technische Dienst, zuständig für den Unterhalt der Anlagen, die Betriebsfeuerwehr und die Krankenstation untergebracht.

Die dritte Kantine fand sich zwischen den Hallen der mechanischen Gruppen und der Gießerei. Tagtäglich wurden tausende Mahlzeiten für Mittag- und Abendessen in den drei Großküchen zubereitet. Das Essen nahmen die Alfa-Werker in Schichten zu sich, weil aus Platzgründen nur jeweils 2000 Leute gleichzeitig bedient werden konnten. In den Küchen arbeiteten mehr als 30 Köche und Hilfskräfte. Viele Mitarbeiter brachten sich aber auch selbst ihr Essen mit und nahmen es an den Pausenplätzen oder im Freien ein.

Die Modelle

Alfas aus Arese

Oben: Die Alfa-Romeo-Modelle Mitte der70er Jahre, aufgenommen vor dem Centro Direzionale. Nur der Alfasud wird nicht in Arese produziert.

Gegenüberliegende Seite: Alle Modelle müssen bei der Schlusskontrolle auf die Prüfstände.

Die Modelle
Alfas aus Arese

In den 43 Jahren von 1962 bis 2005 wurden unzählige Fahrzeuge für den weltweiten Handel in der Fabbrica bei Milano produziert. Insgesamt waren es 14 Modelle, die mit allerlei verschiedenen Motoren und Ausstattungen vom Band liefen und somit mit einer Vielzahl von Versionen im Angebot standen. Kleinserien und Auslaufmodelle wurden noch in Portello oder den jeweiligen Karosserie-Schmieden wie Touring, OSI, Zagato und Bertone hergestellt.

Die Arese-Modelle sind das Giulia-Coupé, auch als Sprint GT, Bertone oder Junior bekannt, die Giulia-Limousine, Berlina 1750 und 2000, Montreal, Spider, Alfetta-Limousine und -Coupé, Giulietta, Alfa 6, Alfa 90, Alfa 75, Alfa 164 sowie GTV und Spider der Baureihe 916. Alle Typen werden in diesem Kapitel kurz porträtiert. Die Informationen beschränken sich jedoch nur aufs Wesentliche und werden um die wichtigsten Daten ergänzt.

Dabei ist zu beachten, dass die aufgeführten Fahrgestellnummern nicht immer durchgehend vergeben wurden. Teilweise war die Vergabe der Nummern und deren Zusammenstellung etwas chaotisch und ist mitunter nur schwer nachvollziehbar. Deshalb wurden sie der Einfachheit halber mit „von ... bis“ aufgeführt, mit der entsprechenden Anzahl produzierter Fahrzeuge.

Bei einigen Bildern in diesem Kapitel handelt es sich teilweise um bislang unveröffentlichte Fotos aus dem Alfa-Archiv, die verschiedene Phasen der Produktion in den jeweiligen Epochen dokumentieren und wunderbaren Einblick in die Arbeit im Werk geben.

Oben: Giugiaros großer Wurf: Der Alfa Romeo Sprint GT ist das erste in Arese produzierte Modell.

Darunter: Schnörkellos, aufgeräumt und elegant ist das Innere des Sprint GT.

Rechts: Hier werden Klassiker für alle Zeiten gebaut: das Giulia Coupé, auch bekannt als „der Bertone".

Giulia Coupé

Giulia Sprint GT (1963 bis 1965)
Dieses Model auf Basis der Giulia war der erste Alfa, der ab 1963 im neuen Werk Arese produziert wurde. Das neue Coupé, das nach dem Design-Büro oft schlicht Bertone genannt wird, wurde erstmals am 9. September 1963 in Frankfurt am Main der Presse und kurz darauf in der Internationalen Automobil-Ausstellung IAA der Öffentlichkeit vorgestellt. Korrekterweise stammt die gefällige Karosserielinie jedoch von Giorgio Giugiaro, der zu jener Zeiten bei Bertone seine Lehrzeit absolvierte.

Die Technik ist die der Giulia T.I., der Vierzylinder mit 1570 cm^3 Hubraum und zwei obenliegenden Nockenwellen verfügte über zwei 40 DCOE4-Vergaser von Weber, und für sicheren Halt sorgten vier Scheibenbremsen. Obwohl der Zusammenbau in Arese vonstatten ging, kamen Motoren und Getriebe anfangs noch aus dem Werk Portello.

Die Fahrgastzelle entsprach dem Sicherheitskonzept der Limousine, damit gehörte auch das Coupé zu den sichersten Autos seiner Zeit. Mit der Cabriolet-Version GTC kam 1964 eine kleine Serie der offenen Version hinzu, sie wurde jedoch ausschließlich bei der Carrozzeria Touring gefertigt.

Oben links: Mit dem Giulia-Coupé beginnt die Serienproduktion in Arese.

Oben rechts: Giulias und GT erhalten ihre Fahrwerkskomponenten.

Links: Ein Sprint GTA mit der auffälligen Kantenhaube

Giulia Sprint GTA (1965 bis 1969)
1965 wurde die Modellfamilie um dem Sprint GTA (Gran Turismo Alleggerita) erweitert. Diese Version war vornehmlich für den Einsatz im Rennsport konzipiert und sollte in der Tourenwagenklasse die nicht mehr konkurrenzfähige Giulia T.I. Super ersetzen, was mit zahlreichen Titeln auch gelang. Die Außenhaut besteht zur Gänze aus Peraluman, einer superleichten Aluminium-Zink-Mangan-Legierung, die das Gewicht des GTA im Vergleich zum Serien-Sprint um gut 200 Kilogramm erleichtern half.

Dank der für Serienmodelle äußerst ungewöhnlichen Verwendung einer Doppelzündung mit zwei Zündkerzen pro Zylinder erstarkte der 1,6-Liter-Motor auf 115 PS. Auffällig an der Front des GTA war die markante Kantenhaube, die später auch beim GT Junior zum Einsatz kam.

Giulia Sprint GT Veloce (1965 bis 1968)
Im selben Jahr wie der GTA hatte auch der Sprint GT Veloce seine Markteinführung. Bei der Entwicklung des Veloce mochten die mit dem GTA gesammelten Erfahrungen eine gewisse Rolle gespielt haben. Die Leistung des 1570-cm^3-Triebwerks stieg, verglichen mit dem GT, zwar nur um 3 PS, die Fahrleistungen waren jedoch deutlich lebhafter.

Das im Übrigen mit dem des GT identische Armaturenbrett bekam eine Holzfolie verpasst, das Lenkrad war im Durchmesser etwas kleiner, und die Mittelbahnen der ausgezeichneten Sportsitze bekamen ein Flechtmuster. Weitere Details: Das Heck zierte zwischen Nummernschild und rechter Heckleuchte ein Veloce-Schriftzug, der Kühlergrill enthielt drei waagerechte Chromleisten, und an der C-Säule fand sich das berühmte runde Emblem mit dem vierblättrigen Kleeblatt.

Oben links: Links das Montageband mit den fertig produzierten Rohkarossen der Giulia-Coupé-Reihe.

Rechts: Anfang der 70er Jahre: Rund- und Kantenhauber werden auf einem Band montiert.

Unten links: Auffallend sind die beiden Doppelscheinwerfer am 1750 GT Veloce.

Giulia GT 1300 Junior (1966 bis 1975)

1966 entschied man sich bei Alfa Romeo, eine günstige Einstiegsvariante des Coupés zu lancieren. Dazu verbaute man den 1,3-Liter-Motor aus der Giulietta. Dieser kleinere Vierzylinder, ebenfalls mit zwei obenliegenden Nockenwellen, war zwar schon alt, aber mit 89 PS immer noch hervorragend geeignet, um die neue Version anzutreiben. Der günstige Preis machte den Wagen einem breiteren Kundenkreis erschwinglich, und der Junior erwarb sich schon bald den Ruf eines Autos für junge Leute.

Das Armaturenbrett wurde vom GT Veloce übernommen, am Kühlergrill fand sich jedoch nur noch eine waagerechte Chromleiste. Ab 1967 gab es kleine Änderungen, der Bremskraftverstärker war neu und ein Zweispeichenlenkrad kam beim 1300 Junior zum Einsatz. 1969 gab es weitere technische Modifikationen: Neben einer neuen Getriebesynchronisierung, geänderten Motorlagern und Hinterachsgelenken wurden auch ein Stabilisator an der Hinterachse und ein neues Armaturenbrett mit zwei großen Rundinstrumenten und neuem Belüftungssystem verbaut. Im Folgejahr wurde der GT 1300 Junior wie alle übrigen Coupé-Versionen mit hängenden Pedalen ausgestattet, außerdem kamen ein Zweikreis-Bremssystem, neue Stoßstangen und Heckleuchten zum Einsatz.

Giulia 1750 GT Veloce (1967 bis 1973)

Beim bekannten Vierzylinder-Aggregat wurde 1967 der Hubraum auf 1779 cm^3 vergrößert. Mit dem überarbeiteten 118 PS starken Triebwerk kam der 1750 GT Veloce auf den Markt. Die Kante am vorderen Rand der Motorhaube entfiel, neu waren die beiden Doppelscheinwerfer. Auch beim Interieur fanden sich Neuerungen: Das Armaturenbrett mit moderneren Instrumenten wurde komplett neu gestaltet, und die sportlichen Sitze erhielten aus der Rückenlehne ausfahrbare Kopfstützen.

Auf dem Turiner Salon 1969 wurde bereits eine komplett überarbeitete Version mit Zweikreis-Bremssystem und hängenden Pedalen präsentiert, der Luftfilter wurde mit dynamischer Luftführung versehen, und bei den Sitzen waren die Kopfstützen nun nicht mehr in die Rücklehnen einfahrbar. Außerdem gab es nun eine heizbare Heckscheibe, Halogenscheinwerfer, neue Stoßstangen mit Gummihörnern, ein neues Dreispeichenlenkrad und größere Heckleuchten. Ab 1968 war für den US-Markt auch eine Maschine mit mechanischer Einspritzanlage im Programm.

Oben: Die Rennversion des GTA 1300 Junior von Autodelta hat 160 PS und ist auf den Pisten Europas unschlagbar.

Unten links: Ab 1971 gibt es das Veloce-Coupé auch mit 132 PS starkem Zweilitermotor und der passenden Bezeichnung GTV.

Unten rechts: Das Zweilitertriebwerk des GTV ist äußerlich kaum von den kleineren Aggregaten zu unterscheiden.

Giulia GTA 1300 Junior (1968 bis 1975)
1968 kam der GTA 1300 Junior. Die Karosserie erfuhr einige Änderungen, die sie optisch der des GT 1300 Junior annäherten. Die Höhe der Heckstoßstange, eine Kofferraum-Trennwand und das neue Armaturenbrett fallen ins Auge. Der GTA Junior beherrschte unangefochten die Tourenwagenklasse bis in die zweite Hälfte der 70er Jahre. Wie sein großer Bruder verfügte das Auto über Doppelzündung und eine genietete Leichtmetallkarosserie mit Kantenhaube.

Serienmäßig waren 96 PS und Stahlfelgen, aber inoffiziell war die Autodelta-Version mit Campagnolo-Leichtmetallrädern und ohne Stoßstangen lieferbar. Bei dieser Version leistete der Motor 160 PS, die das leichte Coupé 210 km/h schnell machten. Kaum verwunderlich, dass diese inoffiziellen Autodelta-Versionen heute zu hohen Sammlerpreisen gehandelt werden.

Giulia 2000 GT Veloce (1971 bis 1975)
Die Zweiliter-Version mit 1962 cm^3 Hubraum und mit für damalige Verhältnisse bemerkenswerten 132 PS kam 1971 auf den Markt. Die Technik entsprach der neuen Berlina 2000, allerdings verfügte der Veloce, nun auch GTV genannt, serienmäßig über eine längere Übersetzung und ein Selbstsperrdifferenzial, um die große Kraft und das hohe Drehmoment des Motors besser bändigen zu können, denn das kurveninnere Hinterrad neigte beim Berlina noch dazu, die Bodenhaftung zu verlieren.

Neben dem hubraumstärkeren Doppelnocker fallen im Vergleich zum 1750 GT Veloce das überarbeitete Armaturenbrett und die neuen Sitze auf. Ab 1972 war auch der 2000 GTV für den US-Markt verfügbar, mit derselben mechanischen Einspritzanlage wie beim 1750 Veloce.

Hochzeit in der großen Halle: Diese Bertone erhalten Ende der 60er Jahre Motoren und Getriebe.

Giulia GT 1600 Junior (1972 bis 1975)

Im Mai 1972 wird auch noch eine Junior-Version mit 1,6-Liter-Maschine ins Lieferprogramm aufgenommen. Die Karosserie entsprach der des weiterhin im Angebot erhältlichen GT 1300 Junior. Der Motor hatte jedoch wieder einen Hubraum von 1570 cm³ und 109 PS wie beim Sprint GT Veloce von 1965. Neu hatte das Triebwerk einen Kartuschenölfilter anstelle der bisherigen Ölbadausführung.

Bei den Felgen entfielen die großen Radkappen, es wurden kleinere, verchromte Deckel mit dem Alfa-Emblem montiert, die mit den Radschrauben fixiert wurden. Die letzte Auffrischung erfuhr der 1600 Junior im Juni 1974, als er die Karosserie des 2000 GT Veloce bekam. Auch das Interieur mit Armaturenbrett, Sitzen und einigen weiteren Details entsprach nun dem des großen Bruders.

Baujahr	Version	Typ	Hubraum	Motorbauart	Leistung	Treibstoff	Fahrgestellnummern	Motor Typ	Produktions-zahlen
1963	Sprint GT	105.02	1570 cm³	4 Zylinder in Reihe	106 PS	Benzin	AR*600001 bis AR*600951	AR00502	951
1964	Sprint GT	105.02	1570 cm³	4 Zylinder in Reihe	106 PS	Benzin	AR*600952 bis AR*610776	AR00502	9825
1965	Sprint GT	105.02	1570 cm³	4 Zylinder in Reihe	106 PS	Benzin	AR*610777 bis AR*620283	AR00502	9507
	Sprint GTA	105.02/A	1570 cm³	4 Zylinder in Reihe	115 PS	Benzin	AR*613001 bis AR*613917	AR00502/A	917
	Sprint GTA (1)	105.34	1570 cm³	4 Zylinder in Reihe	115 PS	Benzin	AR*752501 bis AR*753552	AR00502/A	1052
	Sprint GT Veloce	105.36	1570 cm³	4 Zylinder in Reihe	109 PS	Benzin	AR*240001 bis AR*241106	AR00536	803
1966	GT 1300 Junior	105.30	1290 cm³	4 Zylinder in Reihe	89 PS	Benzin	AR*1200101 bis AR*1203368	AR00530	3268
	Sprint GT	105.02	1570 cm³	4 Zylinder in Reihe	106 PS	Benzin	AR* 620284 bis AR*620815	AR00502	532
	Sprint GT Veloce	105.36	1570 cm³	4 Zylinder in Reihe	109 PS	Benzin	AR*241107 bis AR*246946	AR00536	5843
	Sprint GT Veloce (1)	105.37	1570 cm³	4 Zylinder in Reihe	109 PS	Benzin	AR*298001 bis AR*298778	AR00536	778
	Sprint GTA	105.02/A	1570 cm³	4 Zylinder in Reihe	115 PS	Benzin	AR*613918 bis AR*613997	AR00502/A	59
	Sprint GTA (1)	105.34	1570 cm³	4 Zylinder in Reihe	115 PS	Benzin	AR*753563 bis AR*753778	AR00502/A	216
1967	GT 1300 Junior	105.30	1290 cm³	4 Zylinder in Reihe	89 PS	Benzin	AR*1203369 bis AR*1215519	AR00530	2151
	GT 1300 Junior (1)	105.31	1290 cm³	4 Zylinder in Reihe	89 PS	Benzin	AR*1290001 bis AR*1290633	AR00530	633
	Sprint GT Veloce	105.36	1570 cm³	4 Zylinder in Reihe	109 PS	Benzin	AR*246947 bis AR*252902	AR00536	5562
	Sprint GT Veloce (1)	105.37	1570 cm³	4 Zylinder in Reihe	109 PS	Benzin	AR*298779 bis AR*299870	AR00536	1092
	Sprint GTA	105.02/A	1570 cm³	4 Zylinder in Reihe	115 PS	Benzin	AR*613880 bis AR*613980	AR00502/A	59
	1750 GT Veloce	105.44	1779 cm³	4 Zylinder in Reihe	118 PS	Benzin	AR*1350001 bis AR*1351040	AR00548	1040

Baujahr	Version	Typ	Hubraum	Motorbauart	Leistung	Treibstoff	Fahrgestellnummern	Motor Typ	Produktions-zahlen
1968	GT 1300 Junior	105.30	1290 cm^3	4 Zylinder in Reihe	89 PS	Benzin	AR*1215520 bis AR*1230954	AR00530	15.435
	GT 1300 Junior (1)	105.31	1290 cm^3	4 Zylinder in Reihe	89 PS	Benzin	AR*1290634 bis AR*1291371	AR00530	738
	GTA 1300 Junior	105.59	1290 cm^3	4 Zylinder in Reihe	96 PS	Benzin	AR*775001 bis AR*775997	AR00559	997
	Sprint GT Veloce (1)	105.37	1570 cm^3	4 Zylinder in Reihe	109 PS	Benzin	AR*299852 bis AR*299864	AR00536	3
	1750 GT Veloce	105.44	1779 cm^3	4 Zylinder in Reihe	118 PS	Benzin	AR*1351041 bis AR*1362746	AR00548	10.248
	1750 GT Veloce (1)	105.45	1779 cm^3	4 Zylinder in Reihe	118 PS	Benzin	AR*1450001 bis AR*1451601	AR00548	1539
	1750 GT Veloce (2)	105.51	1779 cm^3	4 Zylinder in Reihe	118 PS	Benzin	AR*1530002 bis AR*1530152	AR00548	150
1969	GT 1300 Junior	105.30	1290 cm^3	4 Zylinder in Reihe	89 PS	Benzin	AR*1230955 bis AR*1246008	AR00530	15.054
	GT 1300 Junior (1)	105.31	1290 cm^3	4 Zylinder in Reihe	89 PS	Benzin	AR*1291372 bis AR*1291390	AR00530	19
	GTA 1300 Junior	105.59	1290 cm^3	4 Zylinder in Reihe	96 PS	Benzin	AR*775998 bis AR*776147	AR00559	150
	Sprint GTA	105.02/A	1570 cm^3	4 Zylinder in Reihe	115 PS	Benzin	AR*848001 bis AR*848012	AR00502/A	12
	1750 GT Veloce	105.44	1779 cm^3	4 Zylinder in Reihe	118 PS	Benzin	AR*1362747 bis AR*1375700	AR00548	9777
	1750 GT Veloce (1)	105.45	1779 cm^3	4 Zylinder in Reihe	118 PS	Benzin	AR*1451438 bis AR*1453197	AR00548	1760
	1750 GT Veloce (2)	105.51	1779 cm^3	4 Zylinder in Reihe	118 PS	Benzin	AR*1530001 bis AR*1530708	AR00548	708
1970	GT 1300 Junior (3)	105.30	1290 cm^3	4 Zylinder in Reihe	89 PS	Benzin	AR*1246009 bis AR*1257114	AR00530	11.105
	GT 1300 Junior	105.30	1290 cm^3	4 Zylinder in Reihe	89 PS	Benzin	AR*1260001 bis AR*1262184	AR00530	2183
	GT 1300 Junior (1)	105.31	1290 cm^3	4 Zylinder in Reihe	89 PS	Benzin	AR*1292816 bis AR*1293496	AR00530	681
	GTA 1300 Junior	105.59	1290 cm^3	4 Zylinder in Reihe	96 PS	Benzin	AR*776001 bis AR*776016	AR00559	4
	1750 GT Veloce	105.44	1779 cm^3	4 Zylinder in Reihe	118 PS	Benzin	AR*1375701 bis AR*1387592	AR00548	11.892
	1750 GT Veloce (1)	105.45	1779 cm^3	4 Zylinder in Reihe	118 PS	Benzin	AR*1454001 bis AR*1456101	AR00548	2101
	1750 GT Veloce (2)	105.51	1779 cm^3	4 Zylinder in Reihe	118 PS	Benzin	AR*1530931 bis AR*1531232	AR00548	302
	1750 GT Veloce (4)	105.51	1779 cm^3	4 Zylinder in Reihe	118 PS	Benzin	AR*1532001 bis AR*1532269	AR00548	269
1971	GT 1300 Junior	105.30	1290 cm^3	4 Zylinder in Reihe	89 PS	Benzin	AR*1262185 bis AR*1276549	AR00530	14.365
	GT 1300 Junior (1)	105.31	1290 cm^3	4 Zylinder in Reihe	89 PS	Benzin	AR*1295001 bis AR*1295820	AR00530	820
	GTA 1300 Junior	105.59	1290 cm^3	4 Zylinder in Reihe	96 PS	Benzin	AR*776029 bis AR*776166	AR00559	21
	1750 GT Veloce	105.44	1779 cm^3	4 Zylinder in Reihe	118 PS	Benzin	AR*1387593 bis AR*1391721	AR00548	4129
	1750 GT Veloce (1)	105.45	1779 cm^3	4 Zylinder in Reihe	118 PS	Benzin	AR*1456167 bis AR*1456902	AR00548	736
	1750 GT Veloce (2)	105.51	1779 cm^3	4 Zylinder in Reihe	118 PS	Benzin	AR*1532004 bis AR*1533244	AR00548	1231
	2000 GT Veloce	105.21	1962 cm^3	4 Zylinder in Reihe	132 PS	Benzin	AR*2420001 bis AR*2423650	AR00512	3650
	2000 GT Veloce (1)	105.22	1962 cm^3	4 Zylinder in Reihe	132 PS	Benzin	AR*2410001 bis AR*2410250	AR00512	250
1972	GT 1300 Junior	105.30	1290 cm^3	4 Zylinder in Reihe	89 PS	Benzin	AR*1281001 bis AR*1284564	AR00530	3563
	GT 1600 Junior	115.03	1570 cm^3	4 Zylinder in Reihe	109 PS	Benzin	AR*2195001 bis AR*2198850	AR00536	3850
	GT 1600 Junior (1)	115.05	1570 cm^3	4 Zylinder in Reihe	109 PS	Benzin	AR*2205001 bis AR*2205900	AR00536	900
	GTA 1300 Junior	105.59	1290 cm^3	4 Zylinder in Reihe	96 PS	Benzin	AR*776038 bis AR*776165	AR00559	14
	1750 GT Veloce	105.44	1779 cm^3	4 Zylinder in Reihe	118 PS	Benzin	AR*1391722	AR00548	1
	1750 GT Veloce (2)	105.51	1779 cm^3	4 Zylinder in Reihe	118 PS	Benzin	AR*1532052 bis AR*1533234	AR00548	10
	2000 GT Veloce	105.21	1962 cm^3	4 Zylinder in Reihe	132 PS	Benzin	AR*2423651 bis AR*2427650	AR00512	4000
	2000 GT Veloce (1)	105.22	1962 cm^3	4 Zylinder in Reihe	132 PS	Benzin	AR*2410251 bis AR*2412050	AR00512	1800
	2000 GT Veloce (2)	115.01	1962 cm^3	4 Zylinder in Reihe	132 PS	Benzin	AR*3020001 bis AR*3021717	AR00512	1168
1973	GT 1300 Junior	105.30	1290 cm^3	4 Zylinder in Reihe	89 PS	Benzin	AR*1284565 bis AR*1289999	AR00530	5435
	GT 1300 Junior	105.30	1290 cm^3	4 Zylinder in Reihe	89 PS	Benzin	AR*3350001 bis AR*3350350	AR00530	350
	GTA 1300 Junior	105.59	1290 cm^3	4 Zylinder in Reihe	96 PS	Benzin	AR*776054 bis AR*776167	AR00559	22
	GT 1600 Junior	115.03	1570 cm^3	4 Zylinder in Reihe	109 PS	Benzin	AR*2198851 bis AR*2202250	AR00536	3400
	GT 1600 Junior (1)	115.05	1570 cm^3	4 Zylinder in Reihe	109 PS	Benzin	AR*2205901 bis AR*2206700	AR00536	800
	1750 GT Veloce (2)	105.51	1779 cm^3	4 Zylinder in Reihe	118 PS	Benzin	AR*1532002	AR00548	1
	2000 GT Veloce	105.21	1962 cm^3	4 Zylinder in Reihe	132 PS	Benzin	AR*2433791 bis AR*2444050	AR00512	10.260
	2000 GT Veloce (1)	105.22	1962 cm^3	4 Zylinder in Reihe	132 PS	Benzin	AR*2412051 bis AR*2413734	AR00512	1684
	2000 GT Veloce (2)	115.01	1962 cm^3	4 Zylinder in Reihe	132 PS	Benzin	AR*3021718 bis AR*3022800	AR00512	1083
1974	GT 1300 Junior	105.30	1290 cm^3	4 Zylinder in Reihe	89 PS	Benzin	AR*3350351 bis AR*3351550	AR00530	1200
	GTA 1300 Junior	105.59	1290 cm^3	4 Zylinder in Reihe	96 PS	Benzin	AR*776122 bis AR*776159	AR00559	7
	GT 1300 Junior	105.30S	1290 cm^3	4 Zylinder in Reihe	89 PS	Benzin	AR10530*0001001 bis 0003650	AR00530*S	2650
	GT 1600 Junior	115.03	1570 cm^3	4 Zylinder in Reihe	109 PS	Benzin	AR*2202251 bis AR*2203344	AR00536	1094
	GT 1600 Junior	115.34	1570 cm^3	4 Zylinder in Reihe	109 PS	Benzin	AR11534*0001051 bis 0001372	AR00526/A*S	322
	GT 1600 Junior (1)	115.05	1570 cm^3	4 Zylinder in Reihe	109 PS	Benzin	AR*2206701 bis AR*2207010	AR00536	310
	2000 GT Veloce	105.21	1962 cm^3	4 Zylinder in Reihe	132 PS	Benzin	AR*2444051 bis AR*2445676	AR00512	1626
	2000 GT Veloce (1)	105.22	1962 cm^3	4 Zylinder in Reihe	132 PS	Benzin	AR*2413735 bis AR*2414249	AR00512	515
	2000 GT Veloce (2)	115.01	1962 cm^3	4 Zylinder in Reihe	132 PS	Benzin	AR*3023001 bis AR*3023900	AR00512	900
1975	GT 1300 Junior	105.30S	1290 cm^3	4 Zylinder in Reihe	89 PS	Benzin	AR10530*0003651 bis 0005200	AR00530*S	1550
	GTA 1300 Junior	105.59	1290 cm^3	4 Zylinder in Reihe	96 PS	Benzin	AR*776006 bis AR*776148	AR00559	15
	GT 1600 Junior	115.03	1570 cm^3	4 Zylinder in Reihe	109 PS	Benzin	AR*0002051 bis AR*0002600	AR00536	550
	GT 1600 Junior	115.34	1570 cm^3	4 Zylinder in Reihe	109 PS	Benzin	AR11534*0001373 bis 0002020	AR00526/A*S	648
	GT 1600 Junior (1)	115.05	1570 cm^3	4 Zylinder in Reihe	109 PS	Benzin	AR*2207011 bis AR*2207210	AR00536	200
	GT 1600 Junior (1)	115.05	1570 cm^3	4 Zylinder in Reihe	109 PS	Benzin	AR*0001001 bis AR*0002057	AR00536	1057
	2000 GT Veloce	105.21	1962 cm^3	4 Zylinder in Reihe	132 PS	Benzin	AR*2445677 bis AR*2446580	AR00512	904
	2000 GT Veloce (1)	105.22	1962 cm^3	4 Zylinder in Reihe	132 PS	Benzin	AR*2414250 bis AR*2414649	AR00512	400
	2000 GT Veloce (2)	115.01	1962 cm^3	4 Zylinder in Reihe	132 PS	Benzin	AR*3023901 bis AR*3027089	AR00512	3189
								TOTAL	**210.095**

(1) = Rechtslenkung / (2) = Einspritzung USA-Version / (3) = Version 1969 / (4) = neue 1971-Version mit hängenden Pedalen

Die Giulia 1600 T.I. Super wird als Basismodell für den Rennsport präsentiert.

Giulia

Giulia 1300 (1964 bis 1971)

Die erste Giulia-Limousine aus Arese war das Modell 1300 mit einem Hubraum von 1290 cm^3. Ihr großes Pendant, die Giulia T.I. mit 1570-cm^3-Aggregat wurde jedoch bereits ab 1962 als Nachfolger der Giulietta vorgestellt, aber noch im Werk Portello produziert. Die „kleine" Giulia wurde am 11. Mai 1964 in Monza präsentiert und war von außen an den Einfachscheinwerfern erkennbar. Die Ausstattung war jedoch deutlich magerer als bei der großen Schwester.

Die Giulia war ein erfolgreiches Auto, dessen Hauptvorzüge in den guten Fahrleistungen, der ebenso außergewöhnlichen wie gelungenen Karosserie und der hohen Sicherheit lagen. Erstmals bei Alfa Romeo verfügte ein Modell über eine Sicherheitszelle und definierte Crashzonen, was die Giulia damals zu einem der sichersten Autos auf dem Markt machte. 1967 bekam das 1300er Modell einen schwarzen Kühlergrill mit fünf waagrechten Zierleisten und das Lenkrad aus dem Coupé GT, ehe es 1972 durch die Giulia 1.3 ersetzt wurde.

Giulia 1600 T.I. (1962 bis 1968)

Die Version T.I. (Turismo Internationale) mit einem Hubraum von 1570 cm^3 wurde erstmals 1964 im Stabilimento Arese gefertigt, nachdem sie seit 1962 schon im Werk Portello fabriziert wurde. Diese schnittige Limousine hatte bereits ein Fünfganggetriebe, und ab 1963 wurden die Trommelbremsen durch moderne Scheibenbremsen rundum ersetzt.

Zu Beginn wurden die Gänge noch per Lenkradschaltung gewechselt und vorne saß man auf einer durchgehenden Sitzbank. Ab der Produktion in Arese gab es diese Version nun jedoch auch mit der bekannten Mittelschaltung und Einzelsitzen für Fahrer und Beifahrer. Ab 1966 erfuhr dieses Modell dieselben Retuschen wie Giulia Super und 1300 T.I.: neue Rundinstrumente und Lenkrad, neue Sitzbezüge und Mittelarmlehne hinten sowie eine neue Version der Edelstahlstoßstangen. Die altmodische Lenkradschaltung blieb auf Sonderwunsch erhältlich.

Oben links: Bestseller-Bau: 16 Jahre lang laufen in Arese Giulias vom Band.

Oben rechts: Feinarbeit: Bei diesen weißen Giulias, die frisch aus der Lackiererei kommen, werden Lackfehler wegpoliert.

Unten links: Nach dem Tauchbad zur Entfettung und Reinigung geht es weiter in die Lackiererei.

Unten rechts: Im Gebläsetunnel zur schnelleren Trocknung

Giulia 1600 T.I. Super (1963 bis 1964)
Die Giulia 1600 T.I. Super wurde als Rennsport-Basismodell am 24. April 1963 präsentiert und blieb auch nur zwei Jahre im Programm. Der 112 PS starke Motor stammt aus der Giulia Sprint Speciale und sorgte für hohe Fahrleistungen. Diese Version gab es nur mit Mittelschaltung und Sportsitzen. Die Leichtmetallräder gab es mit ovalen und mit rechteckigen Belüftungslöchern. Fast alle der 503 gebauten Exemplare des 1600 T.I. Super waren mit Scheibenbremsen rundum ausgerüstet.

Giulia 1300 T.I. (1965 bis 1972)
Die kleine T.I.-Version mit 1,3-Liter-Triebwerk wurde 1965 nachgeschoben, um eine günstigere sportliche Alternative anbieten zu können. Auch diese Modellvariante hatte ein Fünfganggetriebe und beschleunigte dank kürzerer Übersetzung überzeugend rasant. Der Motor mit einem Solex-32PAIA7-Vergaser und einem erhöhten Verdichtungsverhältnis leistete bei 6000/min immerhin 82 PS.

Im Gegensatz zur teureren 1600er-T.I.-Ausführung fand man an der Front nur zwei Scheinwerfer mit Chromzierringen.

1967 wurde das Modell leicht überarbeitet, kleine Verbesserungen am Bremskraftverstärker und ein neues Armaturenbrett mit Holzfolie und Rundinstrumenten gehörten ebenso zu den Neuheiten wie der schwarze Kühlergrill mit drei Zierleisten. Am Fuße der Windschutzscheibe fanden sich neuerdings auch Lufteinlässe zur Innenraumbelüftung. Der Motor war nach wie vor mit demselben Solex-Vergaser bestückt, die Leistung des bewährten Aggregates blieb deshalb unverändert bei 82 PS. Weitere geringfügige Änderungen gab es 1969, dazu gehörten eine hydraulisch betätigte Kupplung mit Membranfeder, ein Getriebe mit neuen Synchronringen und einteiligem Schalthebel, geänderte Motorlager und ein Bremsstabilisator an der Hinterachse sowie vergrößerte Stoßstangen und -Hörner.

Unter dem Transportband mit den lackierten Karosserien werden die später eingebauten Sitze und Polster hergestellt.

Giulia 1600 Super (1965 bis 1972)
Die Giulia 1600 Super war die Frucht der mit dem Sportmodell T.I. gewonnenen Erfahrungen. Zum ersten Mal verwendete Alfa Romeo in einer komfortablen, gut ausgestatteten und gutmütigen Reiselimousine zwei Doppelvergaser, die hohe Fahrleistungen bei mäßigem Verbrauch garantierten. Ab 1967 erhielt auch dieses Modell das neue Lenkrad aus dem GT Coupé und geänderte Sitzbezüge, gleichzeitig den schwarzen Kühlergrill, der im Gegensatz zu den 1300er-Versionen jedoch mit fünf statt nur mit drei Zierleisten glänzte, außerdem war der Super von Beginn an mit zwei Doppelscheinwerfern bestückt.

Neben den über das gesamte Modellprogramm betreffenden Änderungen wie Zweikreisbremsanlage, hängende Pedale und neue Lichtmaschine wurden bei der Giulia 1600 Super 1970 der Handbremshebel auf den Mitteltunnel und das Zündschloss an die Lenksäule verlegt. Als kleines Detail gab es neu einen Zigarettenanzünder. Anfangs leistete der Motor mit zwei obenliegenden Nockenwellen 98 PS, ab 1969 überschritt er mit 102 PS die magische Einhundertergrenze.

Giulia 1600 S (1968 bis 1970)
Die Giulia 1600 S ersetzte die Giulia 1600 T.I. und erfuhr alle Verbesserungen des 68er Jahrgangs mit Ausnahme des Stabilisators an der Hinterachse, der für diese relativ zahme Version als nicht notwendig erachtet wurde. Äußerlich ist das Auto kaum vom 1600 Super zu unterscheiden, es hat zwei Doppelscheinwerfer und drei Zierleisten im schwarzen Kühlergrill. Die maximale Leistung des mit einem Fallstrom-Doppelvergaser bestückten Triebwerks wurde jedoch mit 95 statt 102 PS angegeben.

Giulia 1300 Super (1970 bis 1972)
Sechs Jahre nach ihrer Einführung erhielt die Giulia 1300 den stärkeren Doppelvergaser Motor aus dem Coupé GT 1300 Junior, der mit 89 PS sieben Pferdestärken mehr als die T.I.-Version leistete. Zugleich wurde das Fahrzeug mit dem Zweikreis-Bremssystem und den hängenden Pedalen ausgerüstet. Im Interieur kamen die Sitze aus der Giulia Super 1600 zum Einsatz.

Links: Eine Charge ganz in weiß: Frischlackierte Giulias warten auf den weiteren Zusammenbau.

Oben rechts: Giulia 1600 Super. Das Design der Sportlimousine stieß anfangs nicht auf einhellige Begeisterung.

Unten rechts: Luxus-Attribut: Viel Holz gab es ab Werk auch in der 1300er-Version.

Giulia Super 1.3 (1972 bis 1974)
Die Giulia 1300 Super hieß ab 1972 Giulia Super 1.3. Alle für den 1300 Super gedachten Modifikationen erfuhr nun der 1.3, während die Produktion der Giulia 1300 Super eingestellt wird. Die Front zierten nun auch hier zwei Doppelscheinwerfer, und am Heck fanden sich neue Leuchteinheiten und Modellschriftzüge. Die großen Radkappen wichen kleineren verchromten mit eingestanztem Alfa-Logo. Neu waren auch das Dreispeichenlenkrad, die überarbeiteten Sitzbezüge, eine klappbare Mittelarmlehne hinten, das neue Armaturenbrett mit elektrischer Zeituhr und die Drehknöpfe zur Betätigung der vorderen Ausstellfenster.

Giulia Super 1.6 (1972 bis 1974)
Auch die Giulia 1600 Super wurde vom Super 1.6 abgelöst. Der große Bruder der Giulia 1.3 erfuhr dieselben Änderungen wie das hubraumschwächere Modell. Abgesehen von der Typenbezeichnung am Heck waren die beiden neuen Modelle kaum voneinander zu unterscheiden.

Giulia Nuova Super 1.3 (1974 bis 1977)
Zwölf Jahre nach ihrer Vorstellung erlebte die Giulia ein umfassendes Facelifting mit geglätteter Motorhaube und knickfreiem Kofferraumdeckel. So zeigte sich die Giulia zwar eines Teils ihres Charakters beraubt, erfuhr auf dem Markt dank des moderneren Aussehen aber noch einmal einen Verkaufsschub. Die vier Scheinwerfer waren nun alle gleich groß. Auffallend waren auch die neuen Stoßstangen mit den schwarzen Gummihörnern und der markante schwarze Kühlergrill aus Kunststoff. Im Inneren wurde der Wagen mit einem Dreispeichenlenkrad aus Holz und einem geänderten Armaturenbrett sowie neuen Sitzbezügen bestückt.

Oben: Die Diesel-Version der Nuova Giulia ist von den anderen Modellen optisch nicht zu unterscheiden, nach dem Betätigen des Anlassers akustisch jedoch um so mehr.

Unten links: Auch die Carabinieri werden ab Werk mit Giulias versorgt.

Unten rechts: Auf den zweiten Blick fällt die geglättete Motorhaube der Nuova auf. Der Kofferraumdeckel verliert seine Knochenform.

Giulia 1.8 Diesel (1976)
Kurz vor ihrem Produktionsende wurde die Giulia-Modelllinie um eine Dieselvariante ergänzt. Installiert wurde ein Vierzylinder der britischen Firma Perkins, der bereits im Kleintransporter F12 von Alfa Romeo Verwendung gefunden hatte. Äußerlich war die Giulia Diesel nur am Heckschriftzug erkennbar. Unter der Motorhaube kamen jedoch fünf Kilogramm Dämmmaterial zum Einsatz. Die stark wachsenden Diesel-Marktanteile veranlassten Alfa Romeo als sonst eher sportlich orientierte Marke zu diesen ersten, zaghaften Schritten im Selbstzünder-Segment. Es blieb bei der Giulia Diesel jedoch bei einem einjährigen Einsatz und lediglich 6582 produzierten Einheiten.

Giulia Nuova Super 1.6 (1974 bis 1977)
Auch die 1.6 Liter Version wurde gemeinsam mit dem 1.3 modernisiert und hieß nun ebenfalls Nuova Super. Beide neuen Giulia-Versionen wurden im Juni 1974 in Fonteblanda bei Grosseto vorgestellt. Nach vierzehn Jahren und mehr als einer halben Million Exemplaren war 1977 dann Schluss mit der Giulia. Sie wurde von der Nuova Giulietta abgelöst.

Baujahr	Version	Typ	Hubraum	Motorbauart	Leistung	Treibstoff	Fahrgestellnummern	Motor Typ	Produktions-zahlen
1962	1600 T.I. (1)	105.14	1570 cm^3	4 Zylinder in Reihe	92 PS	Benzin	AR*400002 bis AR*407354	AR00514	7352
1963	1600 T.I. Super (1)	105.16	1570 cm^3	4 Zylinder in Reihe	112 PS	Benzin	AR*595001 bis AR*595203	AR00516	180
	1600 T.I. (1)	105.14	1570 cm^3	4 Zylinder in Reihe	92 PS	Benzin	AR*407355 bis AR*434181	AR00514	25.370
1964	1300	105.06	1290 cm^3	4 Zylinder in Reihe	78 PS	Benzin	AR*550004 bis AR*562022	AR00506	12.018
	1600 T.I.	105.08	1570 cm^3	4 Zylinder in Reihe	92 PS	Benzin	AR*442711 bis AR*453459	AR00514	10.749
	1600 T.I. (1)	105.14	1570 cm^3	4 Zylinder in Reihe	92 PS	Benzin	AR*434182 bis AR*442710	AR00514	8529
	1600 T.I. Super	105.16	1570 cm^3	4 Zylinder in Reihe	112 PS	Benzin	AR*595019 bis AR*595509	AR00516	323
1965	1300	105.06	1290 cm^3	4 Zylinder in Reihe	78 PS	Benzin	AR*562023 bis AR*575385	AR00506	13.363
	1300 T.I.	105.39	1290 cm^3	4 Zylinder in Reihe	82 PS	Benzin	AR*575386 bis AR*576263	AR00539	878
	1600 Super	105.26	1570 cm^3	4 Zylinder in Reihe	98 PS	Benzin	AR*305001 bis AR*325783	AR00526	20.783
	1600 T.I.	105.08	1570 cm^3	4 Zylinder in Reihe	92 PS	Benzin	AR*453460 bis AR*462549	AR00514	9090
1966	1300	105.06	1290 cm^3	4 Zylinder in Reihe	78 PS	Benzin	AR*586898 bis AR*626923	AR00506	40.071
	1300 T.I.	105.39	1290 cm^3	4 Zylinder in Reihe	82 PS	Benzin	AR*576264 bis AR*594999	AR00539	18.735
	1300 T.I. (2)	105.40	1290 cm^3	4 Zylinder in Reihe	82 PS	Benzin	AR*762001 bis AR*762262	AR00540	262
	1600 T.I.	105.08	1570 cm^3	4 Zylinder in Reihe	92 PS	Benzin	AR*462550 bis AR*467351	AR00514	4802
	1600 Super (3)	105.26	1570 cm^3	4 Zylinder in Reihe	98 PS	Benzin	AR*325784 bis AR*339976	AR00526	14.192
1967	1300	105.06	1290 cm^3	4 Zylinder in Reihe	78 PS	Benzin	AR*626924 bis AR*646940	AR00506	20.016
	1300 T.I.	105.39	1290 cm^3	4 Zylinder in Reihe	82 PS	Benzin	AR*626855 bis AR*656596	AR00539	9655
	1300 T.I. (2)	105.40	1290 cm^3	4 Zylinder in Reihe	82 PS	Benzin	AR*762263 bis AR*763181	AR00540	919
	1600 Super	105.26	1570 cm^3	4 Zylinder in Reihe	98 PS	Benzin	AR*859001 bis AR*869597	AR00526	9235
	1600 T.I.	105.08	1570 cm^3	4 Zylinder in Reihe	92 PS	Benzin	AR*467352 bis AR*468428	AR00514	897
	1600 T.I. (2)	105.14	1570 cm^3	4 Zylinder in Reihe	92 PS	Benzin	AR*468601	AR00514	1
	1600 Super (3)	105.26	1570 cm^3	4 Zylinder in Reihe	98 PS	Benzin	AR*339977 bis AR*349999	AR00526	10.023
1968	1300	105.06	1290 cm^3	4 Zylinder in Reihe	78 PS	Benzin	AR*649501 bis AR*651700	AR00506	2200
	1300 T.I.	105.39	1290 cm^3	4 Zylinder in Reihe	82 PS	Benzin	AR*656597 bis AR*659999	AR00539	3403
	1300 T.I.	105.39	1290 cm^3	4 Zylinder in Reihe	82 PS	Benzin	AR*1000501 bis AR*1031243	AR00539	30.743
	1300 T.I. (2)	105.40	1290 cm^3	4 Zylinder in Reihe	82 PS	Benzin	AR*763182 bis AR*765032	AR00540	1851
	1600 S	105.85	1570 cm^3	4 Zylinder in Reihe	95 PS	Benzin	AR*1700004 bis AR*1700410	AR00585	407
	1600 T.I. (2)	105.14	1570 cm^3	4 Zylinder in Reihe	92 PS	Benzin	AR*468602	AR00514	1
	1600 Super	105.26	1570 cm^3	4 Zylinder in Reihe	98 PS	Benzin	AR*869598 bis AR*875769	AR00526	6172
1969	1300	105.06	1290 cm^3	4 Zylinder in Reihe	78 PS	Benzin	AR*1050001 bis AR*1050136	AR00506	136
	1300 T.I.	105.39	1290 cm^3	4 Zylinder in Reihe	82 PS	Benzin	AR*1031244 bis AR*1063444	AR00539	32.201
	1300 T.I. (2)	105.40	1290 cm^3	4 Zylinder in Reihe	82 PS	Benzin	AR*765033 bis AR*765876	AR00540	844
	1600 S	105.85	1570 cm^3	4 Zylinder in Reihe	95 PS	Benzin	AR*1700001 bis AR*1701930	AR00585	1930
	1600 S (2)	105.87	1570 cm^3	4 Zylinder in Reihe	95 PS	Benzin	AR*1790001 bis AR*1790003	AR00587	3
	1600 Super	105.26	1570 cm^3	4 Zylinder in Reihe	102 PS	Benzin	AR*880001 bis AR*897146	AR00526/A	17.146
1970	1300	105.06	1290 cm^3	4 Zylinder in Reihe	78 PS	Benzin	AR*1050137 bis AR*1050383	AR00506	247
	1300 T.I.	105.39	1290 cm^3	4 Zylinder in Reihe	82 PS	Benzin	AR*1063445 bis AR*1088763	AR00539	25.319
	1300 Super	115.09	1290 cm^3	4 Zylinder in Reihe	89 PS	Benzin	AR*2220008 bis AR*2224815	AR00530	4808
	1600 S	105.85	1570 cm^3	4 Zylinder in Reihe	95 PS	Benzin	AR*1701931 bis AR*1702212	AR00585	282
	1600 Super	105.26	1570 cm^3	4 Zylinder in Reihe	102 PS	Benzin	AR*897147 bis AR*899999	AR00526/A	2853
1971	1300	105.06	1290 cm^3	4 Zylinder in Reihe	78 PS	Benzin	AR*1050384 bis AR*1050433	AR00506	50
	1300 T.I.	105.39	1290 cm^3	4 Zylinder in Reihe	82 PS	Benzin	AR*1088764 bis AR*1089439	AR00539	676
	1300 Super	115.09	1290 cm^3	4 Zylinder in Reihe	89 PS	Benzin	AR*2224816 bis AR*2263009	AR00530	38.194
	1300 Super (2)	115.10	1290 cm^3	4 Zylinder in Reihe	89 PS	Benzin	AR*2294002 bis AR*2295366	AR00530	1365
	1600 Super	105.26	1570 cm^3	4 Zylinder in Reihe	102 PS	Benzin	AR*1875004 bis AR*1891387	AR00526/A	16.394
1972	Super 1.3	115.09	1290 cm^3	4 Zylinder in Reihe	89 PS	Benzin	AR*2272001 bis AR*2289600	AR00530	17.600
	Super 1.3 (2)	115.10	1290 cm^3	4 Zylinder in Reihe	89 PS	Benzin	AR*2295367 bis AR*2297279	AR00530	1913
	1300 T.I.	105.39	1290 cm^3	4 Zylinder in Reihe	82 PS	Benzin	AR*1089440 bis AR* 1089493	AR00539	54
	1300 Super	115.09	1290 cm^3	4 Zylinder in Reihe	89 PS	Benzin	AR*2263010 bis AR*2269104	AR00530	6095
	1600 Super	105.26	1570 cm^3	4 Zylinder in Reihe	102 PS	Benzin	AR*1891388 bis AR*1896477	AR00526/A	5090
	Super 1.6	105.26	1570 cm^3	4 Zylinder in Reihe	102 PS	Benzin	AR*1980001 bis AR*1986620	AR00526/A	6620
1973	Super 1.3	115.09	1290 cm^3	4 Zylinder in Reihe	89 PS	Benzin	AR*2289601 bis AR*2292999	AR00530	3399
	Super 1.3	115.09	1290 cm^3	4 Zylinder in Reihe	89 PS	Benzin	AR*3320001 bis AR*3334850	AR00530	14.850
	Super 1.3 (2)	115.10	1290 cm^3	4 Zylinder in Reihe	89 PS	Benzin	AR*2297280 bis AR*2297900	AR00530	621
	Super 1.6	105.26	1570 cm^3	4 Zylinder in Reihe	102 PS	Benzin	AR*1986621 bis AR*1995700	AR00526/A	9080
1974	Super 1.3	115.09	1290 cm^3	4 Zylinder in Reihe	89 PS	Benzin	AR*3334851 bis AR*3340250	AR00530	5400
	Super 1.3 (2)	115.10	1290 cm^3	4 Zylinder in Reihe	89 PS	Benzin	AR*2297901 bis AR*2299450	AR00530	1550
	Super 1.6	105.26	1570 cm^3	4 Zylinder in Reihe	102 PS	Benzin	AR*1995701 bis AR*1998088	AR00526/A	2388
	Super 1.6 (2)	105.28	1570 cm^3	4 Zylinder in Reihe	102 PS	Benzin	AR*0787826 bis AR*0788006	AR00526/A	181
	Nuova Super 1.3	115.09S	1290 cm^3	4 Zylinder in Reihe	89 PS	Benzin	AR11509*0001001 bis 0018100	AR00530S	17.100
	Nuova Super 1.6	105.26S	1570 cm^3	4 Zylinder in Reihe	102 PS	Benzin	AR10526*0001001 bis 0008250	AR00526A*S	7250
1975	Nuova Super 1.3	115.09S	1290 cm^3	4 Zylinder in Reihe	89 PS	Benzin	AR11509*0018101 bis 0039250	AR00530S	21.150
	Nuova Super 1.6	105.26S	1570 cm^3	4 Zylinder in Reihe	102 PS	Benzin	AR10526*0008251 bis 0016450	AR00526A*S	8200
	Nuova Super 1.6 (2)	105.28	1570 cm^3	4 Zylinder in Reihe	102 PS	Benzin	AR10528*0001001 bis 0001161	AR00526A*S	161
1976	Nuova Super 1.3	115.09S	1290 cm^3	4 Zylinder in Reihe	89 PS	Benzin	AR11509*0039251 bis 0053050	AR00530S	13.780
	Nuova Super 1.6	105.26S	1570 cm^3	4 Zylinder in Reihe	102 PS	Benzin	AR10526*0016451 bis 0020850	AR00526A*S	4400
	Nuova Super 1.6 (2)	105.28	1570 cm^3	4 Zylinder in Reihe	102 PS	Benzin	AR10528*3083341 bis 3083420	AR00526A*S	80
	Diesel 1.8	115.40	1760 cm^3	4 Zylinder in Reihe	52 PS	Diesel	AR11540*0001011 bis 0007592	108U	6582
1977	Nuova Super 1.3	115.09S	1290 cm^3	4 Zylinder in Reihe	89 PS	Benzin	AR11509*0053051 bis 0059583	AR00530S	6533
	Nuova Super 1.6	105.26S	1570 cm^3	4 Zylinder in Reihe	102 PS	Benzin	AR10526*0020851 bis 0028664	AR00526A*S	7814
								TOTAL	**592.559**

(1) = Im Werk Portello produziert / (2) = Rechtslenkung / (3) = Version 1965

Oben links: Die Berlina soll eigentlich die Giulia ablösen, wird dann aber nur halb so lange gebaut und läuft früher aus.

Oben rechts: Hier sind die Bänder nach Modellen getrennt. Die Berlinas ruhen auf dem zweiten.

Unten links: Eine Berlina-Karosserie wird vor dem Lackieren gründlich gewaschen.

Unten rechts: Der Giulia große Schwester: Hier gehen frühe 1750er ihrer Vollendung entgegen.

1750 und 2000 Berlina

1750 (1968 bis 1972)

1968 kam die 1750 Berlina auf den Markt. Dabei handelte es sich um eine Weiterentwicklung auf Basis der Giulia, von der auch viele Teile stammten. Der neue Motor, der auch im Coupé 1750 GT Veloce und im Spider Veloce verbaut wurde, machte den 1750 über 180 km/h schnell. Mit 2570 mm hatte der 1750 aber einen um sechs Zentimeter längeren Radstand. Auch sonst war die von Meister Bertone entworfene Berlina geräumiger als die Giulia und galt als ihre große Schwester. Deshalb gab es die Giulia auch nicht mit diesem Motor. Die Berlina präsentierte sich äußerlich geglättet, war sehr elegant, aber nicht mehr so markant wie die eigenwillige Giulia.

In Turin wurde bereits 1969 die modifizierte 1750er vorgestellt. Wie die Giulia bekam sie Zweikreis-Bremssystem und hängende Pedale, dazu kamen ein Luftfilter mit dynamischer Luftführung, Halogenscheinwerfer, neue Heckleuchten und ein neues Lenkrad. Nachdem die Zweiliterversion 1971 auf den Markt kam, stellte Alfa Romeo die Produktion des 1750 gegen Ende 1971 ein.

Oben links: Vom Förderband geht es auf dem Luftweg weiter durch die Hallen.

Oben rechts: Herzimplantation: Das Triebwerk mit dem kompletten Antriebsstrang wird montiert.

Unten: Die Motoren der 2000 Berlina hatten schon 1971 stattliche 132 PS.

2000 (1971 bis 1976)

Ab 1971 gab es die Berlina auch mit dem 132 PS starken Zweiliter-Aggregat zu kaufen. Die äußerlichen Unterschiede zum 1750 waren nur gering. Ein etwas breiteres Scudetto an der Front, größere Doppelscheinwerfer und Heckleuchten sowie Felgen ohne die großen Radkappen fielen besonders ins Auge. Auf Wunsch waren beim 2000 ein Sperrdifferenzial, eine heizbare Heckscheibe, vordere Kopfstützen und Metallic-Lackierung erhältlich.

Der Zweiliter wurde im Juni 1971 in Gardone vorgestellt. Vermutlich produzierte man die Berlina 2000 mit dem 1962-cm^3-Triebwerk dank der guten Erfahrungen, die man mit dem GTAm und der von Autodelta aufgebohrten Maschine des GT Veloce im Rennsport gemacht hatte. 1975 wurde eine Transistorzündung verbaut, die für besseren Kaltstart und mehr Geschmeidigkeit bei allen Drehzahlen sorgen sollte. So sank allerdings die Motorleistung unmerklich um drei PS auf 129. Nun gab es serienmäßig Kopfstützen für alle, vorn in Höhe und Neigung verstellbar, hinten fix an der Lehne montiert. Neu waren auch elektrischer Scheibenwascher, Lenkradnabe und Schalthebelknauf. Im letzten Herstellungsjahr 1976 liefen in Arese nur noch 613 der insgesamt 175.315 Stück vom Band.

Oben links: Die Verwandtschaft der neuen Limousine mit der Giulia war gut zu sehen. Die Berlina ist ein wenig länger und geräumiger.

Oben rechts: Von allem etwas mehr als bei der Giulia: 1750 und 2000 sind schnell und geräumig.

Unten: Aufgeräumt und übersichtlich sind die Anzeigeinstrumente einer 1750 Berlina.

Baujahr	Version	Typ	Hubraum	Motorbauart	Leistung	Treibstoff	Fahrgestellnummern	Motor Typ	Produktions-zahlen
1968	1750	105.48	1779 cm³	4 Zylinder in Reihe	118 PS	Benzin	AR*1300104 bis AR*1331381	AR00548	31.278
	1750 (1)	105.49	1779 cm³	4 Zylinder in Reihe	118 PS	Benzin	AR*1460003 bis AR*1460003	AR00548	449
	1750 (2)	105.71	1779 cm³	4 Zylinder in Reihe	118 PS	Benzin	AR*1555001 bis AR*1555143	AR00548	143
1969	1750 (3)	105.48	1779 cm³	4 Zylinder in Reihe	118 PS	Benzin	AR*1331382 bis AR*1349498	AR00548	18.117
	1750	105.48	1779 cm³	4 Zylinder in Reihe	118 PS	Benzin	AR*1740004 bis AR*1742851	AR00548	2848
	1750 (1)	105.49	1779 cm³	4 Zylinder in Reihe	118 PS	Benzin	AR*1460920 bis AR*1463346	AR00548	2427
	1750 (2)	105.71	1779 cm³	4 Zylinder in Reihe	118 PS	Benzin	AR*1555144 bis AR*1555825	AR00548	682
1970	1750	105.48	1779 cm³	4 Zylinder in Reihe	118 PS	Benzin	AR*1742852 bis AR*1771455	AR00548	28.604
	1750 (1)	105.49	1779 cm³	4 Zylinder in Reihe	118 PS	Benzin	AR*1464001 bis AR*1469680	AR00548	5680
	1750 (2)	105.71	1779 cm³	4 Zylinder in Reihe	118 PS	Benzin	AR*1555826 bis AR*1556091	AR00548	266
1971	1750	105.48	1779 cm³	4 Zylinder in Reihe	118 PS	Benzin	AR*1780001 bis AR*1780253	AR00548	253
	2000	105.12	1962 cm³	4 Zylinder in Reihe	132 PS	Benzin	AR*2300001 bis AR*2316450	AR00512	16.450
1972	1750 (2)	105.71	1779 cm³	4 Zylinder in Reihe	118 PS	Benzin	AR*1557001	AR00548	1
	2000	105.12	1962 cm³	4 Zylinder in Reihe	132 PS	Benzin	AR*2316451 bis AR*2345650	AR00512	29.200
	2000 (1)	105.15	1962 cm³	4 Zylinder in Reihe	132 PS	Benzin	AR*2400601 bis AR*2403941	AR00512	3341
	2000 (2)	115.00	1962 cm³	4 Zylinder in Reihe	132 PS	Benzin	AR*3000001 bis AR*3000800	AR00512	800
1973	2000	105.12	1962 cm³	4 Zylinder in Reihe	132 PS	Benzin	AR*2345651 bis AR*2366500	AR00512	20.850
	2000 (1)	105.15	1962 cm³	4 Zylinder in Reihe	132 PS	Benzin	AR*2403942 bis AR*2406500	AR00512	1879
	2000 (2)	115.00	1962 cm³	4 Zylinder in Reihe	132 PS	Benzin	AR*3001251 bis AR*3001900	AR00512	650
1974	2000	105.12	1962 cm³	4 Zylinder in Reihe	132 PS	Benzin	AR*2366501 bis AR*2372100	AR00512	5600
	2000 (1)	105.15	1962 cm³	4 Zylinder in Reihe	132 PS	Benzin	AR*2406501 bis AR*2406637	AR00512	137
1975	2000	105.12	1962 cm³	4 Zylinder in Reihe	132 PS	Benzin	AR*2372101 bis AR*2372429	AR00512	329
	2000	115.36	1962 cm³	4 Zylinder in Reihe	129 PS	Benzin	AR*2375001 bis AR*2378450	AR00515	3450
	2000 (1)	115.36	1962 cm³	4 Zylinder in Reihe	129 PS	Benzin	AR*2406638 bis AR*2407905	AR00515	1268
1976	2000	115.36	1962 cm³	4 Zylinder in Reihe	129 PS	Benzin	AR*2378451 bis AR*2378863	AR00515	413
	2000 (1)	105.15	1962 cm³	4 Zylinder in Reihe	132 PS	Benzin	AR*2407906 bis AR*2408105	AR00512	200
								TOTAL	**175.315**

(1) = Rechtslenkung / (2) = Einspritzung USA-Version / (3) = Version 1968

Oben: Marcello Gandini, Designer im Dienste Bertones, zeichnet für das Design des Coupés verantwortlich.

Unten link: Der Prototyp wird 1967 als Luftfracht zur Weltausstellung nach Montreal befördert.

Unten rechts: Das Interieur des Prototyps weicht bedeutend weiter von der Serie ab als das Karosseriedesign.

Montreal

Montreal 2.6 V8 (1971 bis 1977)

Erstmals wurde der Montreal als Prototyp mit Giulia-Motor auf der Weltausstellung 1967 in der kanadischen Metropole vorgestellt. Das von Marcello Gandini im Dienste von Bertone gezeichnete Coupé ging dann allerdings erst gegen Ende 1970 in technisch stark veränderter Version in Arese in Produktion, obwohl es zahlreiche Vorserienmodelle gegeben und das Werk bereits 1968 die Palette der lieferbaren Farben festgelegt hatte. Die endgültige offizielle Präsentation erfolgte schließlich auf dem Genfer Autosalon im März 1970.

Allerdings muss erwähnt werden, dass beim Montreal die Produktion aufgeteilt wurde. In Arese wurden Chassis, Motor und die gesamte Mechanik produziert. Das Chassis schickte man dann zu Bertone nach Caselle außerhalb Turins, wo die Rohkarosse fertig zusammengebaut wurde. Nachher kam die Fahrzeughülle in Bertones Lackierwerk in Grugliasco. Dort wurde sie teilverzinkt und von Hand lackiert und mit dem Interieur ausgestattet. Schließlich kam das Auto zurück nach Arese zur Montage von Motor, Getriebe und der restlichen Mechanik.

Oben links: Die Frontmaske wird als Einheit verschweißt und mit dem Rest der Karosserie verbunden.

Oben mittig: Die Montreal-Karosserien entstehen in Handarbeit.

Oben rechts: Das übliche Tauchbad vor dem Lackieren

Mitte links: Ein bisschen futuristisch, ein bisschen klassisch und hundert Prozent Alfa: das sportliche Armaturenbrett des Coupés

Mitte rechts: Das V8-Triebwerk leistet mit der mechanischen Einspritzung von Spica 200 PS.

Unten: Schade, dass nur 3925 Exemplare vom wunderschönen Montreal gebaut werden.

Im Laufe seiner Entwicklung war der mittig positionierte Giulia-Antrieb einem prestigeträchtigen Achtzylinder-Frontmotor in V-Anordnung gewichen. Dieses 200 PS starke Triebwerk stammte aus dem 33 Stradale von 1967, wenn auch in um 30 PS gedrosselter Version. Die gefällige Linie wusste zwar von Beginn an zu begeistern, aber wegen der Energiekrise von 1973/74 wurden infolge des hohen Benzinverbrauchs des V8 in den sieben Produktionsjahren nur gerade 3925 Exemplare gebaut. Beim Achtzylinder mit vier obenliegenden Nockenwellen und mechanischer Spica-Saugrohreinspritzung wurde aus Kosten- und Zeitgründen das Fahrwerk von der Giulia übernommen, was eher den Komfort als die Sportlichkeit begünstigte. Bei der kleinen Stückzahl des Alfa Montreal gab es während der Produktionszeit auch keine Änderungen an Technik oder Interieur.

Oben links: Die Montreals werden in Bertones Lackierwerk in Grugliasco von Hand lackiert.

Oben rechts: Im Werk von Bertone wurden neben dem Montreal auch noch Fahrzeuge für andere Marken teilgefertigt.

Unten links: Auch das Interieur und diverse Anbauteile werden bei Bertone eingebaut, hier parallel zu einer Serie von Fiat Dino Coupés.

Unten rechts: Zurück in Arese werden Motor, Getriebe und das ganze Fahrwerk montiert, ehe im Stabilimento auch noch die übliche Endkontrolle erfolgt.

Baujahr	Version	Typ	Hubraum	Motorbauart	Leistung	Treibstoff	Fahrgestellnummern	Motor Typ	Produktions-zahlen
1971	2600 V8	105.64	2593 cm³	V8 mit 90° Zylinderwinkel	200 PS	Benzin	AR*1425101 bis AR*1426123 (2)	AR00564	1023
1972	2600 V8	105.64	2593 cm³	V8 mit 90° Zylinderwinkel	200 PS	Benzin	AR*1425108 bis AR*1428201 (2)	AR00564	956
1973	2600 V8	105.64	2593 cm³	V8 mit 90° Zylinderwinkel	200 PS	Benzin	AR*1425178 bis AR*1428858 (2)	AR00564	890
	2600 V8 (1)	105.65	2593 cm³	V8 mit 90° Zylinderwinkel	200 PS	Benzin	AR*1440101 bis AR*1440176	AR00564	76
1974	2600 V8	105.64	2593 cm³	V8 mit 90° Zylinderwinkel	200 PS	Benzin	AR*1428219 bis AR*1428719 (2)	AR00564	757
	2600 V8 (1)	105.65	2593 cm³	V8 mit 90° Zylinderwinkel	200 PS	Benzin	AR*1440177 bis AR*1440256	AR00564	80
1975	2600 V8	105.64	2593 cm³	V8 mit 90° Zylinderwinkel	200 PS	Benzin	AR*1427789 bis AR*1428124	AR00564	10
	2600 V8 (1)	105.65	2593 cm³	V8 mit 90° Zylinderwinkel	200 PS	Benzin	AR*14400257 bis AR*1440326	AR00564	70
1976	2600 V8	105.64	2593 cm³	V8 mit 90° Zylinderwinkel	200 PS	Benzin	AR*1428724 bis AR*1428856 (2)	AR00564	35
1977	2600 V8	105.64	2593 cm³	V8 mit 90° Zylinderwinkel	200 PS	Benzin	AR*1428772 bis AR*1428860 (2)	AR00564	28
								TOTAL	**3925**

(1) = Rechtslenkung / (2) = Die Fahrgestellnummern wurden nicht kontinuierlich pro Jahr vergeben

Ein Spider 1600 Duetto erhält seine Hinterachse.

Spider

Spider 1600 Duetto (1966 bis 1967)

Der mittlerweile veraltete Giulia Spider brauchte einen Cabriolet-Nachfolger, den der Altmeister des Autodesigns, Battista Pininfarina, in Form des neuen Spider noch kurz vor seinem Tod entworfen hatte. Alfa Romeo veranstaltete damals ein Preisausschreiben, wie das neue Auto heißen solle. Sieger wurde der Name „Duetto“, der aber nie offiziell verwendet wurde, stattdessen sprach man einfach vom 1600 Spider.

Der 1570-cm³-Motor des kleinen Spiders entsprach dem der Giulia Sprint GT Veloce. Für diesen Wagen gab es optional sogar ein Hardtop zu kaufen. Die Form des neuen Alfa-Cabrios, das heute meist einfach Rundheck-spider genannt wird, gefiel den Leuten, und spätestens nach dem Film „The Graduate“ („Die Reifeprüfung“) mit Dustin Hoffman und einem „Duetto“ in den Hauptrollen avancierte der Spider zum Verkaufsschlager unter den offenen Autos in Europa und den USA.

Spider 1750 Veloce (1967 bis 1971)

Ein Jahr später kam die stärkere Version des offenen Zweisitzers auf den Markt. Der Veloce hatte ein 118 PS starkes Triebwerk mit einem Hubraum von 1779 cm³, welches identisch war mit demjenigen aus Coupé 1750 GT Veloce. Neben einem neuen Dreispeichenholzlenkrad wartet das neue Modell ansonsten mit keinen nennenswerten Unterschieden zum Vorgänger auf. Auf dem Turiner Salon 1969 präsentierte Alfa Romeo den überarbeiteten Spider, der anstelle des Rundhecks nun ein Abrissheck (Coda Tronca) und eine stärker geneigte Windschutzscheibe aufwies. Außerdem waren die Pedale jetzt hängend angeordnet. Gebaut wurde der 1750 Veloce bis 1971, als ihn der 2000 Spider Veloce ersetzte.

Oben links: Alfa-Spider-Produktion in Arese

Oben rechts: Beim Spider 1750 Veloce ist das Heck abgeschnitten, daher der Name „Coda Tronca".

Mitte rechts: „Paradiso per due" – der alte Vespa-Werbespruch taugt auch bestens für den Zweisitzer aus Arese.

Unten: Die günstigste Variante des Cabriolets wird 1968 mit dem 1300 Junior lanciert.

Spider 1300 Junior (1968 bis 1977)

Angesicht des Erfolges, den der GT 1300 Junior auf dem Markt hatte, war die Entwicklung des Spider Junior fast eine Selbstverständlichkeit, zumal seit dem Entfall des 1600 Duetto nur der teurere 1750 Veloce zu haben war. Der Motor mit 1290 cm^3 leistete satte 89 PS, was für flotte Fahrt bei offenem Verdeck ausreichend war. 1969 wurde auch die Karosserie des Spiders 1300 Junior auf „Coda Tronca", das Abrissheck, geändert. Im Vergleich zum 1750 Veloce besaß der 1300 jedoch eine einfachere Ausstattung und abweichende Karosseriedetails wie Türgriffe und Scheinwerfer. Ein Jahr später erfuhr er die gleichen Änderungen wie der GT Junior, erhielt eine Zweikreisbremsanlage und eine neue Lichtmaschine. Abgesehen von der Installation von zwei Notsitzen ab 1974, blieb der Junior danach praktisch unverändert bis zu seiner Ausmusterung 1977.

Spider 2000 Veloce (1971 bis 1985)

Am längsten produziert wurde die Spiderversion 2000 Veloce. Ganze vierzehn Jahre lang lief das Modell in Arese vom Band, ehe es 1986 vom 2.0 Quadrifoglio Verde abgelöst wurde. Die Technik entsprach der des 2000 GT Veloce, der Tank fasste aber nur 51 anstelle von 53 Litern. Die Optik war identisch mit der des 1750 Veloce mit Ausnahme des Modellschriftzuges und des erstmaligen Entfalls der Radkappen. Nachdem der 1300 Junior bereits 1974 zwei Notsitze hinter den Vordersitzen erhalten hatte, kam 1975 auch der große Bruder in den Genuss dieser Auffrischung.

Danach blieb das beliebte Cabrio bis 1983 unverändert. 1983 aber wurde die Karosserie einem umfassenden Restyling unterzogen, das nicht von allen Liebhabern der Marke gleich goutiert wurde. Neue Kunststoffstoßstangen, die bis zu den Radkästen reichten und vorne integrierte Blinker und einen Frontspoiler trugen, sollten den Spider an die achtziger Jahre anpassen. Außerdem thronte auf dem Heckdeckel ein schwarzer Gummispoiler, neue Leuchten zierten das Heck, ein neues Dreispeichenlenkrad wurde verbaut und das Verdeck in schwarzem oder beigefarbenem Material wurde auch noch modifiziert, während das Zweiliter-Aggregat unverändert blieb.

Oben: Ein 1.6 Veloce nach dem Restyling von 1983. Der schwarze Heckspoiler aus Weichplastik verleiht ihm den Spitznamen „Gummilippe“.

Unten: Nach zwanzig Jahren Produktion wird auf dem Genfer Salon 1986 mit dem 2.0 Quadrifoglio Verde eine weitere überarbeitete Version vorgestellt. Optional ist auch wieder ein Hardtop bestellbar.

Spider 1600 Junior (1972 bis 1979)
Vier Jahre nach dem 1600 Duetto lief mit dem Junior auch die Produktion des 1600er-Spiders wieder an. Somit standen nun zusammen mit dem 1300 Junior und dem 2000 Veloce drei Versionen des Kultcabriolets im Angebot. Äußerlich gab es keine Unterschiede zum 1300er-Modell, in technischer Hinsicht wurde der Motor aber mit einem Kartuschen-Ölfilter ausgerüstet, wie dies auch beim GT Junior der Fall war, außerdem hatte dieser Spider von Beginn an die freiliegenden Radmuttern ohne Radkappen.

Spider 1600 Veloce und 1.6 (1980 bis 1988)
Als Ersatz für den 1600 Junior kam 1980 der 1600 Veloce für zwei Jahre zum Einsatz. Als Pendant zum 2000 Veloce wurde diese günstigere Variante eingeführt, die immerhin 175 km/h schnell war. 1982 wurde allerdings kein einziges Exemplar hergestellt, erst nach einjähriger Pause ging die Produktion mit dem 1.6 für drei Jahre weiter.

Die neue Typbezeichnung hatte jedoch weitaus mehr zu bedeuten, als es den Anschein hatte. Der Spider bekam nach Jahren wieder ein neues Outfit. Das Restyling war allerdings umstritten mit seinen bis zu den Radausschnitten herumgezogenen Stoßstangen und dem schwarzen Heckspoiler aus Weichplastik, dem der neue Spider auch den unschönen Namen „Gummilippe“ zu verdanken hatte. Das Triebwerk blieb unverändert.

Spider 2.0 Quadrifoglio Verde (1986 bis 1989)
Seit mittlerweile zwanzig Jahren in Produktion, besaß der Spider auf dem Markt inzwischen eine einzigartige Position. Nach wie vor beliebt bei der Käuferschaft wurde 1986 auf dem Genfer Salon eine abermals überarbeitete Version vorgestellt. Das Spitzenmodell namens Quadrifoglio Verde mit zwei Litern Hubraum wies eine neue Rundumverspoilerung, anders geformte Außenspiegel und auffallende Plastikschweller auf.

Auf Wunsch gab es dafür endlich auch wieder ein modernes Hardtop, das den Wagen in ein ansehnliches Coupé verwandelte. Neue Leichtmetallfelgen im Mehrlochdesign rundeten die modernisierte Optik ab. Nach der Übernahme von Alfa Romeo durch Fiat verlagerte man die Produktion des Spiders 1987 zu Pininfarina, wo auch die vierte und letzte Generation ab 1990 vom Band lief, in Arese hingegen wurden vorläufig, bis 1994, keine Cabrios mehr hergestellt.

Baujahr	Version	Typ	Hubraum	Motorbauart	Leistung	Treibstoff	Fahrgestellnummern	Motor Typ	Produktions-zahlen
1966	1600 Duetto	105.03	1570 cm³	4 Zylinder in Reihe	109 PS	Benzin	AR*660008 bis AR*663298	AR00536	3291
1967	1600 Duetto	105.03	1570 cm³	4 Zylinder in Reihe	109 PS	Benzin	AR*663299 bis AR*663961	AR00536	663
	1750 Veloce	105.57	1779 cm³	4 Zylinder in Reihe	118 PS	Benzin	AR*1410002 bis AR*1410442	AR00548	441
1968	1300 Junior	105.91	1290 cm³	4 Zylinder in Reihe	89 PS	Benzin	AR*1670001 bis AR*1671920	AR00530	1920
	1300 Junior (1)	105.92	1290 cm³	4 Zylinder in Reihe	89 PS	Benzin	AR*1695001 bis AR*1695101	AR00530	101
	1750 Veloce	105.57	1779 cm³	4 Zylinder in Reihe	118 PS	Benzin	AR*1410443 bis AR*1411865	AR00548	1423
	1750 Veloce (1)	105.58	1779 cm³	4 Zylinder in Reihe	118 PS	Benzin	AR*1470001 bis AR*1470193	AR00548	193
	1750 Veloce (2)	105.62	1779 cm³	4 Zylinder in Reihe	118 PS	Benzin	AR*1480001 bis AR*1480216	AR00548	216

Baujahr	Version	Typ	Hubraum	Motorbauart	Leistung	Treibstoff	Fahrgestellnummern	Motor Typ	Produktions-zahlen
1969	1300 Junior	105.91	1290 cm^3	4 Zylinder in Reihe	89 PS	Benzin	AR*1671921 bis AR*1672700	AR00530	780
	1300 Junior (1)	105.92	1290 cm^3	4 Zylinder in Reihe	89 PS	Benzin	AR*1695201 bis AR*1695279	AR00530	79
	1750 Veloce	105.57	1779 cm^3	4 Zylinder in Reihe	118 PS	Benzin	AR*1411866 bis AR*1413386	AR00548	1521
	1750 Veloce (1)	105.58	1779 cm^3	4 Zylinder in Reihe	118 PS	Benzin	AR*1470301 bis AR*1470601	AR00548	301
	1750 Veloce (2)	105.62	1779 cm^3	4 Zylinder in Reihe	118 PS	Benzin	AR*1480217 bis AR*1481372	AR00548	1156
1970	1300 Junior	105.91	1290 cm^3	4 Zylinder in Reihe	89 PS	Benzin	AR*1841003 bis AR*1841128	AR00530	126
	1300 Junior (3)	105.91	1290 cm^3	4 Zylinder in Reihe	89 PS	Benzin	AR*1840001 bis AR*1840424	AR00530	424
	1750 Veloce	105.57	1779 cm^3	4 Zylinder in Reihe	118 PS	Benzin	AR*1820003 bis AR*1820702	AR00548	700
	1750 Veloce (2)	105.62	1779 cm^3	4 Zylinder in Reihe	118 PS	Benzin	AR*1481373 bis AR*1485702	AR00548	1550
1971	1750 Veloce	105.57	1779 cm^3	4 Zylinder in Reihe	118 PS	Benzin	AR*1820703 bis AR*1821263	AR00548	561
	1750 Veloce (1)	105.58	1779 cm^3	4 Zylinder in Reihe	118 PS	Benzin	AR*1835001 bis AR*1835141	AR00548	141
	1750 Veloce (2)	105.62	1779 cm^3	4 Zylinder in Reihe	118 PS	Benzin	AR*1485703 bis AR*1486880	AR00548	1178
	2000 Veloce	105.24	1962 cm^3	4 Zylinder in Reihe	132 PS	Benzin	AR*2460001 bis AR*2460850	AR00512	850
	2000 Veloce (1)	105.27	1962 cm^3	4 Zylinder in Reihe	132 PS	Benzin	AR*2470001 bis AR*2470125	AR00512	125
1972	1300 Junior	105.91	1290 cm^3	4 Zylinder in Reihe	89 PS	Benzin	AR*1841875 bis AR*1842445	AR00530	571
	1600 Junior	115.07	1570 cm^3	4 Zylinder in Reihe	109 PS	Benzin	AR*2208001 bis AR*2208950	AR00536	950
	2000 Veloce	105.24	1962 cm^3	4 Zylinder in Reihe	132 PS	Benzin	AR*2460851 bis AR*2462300	AR00512	1450
	2000 Veloce (1)	105.27	1962 cm^3	4 Zylinder in Reihe	132 PS	Benzin	AR*2470126 bis AR*2470450	AR00512	325
	2000 Veloce (2)	115.02	1962 cm^3	4 Zylinder in Reihe	132 PS	Benzin	AR*3040001 bis AR*3041200	AR00512	1018
1973	1300 Junior	105.91	1290 cm^3	4 Zylinder in Reihe	89 PS	Benzin	AR*1842446 bis AR*1843259	AR00530	814
	1600 Junior	115.07	1570 cm^3	4 Zylinder in Reihe	109 PS	Benzin	AR*2208951 bis AR*2209900	AR00536	950
	2000 Veloce	105.24	1962 cm^3	4 Zylinder in Reihe	132 PS	Benzin	AR*2462301 bis AR*2463385	AR00512	1388
	2000 Veloce (1)	105.27	1962 cm^3	4 Zylinder in Reihe	132 PS	Benzin	AR*2470451 bis AR*2470700	AR00512	250
	2000 Veloce (2)	115.02	1962 cm^3	4 Zylinder in Reihe	132 PS	Benzin	AR*3041201 bis AR*3042309	AR00512	1109
1974	1300 Junior	105.91S	1290 cm^3	4 Zylinder in Reihe	89 PS	Benzin	AR10591*0001001 bis 0001457	AR00530*S	457
	1600 Junior	115.07	1570 cm^3	4 Zylinder in Reihe	109 PS	Benzin	AR*2209901 bis AR*2210100	AR00536	200
	1600 Junior	115.35	1570 cm^3	4 Zylinder in Reihe	109 PS	Benzin	AR*0001001 bis AR*0001106	AR00536	106
	2000 Veloce	105.24	1962 cm^3	4 Zylinder in Reihe	132 PS	Benzin	AR*2463386 bis AR*2464135	AR00512	750
	2000 Veloce (1)	105.27	1962 cm^3	4 Zylinder in Reihe	132 PS	Benzin	AR*2470701 bis AR*2471010	AR00512	310
	2000 Veloce (2)	115.02	1962 cm^3	4 Zylinder in Reihe	132 PS	Benzin	AR*3042751 bis AR*3046250	AR00512	3500
1975	1300 Junior	105.91S	1290 cm^3	4 Zylinder in Reihe	89 PS	Benzin	AR10591*0001458 bis 0002000	AR00530*S	543
	1600 Junior	115.35	1570 cm^3	4 Zylinder in Reihe	109 PS	Benzin	AR11535*0001107 bis 0001450	AR00536	344
	2000 Veloce	115.38	1962 cm^3	4 Zylinder in Reihe	132 PS	Benzin	AR11538*2465001 bis 2465780	AR00515	780
	2000 Veloce (1)	105.27	1962 cm^3	4 Zylinder in Reihe	132 PS	Benzin	AR*2471011 bis AR*2471060	AR00515	50
	2000 Veloce (2)	115.02	1962 cm^3	4 Zylinder in Reihe	132 PS	Benzin	AR*3046251 bis AR*3046771	AR00515	521
1976	1300 Junior	105.91S	1290 cm^3	4 Zylinder in Reihe	89 PS	Benzin	AR10591*0002001 bis 0002461	AR00530*S	461
	1600 Junior	115.35	1570 cm^3	4 Zylinder in Reihe	109 PS	Benzin	AR11535*0001451 bis 0001800	AR00536	350
	2000 Veloce	115.38	1962 cm^3	4 Zylinder in Reihe	132 PS	Benzin	AR11538*2465781 bis 2466550	AR00515	770
	2000 Veloce (1)	105.27	1962 cm^3	4 Zylinder in Reihe	132 PS	Benzin	AR*2472271 bis AR*2472900	AR00515	630
	2000 Veloce (2)	115.02	1962 cm^3	4 Zylinder in Reihe	132 PS	Benzin	AR*3048901 bis AR*3051363	AR00515	2463
1977	1300 Junior	105.91S	1290 cm^3	4 Zylinder in Reihe	89 PS	Benzin	AR10591*0002462 bis 0002701	AR00530*S	240
	1600 Junior	115.35	1570 cm^3	4 Zylinder in Reihe	109 PS	Benzin	AR11535*0001801 bis 0002100	AR00536	300
	2000 Veloce	115.38	1962 cm^3	4 Zylinder in Reihe	132 PS	Benzin	AR11538*2466551 bis 2467541	AR00515	991
	2000 Veloce (1)	105.27	1962 cm^3	4 Zylinder in Reihe	132 PS	Benzin	AR*2472901 bis AR*2473095	AR00515	195
	2000 Veloce (2)	115.02	1962 cm^3	4 Zylinder in Reihe	132 PS	Benzin	AR*0001001 bis AR*0001350	AR00515	350
	2000 Veloce (2)	115.41	1962 cm^3	4 Zylinder in Reihe	132 PS	Benzin	AR11541*0001001 bis 0006000	AR00515	5000
1978	1600 Junior	115.35	1570 cm^3	4 Zylinder in Reihe	109 PS	Benzin	AR*0002101 bis 0002999	AR00536	899
	1600 Junior	115.35	1570 cm^3	4 Zylinder in Reihe	109 PS	Benzin	ZAR115350*0003001 bis 0003199	AR00536	199
	2000 Veloce	115.38	1962 cm^3	4 Zylinder in Reihe	132 PS	Benzin	AR11538*2467542 bis 2469100	AR00515	1559
	2000 Veloce (2)	115.41	1962 cm^3	4 Zylinder in Reihe	132 PS	Benzin	AR11541*0006001 bis 0006400	AR00515	400
1979	1600 Junior	115.35	1570 cm^3	4 Zylinder in Reihe	109 PS	Benzin	ZAR115350*0003200 bis 0003600	AR00536	401
	2000 Veloce	115.38	1962 cm^3	4 Zylinder in Reihe	132 PS	Benzin	AR11538*2469101 bis 2471099	AR00515	1999
	2000 Veloce (2)	115.41	1962 cm^3	4 Zylinder in Reihe	132 PS	Benzin	AR11541*0006401 bis 0009101	AR00515	2701
1980	1600 Veloce	115.35	1570 cm^3	4 Zylinder in Reihe	102 PS	Benzin	ZAR115350*0004001 bis 0004750	AR00526A*S	750
	2000 Veloce	115.38	1962 cm^3	4 Zylinder in Reihe	132 PS	Benzin	AR11538*2471100 bis 2474700	AR00515	3601
	2000 Veloce (2)	115.41	1962 cm^3	4 Zylinder in Reihe	132 PS	Benzin	AR11541*0010001 bis 0011202	AR00515	1202
1981	1600 Veloce	115.35	1570 cm^3	4 Zylinder in Reihe	102 PS	Benzin	ZAR115350*0004751 bis 0004999	AR00526A*S	249
	2000 Veloce	115.38	1962 cm^3	4 Zylinder in Reihe	132 PS	Benzin	AR11538*2474701 bis 2475000	AR00515	300
	2000 Veloce (2)	115.41	1962 cm^3	4 Zylinder in Reihe	132 PS	Benzin	ZAR115410*0012601 bis 0013059	AR00515	458
1982	2000 Veloce	115.38	1962 cm^3	4 Zylinder in Reihe	132 PS	Benzin	AR11538*2477001 bis 2477209	AR00515	209
	2000 Veloce (2)	115.41	1962 cm^3	4 Zylinder in Reihe	132 PS	Benzin	ZAR115410*0016001 bis 0016199	AR00515	199
1983	1.6	115.35	1570 cm^3	4 Zylinder in Reihe	104 PS	Benzin	ZAR115350*0005001 bis 0006310	AR00526A*S	1310
	2000 Veloce	115.38	1962 cm^3	4 Zylinder in Reihe	128 PS	Benzin	ZAR115380*2477501 bis 2480000	AR00515	2500
	2000 Veloce (2)	115.41	1962 cm^3	4 Zylinder in Reihe	128 PS	Benzin	ZAR115410*0016200 bis 0018800	AR00515	2021
1984	1.6	115.35	1570 cm^3	4 Zylinder in Reihe	104 PS	Benzin	ZAR115350*0006311 bis 0006945	AR00526A*S	635
	2000 Veloce	115.38	1962 cm^3	4 Zylinder in Reihe	128 PS	Benzin	AR115380*2480001 bis 2482250	AR00515	2250
	2000 Veloce (2)	115.41	1962 cm^3	4 Zylinder in Reihe	128 PS	Benzin	AR11541*0018801 bis 0021800	AR00515	3000
1985	1.6	115.35	1570 cm^3	4 Zylinder in Reihe	104 PS	Benzin	ZAR115350*0006946 bis 0007513	AR00526A*S	568
	2000 Veloce	115.38	1962 cm^3	4 Zylinder in Reihe	128 PS	Benzin	ZAR115380*2482251 bis 2483620	AR00515	1370
	2000 Veloce (2)	115.41	1962 cm^3	4 Zylinder in Reihe	128 PS	Benzin	ZAR115410*0023001 bis 0037500	AR00515	3440
1986	1.6	115.35	1570 cm^3	4 Zylinder in Reihe	104 PS	Benzin	ZAR115350*0008001 bis 0008750	AR00526A*S	750
	2.0 QV	115.38	1962 cm^3	4 Zylinder in Reihe	128 PS	Benzin	ZAR115380*2484011 bis 2491159	AR00515	7149
								TOTAL	**85.995**

(1) = Rechtslenkung / (2) = Einspritzung USA-Version / (3) = Version 1969

Oben links: Der hintere innere Radkasten wird punktgeschweißt.

Oben rechts: Bei einer Alfetta 2000 wird das Dach angeschweißt.

Unten links: Der Schweißer fährt kurz mit: Die ersten Alfettas werden 1972 in Arese parallel zur Giulia produziert.

Unten rechts: Die erste Alfetta erscheint im Mai 1972 mit 1,8-Liter-Motor.

Alfetta

Alfetta 1.8 (1972 bis 1983)

Durch das Alfasudprojekt hatte sich die Entwicklungsarbeit am Berlina-Nachfolger, der Alfetta, verzögert. Mit einjähriger Verspätung wurde sie im Mai 1972 in der Version mit 1,8-Liter-Motor präsentiert. Das bewährte Triebwerk mit einem Hubraum von 1779 cm³ stammt zwar aus dem 1750 Berlina, doch die vordere Torsionsstabfederung und die brandneue Karosserie machten aus der Alfetta ein hochmodernes Automobil.

Besonders bemerkenswert war die DeDion-Hinterachse mit hinten liegendem Getriebe, eine Lösung, die Entwicklungsingenieur Giuseppe Busso durchgesetzt und bereits an einigen Rennwagen erprobt hatte. Das mit dem Differenzial verblockte Getriebe garantierte perfekte Gewichtsverteilung und damit exzellente Straßenlage und große Spursicherheit beim Bremsen. Da anfangs nur die 1,8-Liter-Version im Angebot war, wurde die Limousine auch nur schlicht als Alfetta benannt mit entsprechender Heckdeckelbezeichnung.

Ab 1975, nach Einführung des 1,6-Liter-Modells, wurde die Modellbezeichnung um die Hubraumangabe ergänzt, zudem erfuhr die Alfetta 1.8 bereits erste Retuschen: ein größeres Alfa-Scudetto, einen Außenspiegel auf der Fahrerseite, neigungsverstellbare Kopfstützen, elektrischer Scheibenwascher und ein Ablagefach in der Mittelkonsole. Der Motor war dank neuer Vergaserbestückung etwas sparsamer, hatte nun dadurch aber auch 4 PS weniger.

Erst 1980 bekam die 1800er-Alfetta dann wieder ihre ursprüngliche Leistungsstärke von 122 PS. Im Dezember 1981 wurden die überarbeiteten Alfettas vorgestellt, alle Modelle verfügten nun über identische Karosserien, Sicherheitsgurte und Kopfstützen hinten. Ab 1983 kam diese Version in den Genuss der unter dem Modell 2.4 Turbo Diesel beschriebenen letzten optischen Änderungen.

Oben links: Auch bei der Alfetta-Baureihe war der Karosseriebau noch lange Handarbeit.

Oben mittig: Die Handschweißgeräte sind frei beweglich an Seilen aufgehängt.

Oben rechts: Hier und da wird noch nachgeschliffen, bevor es in die Lackiererei geht.

Unten links: Edler mit Holz: Lenkradkranz und Furniereinlagen werten das Interieur der Alfetta 1.8 auf.

Unten rechts: 1977 kommt die erste Ausführung der Alfetta 2000. Auffälligste Neuerung sind die neuen Rechteckscheinwerfer.

Alfetta 1.6 (1974 bis 1983)

Ab 1974 kam eine 1,6-Liter-Version als Einstiegs-Alfetta ins Sortiment. Sie war etwas magerer ausgestattet: keine Doppelscheinwerfer, nur eine Chromleiste im Kühlergrill und Stoßstangen ohne Hörner. Außerdem waren die Wischerarme schwarz lackiert statt verchromt. Ebenso waren die Luftauslässe an den C-Säulen aus schwarzem Kunststoff, und neben weiteren kleinen Details war das Lenkrad mit Kunstleder bezogen anstatt aus Holz.

Trotz des um 0,2 Liter kleineren Hubraums war diese Alfetta nur 5 km/h langsamer als der 1,8-Liter, bei deutlich niedrigerem Benzinverbrauch. Der Motor wurde aus der Giulia Super 1600 übernommen, leistet aber 9 PS mehr. Die übrige Technik war mit der der Alfetta 1.8 identisch. Die Produktion des 1.6 begann schon 1974, Verkaufsstart war jedoch erst im Januar 1975. Ab 1982 war auch der 1.6 in überarbeiteter Version auf dem Markt, die Änderungen waren die gleichen wie bei der Alfetta 1.8. Die letzten optischen Änderungen wurden 1983 gemacht und umfassten die unter dem Modell 2.4 Turbo Diesel beschriebenen Modifikationen.

Alfetta 2000 und 2000 L (1977 bis 1980)

Mit der Einführung des Zweilitermotors in der Limousine ging ein umfangreiches Facelift einher, das Kühlergrill, rechteckige Scheinwerfer, neue Türgriffe und Heckleuchten umfasste. Im Inneren erfolgten Änderungen an Lenkrad, Armaturenbrett, Sitzen und Belüftung. Die Alfetta wirkte nun erwachsener und war optisch für die Zukunft bereit.

Ein Jahr später, ab Juli 1978, gewann der Zweiliter 8 PS bei reduziertem Verbrauch hinzu dank modifizierter Nockenwellen, die den Ventilhub von 9 auf 9,5 mm erhöhten. Die nun 130 PS starke Alfetta bekam den Zusatz „L“, auch infolge der etwas luxuriöseren Ausstattung mit größerem Rückspiegel, besserer Innenausstattung und einem Armaturenbrett mit Holzleiste. Zudem ließ sich die Alfetta 2000 L auch mit Schiebedach bestellen.

Oben links: Letzte Arbeiten vor dem Lackieren

Oben mittig: Eine frisch lackierte Alfetta-2000-Karosserie kommt aus dem Ofen, dahinter eine Giulietta.

Oben rechts: Das Band läuft weiter: Ab Frühjahr 1972 macht der Transaxle-Klassiker der Berlina im eigenen Hause Konkurrenz.

Unten links: Die Alfetta 2.0 America von 1978 mit Spica-Einspritzung hat 19 PS weniger als die Vergaserversion.

Unten rechts: 1981 wird die Alfetta-Baureihe überarbeitet, sie wirkt nun erwachsener und moderner.

Alfetta 2.0 America (1978 bis 1981)
Für den amerikanischen Markt wartete die USA-Version mit einer mechanischen Spica-Einspritzung auf. Die Leistung sank damit zwar um satte 19 auf 111 PS, aber die Abgas- und Verbrauchswerte waren besser. Auf Wunsch ließ sich die America-Alfetta auch mit Automatikgetriebe bestellen. Dabei handelte es sich um ein Dreiganggetriebe von ZF, Typ 3 HP 22 mit Drehmomentwandler.

Serienmäßig war bei diesem Modell ein Sperrdifferenzial mit 25 % Sperrwirkung. Im kurzen Herstellungszeitraum wurden jedoch weniger als 4000 Exemplare dieser Version produziert, denn schon 1982 wurde sie durch eine Ausführung mit elektronischer Einspritzung abgelöst.

Alfetta 2.0 Turbo Diesel (1979 bis 1984)
Nach der Giulia mit Dieselmotor, deren Fahrwerte niemanden vom Sessel gerissen hatten, bot Alfa Romeo mit der Alfetta 2.0 Turbodiesel nun endlich ein Fahrzeug auf dem Dieselmarkt an, das der Marke würdig war. Dank Turboaufladung und 82 PS entsprachen die Fahrleistungen mit dem VM-Aggregat in etwa denen der Alfetta 1.6. Auch die Dieselvariante kam 1982 in den Genuss sämtlicher Modifikationen wie die übrigen Ausführungen. Als einziges Modell hatte der Turbodiesel serienmäßig elektrische Fensterheber.

Alfetta 2.0 (1981 bis 1984)
Im Zuge der Überarbeitung aller Alfettas Ende 1981 wurde aus dem Modell 2000 die Alfetta 2.0. Das neue Spitzenmodell wies einige Besonderheiten gegenüber den übrigen Versionen auf. Dazu gehörten ein alufarbener Kühlergrill, eine Scheinwerferwaschanlage, schwarze Radkappen, ein elektrisch verstellbarer Außenspiegel und weiter nach hinten verlegte Seitenblinker. Wie bei den anderen Modellen gab es neu geformte Sitze und neue Sitzbezüge sowie umgestaltete Defrosterdüsen, dazu Sicherheitsgurte und Kopfstützen hinten. Außerdem wurden beim Getriebe die Abstufungen geändert, was zu einem durchschnittlich um 3 % geringeren Treibstoffverbrauch führte. Ab 1983 kam auch diese Version in den Genuss der unter dem Modell 2.4 Turbo Diesel beschriebenen optischen Änderungen.

Alfetta 2.0 Quadrifoglio (1982 bis 1983)
Auch die Alfetta schmückte sich ab 1982 mit einer Quadrifoglio-Variante mit dem vierblättrigen Kleeblatt als sportlichem Symbol der Marke. Technik und Fahrleistungen blieben zwar, aber äußerlich war das Modell sofort an den vier Rundscheinwerfern und den speziellen Aluminiumfelgen zu erkennen. Die Instrumente umfassten ein Check-System, das neun Funktionen überwachte, darunter Ölstand, Bremsflüssigkeitsstand und das korrekte Schließen der Türen. Nach zwei Jahren und 1090 Stück war 1983 allerdings bereits wieder Schluss mit dieser Version.

Oben links: Die erste Turbodiesel-Ausführung der Alfetta wird von 1979 bis 1984 gebaut.

Oben rechts: Der Selbstzünder mit zwei Litern Hubraum kommt von VM und leistet 82 PS.

Unten links: Neue Instrumente und Holzimitate sorgten für frischen Glanz und Opulenz im Cockpit.

Unten rechts: Äußerlich ist das Dieselmodell kaum von den Benzinern zu unterscheiden.

Alfetta 2.0 Quadrifoglio Oro (1982 bis 1984)

Neben dem normalen 2.0 und dem Quadrifoglio 2.0 wurde das Zweilitersortiment noch um den Quadrifoglio Oro ergänzt. Dabei handelte es sich um eine luxuriöser ausgestattete Version, die jedoch außerdem einen Motor mit Spica-Benzineinspritzung anstelle der beiden Doppelvergaser aufwies. Die Einspritzanlage war ähnlich der des 2.0 America, die Leistung sank hier allerdings nur um kaum spürbare 3 PS.

Kurz vor Produktionsende der Alfetta wurde die Quadrifoglio-Oro-Version allerdings auf die modernere und weitaus fortschrittlichere Bosch Motronic umgerüstet. Bei diesem System managt ein elektronisches Steuergerät die Zündung und die Einspritzmenge. Zusätzlich wurde dem Motor der neu von Alfa Romeo entwickelte drehzahlabhängige Phasenwandler verpasst, der für bessere Zylinderfüllung sorgte. Mit diesen Neuerungen hatte der 2.0 Quadrifoglio Oro wieder die altbekannte Leistung von 130 PS. Ab 1983 kam auch diese Version in den Genuss der unter dem Modell 2.4 Turbo Diesel beschriebenen optischen Änderungen.

Alfetta 2.4 Turbo Diesel (1983 bis 1984)

Von der Firma VM stammte auch der neue 2,4-Liter-Turbodiesel, mit dem die Alfetta noch zwei Jahre lang erhältlich blieb. Die Fahrleistungen der 95 PS starken Diesel-Alfetta waren ansprechend, die Limousine absolvierte den stehenden Kilometer in 35 Sekunden. Karosserie und Ausstattung erfuhren noch letzte Retuschen, bevor der Alfa 90 die Nachfolge übernahm. Ins Auge fielen ein neuer Kunststoffgrill sowie schwarze Verkleidungen der Lufteinlässe und -austritte, aber am auffälligsten waren die dunkelgrauen breiten Zierleisten an den Seiten und die gleichfarbigen Stoßstangen. Elektrische Fensterheber und eine Zentralverriegelung gehörten beim 2.4 Turbodiesel zur Serienausstattung.

Baujahr	Version	Typ	Hubraum	Motorbauart	Leistung	Treibstoff	Fahrgestellnummern	Motor Typ	Produktions-zahlen
1972	1.8	116.08	1779 cm³	4 Zylinder in Reihe	122 PS	Benzin	AR*2001001 bis AR*2021350	AR01608	20.350
	1.8 (1)	116.09	1779 cm³	4 Zylinder in Reihe	122 PS	Benzin	AR*2160002 bis AR*2160331	AR01608	330
1973	1.8	116.08	1779 cm³	4 Zylinder in Reihe	122 PS	Benzin	AR*2021351 bis AR*2061900	AR01608	40.550
	1.8 (1)	116.09	1779 cm³	4 Zylinder in Reihe	122 PS	Benzin	AR*0000101 bis AR*0004451 (2)	AR01608	4351
1974	1.6	116.00	1570 cm³	4 Zylinder in Reihe	108 PS	Benzin	AR11600*0001001 bis 0005500	AR01600	4500
	1.8	116.08	1779 cm³	4 Zylinder in Reihe	122 PS	Benzin	AR*2061901 bis AR*2105454	AR01608	43.554
	1.8 (1)	116.09	1779 cm³	4 Zylinder in Reihe	122 PS	Benzin	AR*0000101 bis AR*0004451 (2)	AR01608	siehe 1973
1975	1.6	116.00	1570 cm³	4 Zylinder in Reihe	108 PS	Benzin	AR11600*0005501 bis 0020900	AR01600	15.400
	1.8	116.42	1779 cm³	4 Zylinder in Reihe	118 PS	Benzin	AR*2107001 bis AR*2121900	AR01608	14.900
	1.8 (1)	116.09	1779 cm³	4 Zylinder in Reihe	118 PS	Benzin	AR*0005001 bis AR*0006121	AR01608	1121
1976	1.6	116.00	1570 cm³	4 Zylinder in Reihe	108 PS	Benzin	AR11600*0020901 bis 0044604	AR01600	23.704
	1.8	116.42	1779 cm³	4 Zylinder in Reihe	118 PS	Benzin	AR*2121901 bis AR*2152865	AR01608	30.965
	1.8 (1)	116.09	1779 cm³	4 Zylinder in Reihe	118 PS	Benzin	AR*0006122 bis AR*0006681	AR01608	560
1977	1.	116.00	1570 cm³	4 Zylinder in Reihe	108 PS	Benzin	AR11600*0050001 bis 0062700	AR01600	12.700
	1.8	116.42	1779 cm³	4 Zylinder in Reihe	118 PS	Benzin	AR*2152866 bis AR*2158400	AR01608	5535
	1.8 (1)	116.09	1779 cm³	4 Zylinder in Reihe	122 PS	Benzin	AR*0008601 bis AR*0009626	AR01608	1026
	2000	116.55	1962 cm³	4 Zylinder in Reihe	122 PS	Benzin	AR11655*0001001 bis 0030950	AR01623	29.950
	2000 (1)	116.56	1962 cm³	4 Zylinder in Reihe	122 PS	Benzin	AR11656*3410001 bis 3411540	AR01623	1540
1978	1.6	116.00	1570 cm³	4 Zylinder in Reihe	108 PS	Benzin	AR11600*0062701 bis 0070100	AR01600	7400
	1.8	116.42	1779 cm³	4 Zylinder in Reihe	118 PS	Benzin	AR*2158401 bis AR*2166239	AR01608	7839
	1.8 (1)	116.09	1779 cm³	4 Zylinder in Reihe	118 PS	Benzin	AR*0009627 bis AR*0009866	AR01608	240
	2000	116.55	1962 cm³	4 Zylinder in Reihe	122 PS	Benzin	AR11655*0030951 bis 0035733	AR01623	4783
	2000 (1)	116.56	1962 cm³	4 Zylinder in Reihe	122 PS	Benzin	AR*0001001 bis AR*0004300	AR01623	2861
	2000 L	116.55C	1962 cm³	4 Zylinder in Reihe	130 PS	Benzin	AR11655*0040001 bis 0049600	AR01655	9600
	2.0 America	116.58	1962 cm³	4 Zylinder in Reihe	111 PS	Benzin	AR11658*0001011 bis 0002992	AR01615	1982
1979	1.6	116.00	1570 cm³	4 Zylinder in Reihe	108 PS	Benzin	AR11600*0070101 bis 0076100	AR01600	6000
	1.8	116.42	1779 cm³	4 Zylinder in Reihe	118 PS	Benzin	AR*2170001 bis AR*2170600	AR01608	600
	2000 L	116.55C	1962 cm³	4 Zylinder in Reihe	130 PS	Benzin	AR11655*0049601 bis 0072500	AR01655	22.900
	2.0 America	116.58	1962 cm³	4 Zylinder in Reihe	111 PS	Benzin	AR11658*0002993 bis 0003600	AR01615	608
	2.0 Turbo Diesel	116.B	1995 cm³	4 Zylinder in Reihe	82 PS	Diesel	ZAR116B00*001001 bis 001350	4HT/2	350
1980	1.6	116.00	1570 cm³	4 Zylinder in Reihe	108 PS	Benzin	ZAR116000*0076151 bis 0081900	AR01600	6500
	1.8	116.42	1779 cm³	4 Zylinder in Reihe	122 PS	Benzin	ZAR116420*2170601 bis 2173499	AR01608	2899
	2000 L	116.55C	1962 cm³	4 Zylinder in Reihe	130 PS	Benzin	ZAR11655*0072501 bis 00100100	AR01655	27.599
	2.0 Turbo Diesel	116.B	1995 cm³	4 Zylinder in Reihe	82 PS	Diesel	ZAR116B00*001351 bis 005180	4HT/2	3830
1981	1.6	116.00	1570 cm³	4 Zylinder in Reihe	108 PS	Benzin	ZAR116000*0081900 bis 0082800	AR01600	901
	1.6	116.B1A	1570 cm³	4 Zylinder in Reihe	109 PS	Benzin	ZAR116B10*0001001 bis 0001900	AR01600	900
	1.8	116.B2	1779 cm³	4 Zylinder in Reihe	122 PS	Benzin	ZAR116B20*0001001 bis 0001850	AR01678	850
	2.0	116.55F	1962 cm³	4 Zylinder in Reihe	130 PS	Benzin	ZAR116550*0100101 bis 0121100	AR01655	21.000
	2.0 America	116.58	1962 cm³	4 Zylinder in Reihe	111 PS	Benzin	ZAR116580*0004001 bis 0005250	AR01615	1250
	2.0 Turbo Diesel	116.B	1995 cm³	4 Zylinder in Reihe	82 PS	Diesel	ZAR116B00*0005181 bis 0014050	4HT/2	7470
1982	1.6	116.B1A	1570 cm³	4 Zylinder in Reihe	109 PS	Benzin	ZAR116B10*0001901 bis 0005600	AR01600	3700
	1.8	116.B2	1779 cm³	4 Zylinder in Reihe	122 PS	Benzin	ZAR116B20*0001851 bis 0005350	AR01678	3500
	2.0	116.55F	1962 cm³	4 Zylinder in Reihe	130 PS	Benzin	ZAR116550*0121101 bis 0140500	AR01655	19.400
	2.0 Quadrifoglio	116.55M	1962 cm³	4 Zylinder in Reihe	128 PS	Benzin	ZAR116550*0145011 bis 0145013	AR01334	3
	2.0 Quadrifoglio Oro	116.58C	1962 cm³	4 Zylinder in Reihe	125 PS	Benzin	ZAR116580*0006011 bis 0008810	AR01674	2800
	2.0 Turbo Diesel	116.B	1995 cm³	4 Zylinder in Reihe	82 PS	Diesel	ZAR116B00*0014051 bis 0023000	4HT/2	8950
1983	1.6	116.B1A	1570 cm³	4 Zylinder in Reihe	109 PS	Benzin	ZAR116B10*0005601 bis 0009999	AR01600	2199
	1.8	116.B2	1779 cm³	4 Zylinder in Reihe	122 PS	Benzin	ZAR116B20*0005351 bis 0010800	AR01678	3450
	2.0	116.55F	1962 cm³	4 Zylinder in Reihe	130 PS	Benzin	ZAR116550*0140501 bis 0176300	AR01655	10.799
	2.0 Quadrifoglio	116.55M	1962 cm³	4 Zylinder in Reihe	128 PS	Benzin	ZAR116550*0145014 bis 0146100	AR01334	1087
	2.0 Quadrifoglio Oro	116.55N	1962 cm³	4 Zylinder in Reihe	125 PS	Benzin	ZAR116550*0150011 bis 0159550	AR01713	9540
	2.0 Turbo Diesel	116.BA	1995 cm³	4 Zylinder in Reihe	82 PS	Diesel	ZAR116B00*0023001 bis 0026030	4HT/2	2130
	2.4 Turbo Diesel	116.B3	2393 cm³	4 Zylinder in Reihe	95 PS	Diesel	ZAR116B30*0001001 bis 0008000	4HT/2.4	7000
1984	2.0	116.55F	1962 cm³	4 Zylinder in Reihe	130 PS	Benzin	ZAR116550*0176301 bis 0178350	AR01655	2050
	2.0 Quadrifoglio Oro	116.55N	1962 cm³	4 Zylinder in Reihe	125 PS	Benzin	ZAR116550*0159551 bis 0166550	AR01713	7000
	2.0 Turbo Diesel	116.BA	1995 cm³	4 Zylinder in Reihe	82 PS	Diesel	ZAR116B00*0008001 bis 0008800	4HT/2	800
	2.4 Turbo Diesel	116.B3	2393 cm³	4 Zylinder in Reihe	95 PS	Diesel	ZAR116B30*0026031 bis 0026250	4HT/2.4	220
								TOTAL	**474.026**

(1) = Rechtslenkung / (2) = 1973 und 1974

Links: Die USA-Version der Alfetta 1.8 ist leicht erkennbar an den seitlichen Positionslichtern und den dicken Stoßstangen.

Rechts: Zwei Jahre nach Produktionsstart kommt eine 1,6-Liter-Version als Einstiegs-Alfetta ins Sortiment.

Oben links: Die Bremsleitungen werden eingebaut.

Oben rechts: Hier ist schön zu sehen, wie rechts neben dem Band die Transaxle-Einheiten komplettiert und dann auf der kleinen Schiene nach links zum Einbau unters nächste Auto gefahren werden.

Mitte links: Das Dach ist angeschweißt, nun gilt es, die Schweißnähte unsichtbar zu machen.

Mitte rechts: Im Schweißkarussell: Alfetta-Coupés werden im Stabilimento Arese zusammengebaut.

Unten: Als der GTV in Produktion geht, laufen in Arese immer noch Bertones vom Band.

Alfetta Coupé

Alfetta GT 1.8 (1974 bis 1978)

1974 kam die Coupé-Version der Alfetta auf den Markt. Auf der Plattform der Limousine, aber mit um 110 mm verkürztem Radstand, wusste der Granturismo von Beginn an zu gefallen. Auch die feine Technik mit DeDion-Hinterachse wurde von der Alfetta übernommen. Wie bei der Limousine gab es beim Coupé anfangs nur die 1,8-Liter-Ausführung, deshalb sprach man nur von der Alfetta GT ohne Hubraumangabe. Doch schon ein Jahr später wurde der GT in GT 1.8 umbenannt, parallel zum Namenswechsel der Limousine. Da auch der Motor identisch mit dem der Alfetta war, sank die Motorleistung dank neuer Vergaserbestückung ebenfalls um 4 PS und wurde dadurch etwas sparsamer.

Oben links: Eine Alfetta GT bei der Endmontage

Oben rechts: Mechanik und Exterieur sind beinahe fertig, bald geht es an die Inneneinrichtung.

Unten links: Den GT gibt es ab Werk wahlweise mit Stahl- oder Leichtmetallfelgen.

Unten rechts: Nach der Rädermontage geht es zum Einbau des kompletten Antriebsstrangs.

Alfetta GT 1.6 (1976 bis 1980)
Zwei Jahre nach Lancierung des Coupés bekam der GT 1.8 mit dem GT 1.6 einen kleineren Bruder zur Seite gestellt. Der 1570 cm^3-Motor hatte noch dieselben Bohrungs- und Hubmaße wie zu Zeiten der Giulia. Optisch unterschieden sich die beiden Modelle nicht, aber über dem Nummernschild prangte nun ein großer Alfa-Romeo-Schriftzug an der Heckklappe, und das Armaturenbrett zierte eine Holzleiste.

Alfetta GTV 2000 (1976 bis 1979)
Ein Jahr vor der Limousine bekam das Coupé bereits den Zweilitermotor. Der Granturismo wurde zum Granturismo Veloce und hieß fortan GTV 2000. Äußerlich wies der 122 PS starke GTV nur geringe Unterschiede zum 1.8 auf. Neu waren die Gummi-Stoßstangenhörner und die Luftauslässe an den C-Säulen mit dem eingestanzten GTV-Schriftzug sowie neu designte Stahlfelgen als Serienausstattung. Leichtmetallfelgen waren für alle Versionen auf Wunsch ab Werk lieferbar. Auch beim GTV 2000 zierte ein großer Alfa-Romeo-Schriftzug das Heck des Wagens.

Oben links: Gute Laune am Band: Die Alfa-Arbeiter kümmern sich um letzte Blechkorrekturen.

Oben rechts: Die Alfetta GTV der ersten Serie haben noch die klassischen Blechstoßstangen.

Unten links: Vom Turbodelta-GTV wird nur die für die Homologation nötige Zahl von 500 Exemplaren gebaut.

Unten rechts: Das Turboaggregat leistet 150 PS.

Alfetta GTV 2000 L (1978 bis 1985)

Ab 1978 bekam das Auto den Namenszusatz „L". Wie bei der Limousine hatte der GTV 2000 L dank modifizierter Nockenwellen nun 130 PS bei gleichzeitig geringerem Treibstoffverbrauch. Zudem bekam das Coupé ein besser abgestimmtes Fahrwerk. Der Wagen erreichte nun eine Höchstgeschwindigkeit von damals bemerkenswerten 195 km/h. Ab 1980 erfuhr der GTV, mit Einführung des GTV 6, zahlreiche Änderungen. Dazu gehörten ein neues Armaturenbrett, neue graue Kunststoff-Stoßstangen, Schweller und Abdeckungen an den C-Säulen sowie weitere Details aus Kunststoff.

Außerdem wurden die Modelle noch mit neuen Heckleuchten und Fensterzierleisten ausgestattet. Beim letzten Restyling 1983 bekam das GTV-Coupé neue Sitze, vorne nun mit Netzkopfstützen, sowie modernere Stoffe für Sitze und sämtliche Verkleidungen. Außer wärmedämmenden Scheiben und einer integrierten Radioantenne in der Windschutzscheibe gab es auch eine bessere Geräuschdämmung dank einer zusätzlichen Trennwand unter dem Armaturenbrett.

Alfetta GTV 2.0 Turbodelta (1979 bis 1981)

Dieses Modell war das erste italienische Serienauto mit Turbolader-Triebwerk und leicht durch den bunten Rallyestreifen mit großem „Turbodelta"-Schriftzug an der Seite zu erkennen. Die Entwicklung der Alfetta 2.0 GTV Turbodelta oblag, wie der Name schon andeutet, Autodelta, der Werks-Rennabteilung. Der KKK-Turbolader bestand aus hochwiderstandsfähigen Materialien, die den hohen Temperaturen von rund 1000 °C, die im Lader herrschten, standhalten konnten.

Für den Turbodelta wurden gewöhnliche GTV 2000 L vom Typ 116.36A vom Band genommen und bei Autodelta mit dem neuen Motor sowie weiteren Modifikationen versehen. Dazu gehörte auch die geänderte Motorhaube mit den Schlitzen, die für eine bessere Abführung der heißen Luft aus dem Motorraum sorgten. Mit seinen 150 PS beschleunigte der Turbodelta innerhalb von 7,9 Sekunden von 0 auf 100 km/h. Da die Turboversion für den Einsatz im Rennsport vorgesehen war, wurden aus Homologationsgründen die erforderlichen 500 Stück gebaut, wovon ein Teil in Rallyes und Rundstreckenrennen eingesetzt wurde.

Oben links: Spezialisten bearbeiten Dellen und andere kleine Schäden direkt auf dem Förderband.

Oben rechts: Alfetta-Limousinen und Coupés werden an parallelen Montageketten zusammengebaut.

Unten links: Die große Ausbuchtung auf der Motorhaube des GTV 6 macht dem höher bauenden Sechszylinder Platz.

Unten rechts: Ab 1980 werden die Instrumente in einem Träger zusammengefasst. Der Drehzahlmesser bleibt im Zentrum des Blickfelds.

GTV 6 2.5 (1980 bis 1986)

Das unbestrittene Topmodell der Alfetta-Coupé-Reihe war klar der GTV 6, der erstmals 1980 auf den Markt kam. Bei dieser Version des Coupés verzichtete man auf den Namen Alfetta und benannte ihn wegen des Sechszylindermotors schlicht GTV 6. Der neue Wagen stellte die Vermählung der Alfetta GT mit dem Triebwerk des Alfa 6 dar, das hier jedoch eine elektronische Benzineinspritzung von Bosch erhielt.

Das Resultat war ein prestigeträchtiges Automobil, das auch im Rennsport bedeutende Erfolge feiern konnte. Die Karosserie wies gegenüber den Vorgängern zahlreiche Änderungen auf, die teils auch dem weiterproduzierten Vierzylindermodell zugute kamen. Ein neues Armaturenbrett, bei dem die Anzeigeinstrumente nun direkt vor dem Fahrer positioniert waren und nicht mehr in der Höhe der Mittelkonsole, gehörte genauso dazu wie die vielen auffälligen grau-schwarzen Kunststoffteile, die dem Coupé einen modernen Anstrich verpassten. Stoßstangen, Schweller, Luftauslässe an den C-Säulen, Lufteinlässe an der Frontscheibe und die Abdeckung auf der nun gewölbten Motorhaube fielen besonders auf. Die Wölbung verschaffte dem höher bauenden Sechszylinder Platz und verstärkte noch den sportlichen Touch. Schwarze Fensterzierleisten, ein neuer Außenspiegel, große Heckleuchten und 15-Zoll-Leichtmetallräder rundeten die optischen Veränderungen ab. 1983 erfuhr der GTV 6 zusammen mit dem Zweilitermodell das letzte Restyling, dabei kamen neue Sportsitze und modernere Stoffe zum Einsatz. An der Fahrzeugseite wurde eine schwarze Zierleiste montiert, unterhalb derer die Flanke nun im selben Grau lackiert war wie die Stoßstangen.

Eine Katalysatorversion stand beim GTV 6 bereits ab 1981 zur Verfügung, anfangs nur für die USA, später auch für einige europäische Länder. Sondermodelle wie Balocco, Maratona und Grandprix erweiterten das Angebot über die Jahre, waren jedoch nur optischer Natur.

Baujahr	Version	Typ	Hubraum	Motorbauart	Leistung	Treibstoff	Fahrgestellnummern	Motor Typ	Produktions-zahlen
1974	GT 1.8	116.10	1779 cm^3	4 Zylinder in Reihe	122 PS	Benzin	AR11610*0001011 bis 0007800	AR01608*S	6790
1975	GT 1.8	116.54	1779 cm^3	4 Zylinder in Reihe	118 PS	Benzin	AR11654*0001001 bis 0001800	AR01608*X	800
	GT 1.8	116.10	1779 cm^3	4 Zylinder in Reihe	122 PS	Benzin	AR11610*0007801 bis 0015584	AR01608*S	7784
	GT 1.8 (1)	116.11	1779 cm^3	4 Zylinder in Reihe	118 PS	Benzin	AR11611*0001001 bis 0002900	AR01608*X	1900
	GT 1.8 (1)	116.11	1779 cm^3	4 Zylinder in Reihe	118 PS	Benzin	AR11611*3370001 bis 3370820	AR01608*X	820
1976	GT 1.6	116.04	1570 cm^3	4 Zylinder in Reihe	108 PS	Benzin	AR11604*0001001 bis 0004600	AR01600	3600
	GT 1.6 (1)	116.02	1570 cm^3	4 Zylinder in Reihe	108 PS	Benzin	AR11602*0001771 bis 0002310	AR01600	440
	GT 1.8	116.54	1779 cm^3	4 Zylinder in Reihe	118 PS	Benzin	AR11654*0001801 bis 0005308	AR01608*X	3508
	GT 1.8 (1)	116.05	1779 cm^3	4 Zylinder in Reihe	118 PS	Benzin	AR11605*0001011 bis 0001400	AR01608*X	390
	GTV 2000	116.36	1962 cm^3	4 Zylinder in Reihe	122 PS	Benzin	AR11636*0001001 bis 0010950	AR01623	9950
	GTV 2000 (1)	116.37	1962 cm^3	4 Zylinder in Reihe	122 PS	Benzin	AR11637*0001001 bis 0001900	AR01623	900
1977	GT 1.6	116.04	1570 cm^3	4 Zylinder in Reihe	108 PS	Benzin	AR11604*0004601 bis 0012350	AR01600	7750
	GT 1.6 (1)	116.02	1570 cm^3	4 Zylinder in Reihe	108 PS	Benzin	AR11602*0005001 bis 0005094	AR01600	94
	GT 1.8 (1)	116.05	1779 cm^3	4 Zylinder in Reihe	118 PS	Benzin	AR11605*0001401 bis 0002300	AR01608*X	900
	GTV 2000	116.36	1962 cm^3	4 Zylinder in Reihe	122 PS	Benzin	AR11636*0010951 bis 0022650	AR01623	11.700
	GTV 2000 (1)	116.37	1962 cm^3	4 Zylinder in Reihe	122 PS	Benzin	AR11637*0001901 bis 0004200	AR01623	2300
1978	GT 1.6	116.04	1570 cm^3	4 Zylinder in Reihe	108 PS	Benzin	AR11604*0012351 bis 0015000	AR01600	2650
	GT 1.8 (1)	116.05	1779 cm^3	4 Zylinder in Reihe	118 PS	Benzin	AR11605*0002301 bis 0002540	AR01608*X	240
	GTV 2000	116.36	1962 cm^3	4 Zylinder in Reihe	122 PS	Benzin	AR11636*0022651 bis 0027099	AR01623	4449
	GTV 2000 (1)	116.37	1962 cm^3	4 Zylinder in Reihe	122 PS	Benzin	AR11637*0004201 bis 0011800	AR01623	2650
	GTV 2000 L	116.36A	1962 cm^3	4 Zylinder in Reihe	130 PS	Benzin	AR11636*0030001 bis 0034000	AR01655	3400
1979	GT 1.6	116.04	1570 cm^3	4 Zylinder in Reihe	108 PS	Benzin	AR11604*0015001 bis 0015799	AR01600	799
	GTV 2000 L	116.36A	1962 cm^3	4 Zylinder in Reihe	130 PS	Benzin	AR11636*0034001 bis 0041000	AR01655	6700
	GTV 2.0 Turbodelta	116.36D	1962 cm^3	4 Zylinder in Reihe	150 PS	Benzin	In jenen von GTV 2000 L enthalten	AR01655	200
1980	GT 1.6	116.04	1570 cm^3	4 Zylinder in Reihe	108 PS	Benzin	AR11604*0015800 bis 0016450	AR01600	651
	GTV 2000 L	116.36A	1962 cm^3	4 Zylinder in Reihe	130 PS	Benzin	AR11636*0041001 bis 0044000	AR01655	3000
	GTV 2000 L	116.36B	1962 cm^3	4 Zylinder in Reihe	130 PS	Benzin	ZAR116360*0050001 bis 0050600	AR01655	600
	GTV 2.0 Turbodelta	116.36D	1962 cm^3	4 Zylinder in Reihe	150 PS	Benzin	In jenen von GTV 2000 L enthalten	AR01655	200
	GTV 6 2.5	116.C	2492 cm^3	V6 mit 60° Zylinderwinkel	160 PS	Benzin	ZAR116C00*0001001 bis 0006000	AR01646	5000
1981	GTV 2000 L	116.36B	1962 cm^3	4 Zylinder in Reihe	130 PS	Benzin	ZAR116360*0050601 bis 0055100	AR01655	4500
	GTV 2.0 Turbodelta	116.36D	1962 cm^3	4 Zylinder in Reihe	150 PS	Benzin	In jenen von GTV 2000 L enthalten	AR01655	100
	GTV 6 2.5	116.C	2492 cm^3	V6 mit 60° Zylinderwinkel	160 PS	Benzin	ZAR116C00*0007501 bis 0008000	AR01646	500
	GTV 6 2.5 Kat. (2)	116.69	2492 cm^3	V6 mit 60° Zylinderwinkel	156 PS	Benzin	ZAR116690*0001001 bis 0002000	AR01911	1000
1982	GTV 2000	116.36C	1962 cm^3	4 Zylinder in Reihe	130 PS	Benzin	ZAR116360*0055101 bis 0062700	AR01655	7600
	GTV 6 2.5	116.C	2492 cm^3	V6 mit 60° Zylinderwinkel	160 PS	Benzin	ZAR116C00*0008001 bis 0010500	AR01646	2500
	GTV 6 2.5 Kat. (2)	116.69	2492 cm^3	V6 mit 60° Zylinderwinkel	156 PS	Benzin	ZAR116690*0002001 bis 0005000	AR01911	3000
1983	GTV 2000	116.36C	1962 cm^3	4 Zylinder in Reihe	130 PS	Benzin	ZAR116360*0062701 bis 0066250	AR01655	3550
	GTV 6 2.5	116.C	2492 cm^3	V6 mit 60° Zylinderwinkel	160 PS	Benzin	ZAR116C00*0012001 bis 0015210	AR01646	3210
	GTV 6 2.5 Kat. (2)	116.69	2492 cm^3	V6 mit 60° Zylinderwinkel	156 PS	Benzin	ZAR116690*0005001 bis 0005500	AR01911	500
1984	GTV 2000	116.36C	1962 cm^3	4 Zylinder in Reihe	130 PS	Benzin	ZAR116360*0066251 bis 0067850	AR01655	1600
	GTV 6 2.5	116.C	2492 cm^3	V6 mit 60° Zylinderwinkel	160 PS	Benzin	ZAR116C00*0015211 bis 0017600	AR01646	2390
	GTV 6 2.5 Kat. (2)	116.69	2492 cm^3	V6 mit 60° Zylinderwinkel	156 PS	Benzin	ZAR116690*0005501 bis 0006410	AR01911	910
1985	GTV 2000	116.36C	1962 cm^3	4 Zylinder in Reihe	130 PS	Benzin	ZAR116360*0067851 bis 0069000	AR01655	1150
	GTV 6 2.5	116.C	2492 cm^3	V6 mit 60° Zylinderwinkel	160 PS	Benzin	ZAR116C00*0017601 bis 0019000	AR01646	1400
	GTV 6 2.5 Kat. (2)	116.69	2492 cm^3	V6 mit 60° Zylinderwinkel	156 PS	Benzin	ZAR116690*0006411 bis 0007500	AR01911	1090
1986	GTV 6 2.5	116.CA	2492 cm^3	V6 mit 60° Zylinderwinkel	160 PS	Benzin	ZAR116C00*0020040 bis 0020400	AR01646	361
	GTV 6 2.5 Kat.	116.69	2492 cm^3	V6 mit 60° Zylinderwinkel	156 PS	Benzin	ZAR116690*0007501 bis 0008500	AR01911	1000
								TOTAL	**126.026**

(1) = Rechtslenkung / (2) = USA-Version

Links: Der GTV 6 ist die Synthese von Sportlichkeit und Eleganz.

Oben: Der V6-Motor wird in Arese entwickelt und gebaut.

Oben links: Ende der 70er kommen bei der Produktion der Giulietta bereits Schweiß-roboter zum Einsatz.

Oben mittig: Sichtbare Schweißnähte wollen auch bei der Giulietta wegge-schliffen sein.

Oben rechts: Ein Arbeiter „verputzt" die Karosserie einer Giulietta.

Unten: 1977 geht es mit der 1,3-Liter-Variante in Arese los.

Giulietta

Giulietta 1.3 (1977 bis 1980)

1977 diente der seit den 50er Jahren vertraute und verheißungsvolle Name Giulietta zur Benennung der neuen, kompakten Sportlimousine auf Basis der Alfetta. Der neue Wagen hatte eine interessant geformte und recht geräumige Karosserie. Der 1357-cm^3-Motor wies eine Bohrung von 80 mm und einen Hub von nur 67,5 mm auf, was an den GTA 1300 Junior erinnerte, doch war die Giulietta damit eine günstigere Alternative zur Alfetta 1.6. In technischer Hinsicht entsprach die Giulietta der Alfetta mit DeDion-Hinterachse.

Giulietta 1.6 (1977 bis 1980)

Die 1,6-Liter-Giulietta war ein werksinterner Konkurrent zur Alfetta mit gleicher Motorisierung. Da beide dieselbe Plattform und Technik aufwiesen, unterschieden sie sich lediglich in Form und Interieur, denn auch die Innenmaße beider Fahrzeuge waren beinahe identisch.

Giulietta 1.8 (1979 bis 1980)

Ab 1979 gab es die Giulietta dann auch mit dem modernisierten Motor der 1972 ausrangierten Berlina 1750. Wegen des gestiegenen Drehmomentes kam eine längere Übersetzung zum Einsatz, die bei relativ niedrigen Drehzahlen hohe Geschwindigkeiten bis 180 km/h zuließ. Trotz der maximalen Leistung von 122 PS bei 5300/min entsprach der Verbrauch dem der 1,6-Liter-Version.

Giulietta 2.0 Super (1980)

Eine Giulietta mit Zweilitermotor wollte Alfa Romeo zunächst nicht freigeben, fürchtete man doch, dass die große Giulietta der in die Jahre gekommenen Alfetta Kunden wegnehmen würde. So entschied man sich erst 1980 zu diesem Schritt und lancierte die Giulietta 2.0 Super, die es nur in Graumetallic mit vielen schwarzen Details und einem beigefarbenem Streifen um die ganze Karosserie zu kaufen gab. Der Super hatte außerdem zwei Außenspiegel, neue 14-Zoll-Leichtmetallfelgen, ein neues Lenkrad und braune Sitze mit beigefarbenen Einsätzen. Nach einem Jahr und 7010 Exemplaren war jedoch bereits wieder Schluss, und der Super wurde von der Nuova Giulietta 2.0 L abgelöst.

Oben links: Die Stoßstangen werden montiert.

Oben mittig: Dieser Motor wird gleich in die nächste Nuova Giulietta eingebaut.

Oben rechts: Nach dem Einbau wird der Motor angeschlossen.

Unten links: 1981 bekommt die Giulietta infolge einiger optischer Änderungen den Namenszusatz Nuova.

Unten rechts: Das Armaturenbrett der Giulietta ist recht zurückhaltend gestaltet.

Giulietta Nuova 1.3 L (1981 bis 1983)
Ab 1981 präsentierte Alfa Romeo die zweite Serie der Giulietta-Reihe, die fortan unter dem Namen Nuova Giulietta vom Band lief. Die neue Serie präsentierte sich ab Mitte Juni in verändertem Gewand und in zahlreichen Details überarbeitet. Auf der Höhe der Stoßstangen zierte ein farblich abgesetzter Streifen die Flanken, und eine schmale Plastikleiste diente als Rempelschutz für die Türen. Das Türschloss saß nun nicht mehr im Türgriff, sondern darunter, und der Luftauslass an den C-Säulen war anders geformt. Ebenfalls neu waren die Modellschriftzüge am Heck und die in die Heckstoßstange eingelassene Nebelschlussleuchte. Auch innen wurde vieles modernisiert: Es gab ein anderes Lenkrad, neue Sitze, retuschierte Instrumente und eine Ablage in der Mittelkonsole, die nun bis zum Schalthebel reichte. Technik und die Fahrleistungen blieben die gleichen.

Giulietta Nuova 1.6 L (1981 bis 1985)
Auch die Nuova Giulietta 1.6 wurde gleichzeitig mit der kleineren Version lanciert und war mit allen Modifikationen der 1,3-Liter-Version versehen. Abgesehen vom Hubraum und den daraus resultierenden 14 Mehr-PS waren die zwei kleineren Giuliettas kaum voneinander zu unterscheiden. Während die Produktion der Nuova 1.3 L jedoch 1983 eingestellt wurde, blieb die 1600er-Variante noch bis zum Herstellungsende 1985 im Handel erhältlich.

Giulietta Nuova 1.8 L (1981 bis 1985)
Die dritte Nuova Giulietta erfuhr dieselben Änderungen wie ihre kleinen Schwestern. Die seitliche Plastikleiste war jedoch breiter und reichte vom Zierstreifen bis zu den Kunststoffschwellern. Die Rücksitzbank erhielt integrierte Kopfstützen, was sonst nur beim Turbodiesel noch der Fall war. Außer einem neuen Ansaugtrakt und geänderter Servobremse blieben Technik und Fahrleistungen auch hier unverändert zum Vorgänger der ersten Serie.

Oben: Die Giulietta 2.0 mit dem altbekannten Zusatz T.I. für Turismo Internationale gehört zu den sportlicheren ihrer Art.

Rechts: Die sportlichste Giulietta ist die Version „Turbodelta" mit stattlichen 170 PS.

Giulietta Nuova 2.0, L & Ti (1981 bis 1985)
Bei der Zweiliter-Version gab es nach dem Super von 1980 einige Besonderheiten. Zuerst wurde für ein Jahr die Nuova Giulietta 2.0 L angeboten, die weitgehend der 1,8-Liter-Version entsprach und ebenfalls alle Anpassungen der zweiten Serie erhalten hatte. Ab 1982 gab es für zwei Jahre die in limitierter Serie produzierte Ti-Version. Die 10.400 gebauten Exemplare wiesen einige besondere Merkmale auf: An der Flanke fand sich eine in Graumetallic lackierte Zierleiste, die Regenleisten waren schwarz, die wärmedämmenden Scheiben waren bronzefarben getönt, und an Front- und Heckscheibe wurde auf die Chromzierleisten verzichtet.

Dazu kamen spezielle 14-Zoll-Magnesiumräder, ein graues Lederlenkrad, elektronischer Tacho und Drehzahlmesser, elektrische Fensterheber vorne sowie Sitzbezüge in einer Stoff-Kunstleder-Kombination. In den letzten beiden Jahren 1984 und 1985 entfiel bei der Zweiliter-Variante der Zusatz wie L oder Ti. Zu den optischen Retuschen gehörten veränderte Stoßstangen, Kühlergrill, Ziereinsätze am Heck sowie neue Abdeckungen an der C-Säule, einer Mode der Zeit folgend alles in schwarz, während die Scheiben braungetönt waren. Beim Motor handelte es sich bei allen drei Versionen um das bewährte 130 PS starke Zweiliteraggregat aus der Alfetta.

Giulietta Nuova 2.0 Turbo Diesel (1983 bis 1985)
Der von VM produzierte Turbodiesel war ab Ende 1983 auch in der dritten Serie der Giulietta erhältlich. Von außen war diese Ausführung an den zusätzlichen Lufteinlässen an der Frontstoßstange erkennbar. Um der dieseltypischen Geräuschentwicklung Herr zu werden, wurden Extra-Dämmmatten an Haube und Stirnwand verbaut. Die sorgfältige Überarbeitung der Serie bescherte dem Wagen ein völlig neues Armaturenbrett mit Ablagefach, Drehzahlmesser und Öldruck-Kontrollleuchte. Die Rücksitzbank erhielt integrierte Kopfstützen, der Kühlergrill war in graumetallic gehalten, und die hörnerlosen Stoßstangen waren aus grau metallisiertem Kunststoff. Der Turbodiesel blieb bis zum Produktionsende im Angebot.

Giulietta Nuova 2.0 Turbodelta (1983 bis 1985)
Alfa Romeos neue Waffe im Kampf um die europäische Tourenwagenmeisterschaft wurde wie der GTV Turbodelta von der Motorsportabteilung Autodelta präpariert. Auf dem Wagen mit Turbopower ruhten große Hoffnungen. So sollte er ein würdiger Nachfolger des GTV 6 werden, dessen Sporterfolge langsam nachließen. Die hochkarätige Technik brachte in diesem Modell mit 170 PS sogar deutlich mehr Leistung als zuvor im GTV Turbodelta. Die bevorstehende Einführung des Alfa 75 führte jedoch dazu, dass die Giulietta Turbodelta nicht im Rennsport eingesetzt wurde.

Die wenigen produzierten Exemplare wurden allesamt in Schwarzmetallic lackiert mit einem umlaufenden roten Streifen. Passend dazu gab es rote, mit Kunstleder und Stoff bezogene Sportsitze. Beim Motor handelte es sich um den klassischen Alfa-Zweiliter mit zwei Doppelvergasern, der dank des Alfa-Romeo-Avio-Turboladers allerdings stattliche 40 PS Mehrleistung ablieferte. Ein Ölkühler, natriumgefüllte Auslassventile, innenbelüftete Scheibenbremsen, ein härter abgestimmtes Fahrwerk und Fünfloch-Alufelgen waren außerdem für den Turbodelta bestimmt. Nach 342 Exemplaren und knapp zwei Jahren war leider bereits Schluss mit dieser außergewöhnlichen Giulietta.

Baujahr	Version	Typ	Hubraum	Motorbauart	Leistung	Treibstoff	Fahrgestellnummern	Motor Typ	Produktions-zahlen
1977	1.3	116.44	1357 cm^3	4 Zylinder in Reihe	95 PS	Benzin	AR11644*0001011 bis 0004999	AR01644	3989
	1.6	116.50	1570 cm^3	4 Zylinder in Reihe	109 PS	Benzin	AR11650*0001001 bis 0003999	AR01600	2999
1978	1.3	116.44	1357 cm^3	4 Zylinder in Reihe	95 PS	Benzin	AR11644*0005000 bis 0025500	AR01644	20.501
	1.6	116.50	1570 cm^3	4 Zylinder in Reihe	109 PS	Benzin	AR11650*0004000 bis 0033999	AR01600	30.000
1979	1.3	116.44	1357 cm^3	4 Zylinder in Reihe	95 PS	Benzin	AR11644*0025501 bis 0037900	AR01644	12.400
	1.6	116.50	1570 cm^3	4 Zylinder in Reihe	109 PS	Benzin	AR11650*0034000 bis 0069200	AR01600	35.201
	1.8	116.A	1779 cm^3	4 Zylinder in Reihe	122 PS	Benzin	AR116A*0001011 bis 0004000	AR01678	2990
1980	1.3	116.44	1357 cm^3	4 Zylinder in Reihe	95 PS	Benzin	ZAR116440*0037901 bis 0045400	AR01644	7500
	1.6	116.50	1570 cm^3	4 Zylinder in Reihe	109 PS	Benzin	ZAR116500*0069201 bis 0099951	AR01600	30.751
	1.8	116.A	1779 cm^3	4 Zylinder in Reihe	122 PS	Benzin	ZAR116A00*0015801 bis 0030900	AR01678	15.100
	2.0 Super	116.A1	1962 cm^3	4 Zylinder in Reihe	130 PS	Benzin	ZAR116A10*0001001 bis 0008010	AR01655	7010
1981	Nuova 1.3 L	116.44	1357 cm^3	4 Zylinder in Reihe	95 PS	Benzin	ZAR116440*0045401 bis 0056499	AR01644	8399
	Nuova 1.6 L	116.50B	1570 cm^3	4 Zylinder in Reihe	109 PS	Benzin	ZAR116500*0000051 bis 0136300	AR01600	136.250
	Nuova 1.8 L	116.AA	1779 cm^3	4 Zylinder in Reihe	122 PS	Benzin	ZAR116A00*0030901 bis 0044500	AR01678	13.600
	Nuova 2.0 L	116.A1A	1962 cm^3	4 Zylinder in Reihe	130 PS	Benzin	ZAR116A10*0008011 bis 0017000	AR01655	8990
1982	Nuova 1.3 L	116.44	1357 cm^3	4 Zylinder in Reihe	95 PS	Benzin	ZAR116440*0056500 bis 0058900	AR01644	53.251
	Nuova 1.6 L	116.50B	1570 cm^3	4 Zylinder in Reihe	109 PS	Benzin	ZAR116500*0136301 bis 0159999	AR01600	23.699
	Nuova 1.8 L	116.AA	1779 cm^3	4 Zylinder in Reihe	122 PS	Benzin	ZAR116A00*0044501 bis 0058600	AR01678	14.100
	Nuova 2.0 Ti	116.A1A	1962 cm^3	4 Zylinder in Reihe	130 PS	Benzin	ZAR116A10*0017001 bis 0021650	AR01655	4650
1983	Nuova 1.3 L	116.44	1357 cm^3	4 Zylinder in Reihe	95 PS	Benzin	ZAR116440*0058901 bis 0059800	AR01644	900
	Nuova 1.6 L	116.50B	1570 cm^3	4 Zylinder in Reihe	109 PS	Benzin	ZAR116500*0160000 bis 0181500	AR01600	21.501
	Nuova 1.8 L	116.AA	1779 cm^3	4 Zylinder in Reihe	122 PS	Benzin	ZAR116A00*0058601 bis 0071500	AR01678	12.900
	Nuova 2.0 Ti	116.A1A	1962 cm^3	4 Zylinder in Reihe	130 PS	Benzin	ZAR116A10*0021651 bis 0027400	AR01655	5750
	Nuova 2.0 Turbo Diesel	116.A2	1995 cm^3	4 Zylinder in Reihe	82 PS	Diesel	ZAR116A20*0001011 bis 0010025	4HT/2	9015
	Nuova 2.0 Turbodelta	116.A1B	1962 cm^3	4 Zylinder in Reihe	170 PS	Benzin	ZAR116A10*0054001 bis 0054210	AR01699	210
1984	Nuova 1.6 L	116.50B	1570 cm^3	4 Zylinder in Reihe	109 PS	Benzin	ZAR116500*0181501 bis 0192499	AR01600	10.999
	Nuova 1.8 L	116.AA	1779 cm^3	4 Zylinder in Reihe	122 PS	Benzin	ZAR116A00*0071501 bis 0078800	AR01678	7300
	Nuova 2.0	116.A1A	1962 cm^3	4 Zylinder in Reihe	130 PS	Benzin	ZAR116A10*0027401 bis 0035950	AR01655	8550
	Nuova 2.0 Turbo Diesel	116.A2	1995 cm^3	4 Zylinder in Reihe	82 PS	Diesel	ZAR116A20*0010026 bis 0017100	4HT/2	7075
	Nuova 2.0 Turbodelta	116.A1B	1962 cm^3	4 Zylinder in Reihe	170 PS	Benzin	ZAR116A10*0054211 bis 0054342	AR01699	132
1985	Nuova 1.6 L	116.50B	1570 cm^3	4 Zylinder in Reihe	109 PS	Benzin	ZAR116500*0192500 bis 0193000	AR01600	501
	Nuova 1.8 L	116.AA	1779 cm^3	4 Zylinder in Reihe	122 PS	Benzin	ZAR116A00*0078801 bis 0078999	AR01678	199
	Nuova 2.0	116.A1A	1962 cm^3	4 Zylinder in Reihe	130 PS	Benzin	ZAR116A10*0035951 bis 0036300	AR01655	350
	Nuova 2.0 Turbo Diesel	116.A2	1995 cm^3	4 Zylinder in Reihe	82 PS	Diesel	ZAR116A20*0017101 bis 0018400	4HT/2	1300
								TOTAL	**518.062**

Links: Das vordere Fahrwerk mit Querlenkern und Bremsanlage wird eingebaut.

Rechts: Die neue Giulietta löst die Giulia ab, die in Nuova-Ausführung (hinter der Rampe des Autotransports zu sehen) schließlich in Rente geschickt wird.

Oben links: Das Herz, der V6-Motor, fehlt hier noch.

Oben rechts: Die Installation des Triebwerks nimmt nur wenige Minuten in Anspruch.

Unten links: Von 1979 bis 1981 werden nur Fahrzeuge mit Sechszylindermotor und mit sechs Einzelvergasern produziert.

Unten rechts: Das neue Flaggschiff Alfa 6 ist für 1973 geplant, geht aber erst 1979 in Produktion. Die Verwandtschaft zur kleineren Alfetta ist nicht von der Hand zu weisen.

Alfa 6

Alfa 6 2.5 V6 (1979 bis 1985)

Mit mehrjähriger Verspätung erschien 1979 Alfas Flaggschiff, der große Alfa 6. Die Einführung war ursprünglich für 1973 vorgesehen, wurde aber angesichts der Ölkrise von 1973/74 bis auf 1979 verschoben, da der durstige Sechszylinder mit sechs einzelnen Vergasern als nicht zeitgemäß galt. Die erfahrensten Werks-Testfahrer hatten den Alfa 6, der manche für den Rennsport typischen konstruktiven Details aufwies, zur Serienreife geführt. Höchstgeschwindigkeit von mehr als 200 km/h, optimale Straßenlage dank DeDion-Hinterachse und ein direkt schaltbares Fünfganggetriebe hinter der Vorderachse, wobei es den Alfa 6 auch von Beginn an mit einem ZF-Dreigang-Automatikgetriebe zu kaufen gab.

Wie viele andere Alfas stand auch der Sechszylinder im Ruf, ein gutmütiges, Fahrfehler verzeihendes Fahrwerk zu besitzen. Zu seiner Zeit war der „Sei" mit seinen 160 PS das stärkste italienische Großserienauto und das einzige mit serienmäßigem Sechszylinder. Entwickelt hatte das Aggregat Alfas Motorenbaumeister Giuseppe Busso. Die Vergaserversion stand nur zwei Jahre lang im Angebot. In den beiden Folgejahren 1981 und 1982 wurde kein Alfa 6 produziert, stattdessen entwickelte man das Triebwerk weiter und bestückte es mit einer L-Jetronic Einspritzanlage der Marke Bosch. Ab 1983 erschien damit die geliftete Version, das Auto hieß nun folglich Alfa 6 Injection mit dem Zusatz „Quadrifoglio Oro", was für mehr Komfort und Luxus stand, im Gegensatz zur bereits bekannten sportlichen Bezeichnung „Quadrifoglio Verde". Die Umrüstung auf die Einspritzung kostete zwar zwei PS Leistung, verringerte jedoch den Verbrauch und die Abgasemissionen spürbar.

Oben links: Von der großen Limousine werden weniger als 10.000 Exemplare gebaut.

Oben rechts: Das Exemplar mit der Nummer 1290 ist soeben fertiggestellt worden.

Unten: Beim Alfa 6 war einfach alles ein bisschen größer als bei der Alfetta.

Alfa 6 2.0 V6 (1983 bis 1985)

Durch die verzögerte Markteinführung des Alfa 6 wirkte seine Karosserie schon bald nicht mehr aktuell. Daher entschloss man sich in den beiden produktionslosen Jahren für ein Facelifting, immerhin wusste der Wagen dank seiner inneren Qualitäten noch immer zu bestechen. So kam 1983 aus steuerlichen Gründen zusätzlich noch eine V6-Version mit zwei Litern Hubraum und 135 PS ins Programm. Dieses Triebwerk wies jedoch noch bis zum Produktionsende die sechs Einzelvergaser auf, und auch die Ausstattung war bedeutend weniger luxuriös als beim 2.5 Quadrifoglio Oro. Verkauft wurde diese günstigere Variante des Alfa 6 lediglich 1830 Mal, und auch nur in Italien.

Alfa 6 2.5 Turbodiesel (1983 bis 1985)

Ebenfalls mit dem Facelift kam 1983 neben dem 2.5 und dem 2.0 V6 eine Dieselvariante auf den Markt. Die ästhetischen Änderungen an den neuen Modellen umfassten äußerlich den Wegfall der altmodischen Stoßstangenhörner, andere Luftaustritte an den C-Säulen sowie rechteckige Scheinwerfer. Im Inneren wurde das Armaturenbrett überarbeitet und neue Sitze mit frischeren Stoffen standen im Programm. Das 2494 cm^3 große Dieselaggregat mit fünf Zylindern und einer untenliegenden Nockenwelle stammte von VM und wurde für den Alfa 6 völlig neu entwickelt. Mit dem Turbolader leistete der Motor satte 105 PS. Der Turbodiesel glich äußerlich den beiden weiteren angebotenen Modellen, alle drei kamen zusammen auf eine Stückzahl 10.258 und wurden bis 1985 gebaut.

Links: In der zweiten Serie ab 1983 weichen die Doppelscheinwerfer zwei rechteckigen.

Rechts: Großer Auftritt: Reich bestückt mit Holzimitat und breiter Mittelkonsole macht das Innere des Alfa 6 ganz schön was her.

Baujahr	Version	Typ	Hubraum	Motorbauart	Leistung	Treibstoff	Fahrgestellnummern	Motor Typ	Produktionszahlen
1979	2.5 V6	119.A	2492 cm³	V6 mit 60° Zylinderwinkel	160 PS	Benzin	ZAR119A00*0002001 bis 0003699	AR01913	1699
	2.5 V6 Automat	119.A1	2492 cm³	V6 mit 60° Zylinderwinkel	160 PS	Benzin	ZAR119A10*2001001 bis 2001299	AR01913	299
1980	2.5 V6	119.A	2492 cm³	V6 mit 60° Zylinderwinkel	160 PS	Benzin	ZAR119A00*0003700 bis 0005900	AR01913	2201
	2.5 V6 Automat	119.A1	2492 cm³	V6 mit 60° Zylinderwinkel	160 PS	Benzin	ZAR119A10*2001300 bis 2001999	AR01913	700
1981	Kein Exemplar produziert								0
1982	Kein Exemplar produziert								0
1983	2.0 V6	119.A3	1997 cm³	V6 mit 60° Zylinderwinkel	135 PS	Benzin	ZAR119A30*0001001 bis 0001410	AR01932	410
	2.5 V6 I.E.	119.AA	2492 cm³	V6 mit 60° Zylinderwinkel	158 PS	Benzin	ZAR119A00*0006001 bis 0006400	AR01928	400
	2.5 Turbo Diesel	119.A2	2494 cm³	5 Zylinder in Reihe	105 PS	Diesel	ZAR119A20*0001001 bis 0002000	VM5HT/2.5	1000
1984	2.0 V6	119.A3	1997 cm³	V6 mit 60° Zylinderwinkel	135 PS	Benzin	ZAR119A30*0001411 bis 0002500	AR01932	1090
	2.5 V6 I.E. QO (1)	119.AA	2492 cm³	V6 mit 60° Zylinderwinkel	158 PS	Benzin	ZAR119A00*0006401 bis 0007000	AR01928	600
	2.5 Turbo Diesel	119.A2	2494 cm³	5 Zylinder in Reihe	105 PS	Diesel	ZAR119A20*0002001 bis 0002500	VM5HT/2.5	500
1985	2.0 V6	119.A3	1997 cm³	V6 mit 60° Zylinderwinkel	135 PS	Benzin	ZAR119A30*0002501 bis 0002830	AR01932	330
	2.5 V6 I.E. QO (1)	119.AA	2492 cm³	V6 mit 60° Zylinderwinkel	158 PS	Benzin	ZAR119A00*0007001 bis 0007111	AR01928	111
	2.5 V6 I.E. Automat	119.AB	2492 cm³	V6 mit 60° Zylinderwinkel	158 PS	Benzin	ZAR119A00*2002001 bis 2002076	AR01928	76
	2.5 Turbo Diesel	119.A2	2494 cm³	5 Zylinder in Reihe	105 PS	Diesel	ZAR119A20*0003300 bis 0003730	VM5HT/2.5	431
1986	2.0 V6	119.A3	1997 cm³	V6 mit 60° Zylinderwinkel	135 PS	Benzin	ZAR119A30*0002831 bis 0002860	AR01932	30
	2.5 V6 I.E. QO (1)	119.AA	2492 cm³	V6 mit 60° Zylinderwinkel	158 PS	Benzin	ZAR119A00*0007112 bis 0007136	AR01928	25
	2.5 Turbo Diesel	119.A2	2494 cm³	5 Zylinder in Reihe	105 PS	Diesel	ZAR119A20*0003731 bis 0003961	VM5HT/2.5	231
1987	2.5 V6 I.E. QO (1)	119.AA	2492 cm³	V6 mit 60° Zylinderwinkel	158 PS	Benzin	ZAR119A00*0007137 bis 0007144	AR01928	8
	2.5 Turbo Diesel	119.A2	2494 cm³	5 Zylinder in Reihe	105 PS	Diesel	ZAR119A20*0003961 bis 0004077	VM5HT/2.5	117
								TOTAL	**10.258**

(1) = Luxusversion Quadrifoglio Oro

Rechts: Nach zweijährigem Produktionsstopp kommt 1983 die überarbeitete Version in den Verkauf.

Oben links: Im Klammergriff: Ein Alfa 90 erhält sein Dach.

Oben rechts: Die Produktion des Alfa 90 beginnt 1984 und endet bereits wieder im Jahr 1987.

Unten links: Vor der Montage der Stoßstangen wird der Unterboden auf die richtigen Maße überprüft.

Unten rechts: Der Alfa 90 ist der legitime Nachfolger der Alfetta.

Alfa 90

Alfa 90 1.8 (1984 bis 1985)
1984 löste der Alfa 90 die Alfetta-Limousine ab. Die Verwandtschaft war gut erkennbar, aber der 90 war etwas eckiger als sein Vorgänger, was seine Attraktivität jedoch in keiner Weise minderte. Die neue Limousine übernahm die Plattform, die DeDion-Hinterachse samt Getriebe und beinahe die gesamte Technik der Alfetta. Die Karosserie entstand in Zusammenarbeit des hauseigenen Centro Stile mit Bertone. Beim 1,8-Liter-Motor sorgten noch die bekannten Doppelvergaser für die Zufuhr des Verbrennungsgemischs. Der Vierzylindermotor war praktisch identisch mit dem aus der Alfetta 1.8.

Alfa 90 2.0 (1984 bis 1985)
Mit dem Alfa 90 mit 1,8-Liter-Motor kam auch die Zweiliterversion auf den Markt. Abgesehen vom hubraumstärkeren Motor mit acht Mehr-PS waren die beiden Fahrzeuge kaum voneinander zu unterscheiden. Auch der 2.0 war mit zwei Doppelvergasern bestückt.

Alfa 90 2.0 I.E. (1984 bis 1985)
Im ersten Produktionsjahr des Alfa 90 standen gleich fünf Motorvarianten zur Wahl. Dazu gehörte auch ein Zweiliter, der im Gegensatz zum Vergasermodell mit einer elektronischen Bosch Motronic versehen war. Die regelte Zündzeitpunkt und Einspritzung mit Hilfe einer kombinieren Steuereinheit. Die Leistung blieb damit zwar unverändert bei 128 PS, aber der Verbrauch und die Schadstoffe konnten erheblich gesenkt werden. Das I.E. steht folglich für Iniezione Elettronica.

Im Uhrzeigersinn: Korrekturarbeiten an den Rohkarosserien werden an separaten Arbeitsplätzen vorgenommen.

Folien schützen die lackierte Karosserie vor Beschädigungen bei der Fertiginstallation des Turbodiesels.

Front- und Heckscheiben sind beim Alfa 90 geklebt. Der Klebstoff wird automatisch aufgetragen.

An diesem Bild ändert sich in Jahrzehnten kaum etwas: Auch die Alfa 90 kommen auf den Bremsenprüfstand.

Alfa 90 2.5 V6 I.E. Quadrifoglio Oro (1984 bis 1985)
Das Topmodell des neu lancierten Alfa 90 stellte jedoch der 2.5 Quadrifoglio Oro dar. Mit dem V6-Motor aus dem Coupé GTV6 beschleunigte die sportliche Limousine dank 156 PS in 8,5 Sekunden von Null auf Hundert. Die Bezeichnung Quadrifoglio Oro steht für eine luxuriösere Ausstattung als bei den hubraumschwächeren Versionen. Elektrische Scheibenheber und eine Check-Kontrolle gehörten ebenso zur Serienausstattung wie edlere Sitzbezüge und 15-Zoll-Leichtmetalräder.

Alfa 90 2.4 Turbodiesel (1984 bis 1985)
Eine weitere Motorvariante, die vor allem in Italien großen Anklang fand, war die Turbodiesel-Ausführung mit dem bekannten Selbstzünderaggregat von VM aus der Alfetta. Die Fahrleistungen des 110 PS starken Reihenvierzylinders mit einer untenliegenden Nockenwelle und 2393 cm^3 Hubraum waren ansprechend und erlaubten dank Turboladers den stehenden Kilometer in 35 Sekunden zurückzulegen.

Alfa 90 1.8 Super (1986 bis 1987)
Die Verkaufszahlen des 90 hatten unter dem erfolgreichen Start des neuen Alfa 75 gelitten. Daher erfuhr die größere Limousine 1986 ein leichtes Restyling und einige mechanische Auffrischungen. Die Modelle wurden damit zur Serie Super aufgewertet. Den Vergaser-Zweiliter gab es nicht mehr, den 1.8 Super behielt man jedoch noch im Programm, da es diesen nicht mit Einspritzung zu kaufen gab.

Alfa 90 2.0 Super I.E. (1986 bis 1987)
Zu den fünf Super-Modellen gehörte auch der 2.0 I.E. Durch die mechanischen Auffrischungen verbesserten sich die Elastizitätswerte durchgehend um 20 bis 25 %. Von außen erkannte man den Super am neuen Kühlergrill und an den anders geformten Stoßstangen und Seitenschwellern.

Schräg: Die ganz und gar nicht runde Anzeige von Tempo und Drehzahl plus digitaler Info gibt es so nur im Alfa 90.

Alfa 90 2.0 V6 I.E. Super (1986 bis 1987)
Eine Neuheit stellte ab 1986 in der Super-Serie der 2.0 V6-Motor dar. Mit dem auf zwei Liter reduzierten Sechszylinder ließen sich in Italien 38 Prozent Mehrwertsteuer gegenüber hubraumstärkeren Autos sparen. Somit war diese Version auch praktisch nur in Italien zu finden und gilt heute eher als Exot. Die Leistung verbesserte sich gegenüber dem normalen Zweiliter nur um bescheidene 4 PS. Der 2.0 V6 entsprach in der Ausstattung dem 2.5 V6 Quadrifoglio Oro.

Alfa 90 2.5 V6 I.E. Super (1986 bis 1987)
Der Sechszylinder mit 2492 cm^3 Hubraum blieb praktisch unverändert zur vorherigen Ausführung. Auch er hieß ab 1986 nicht mehr Quadrifoglio Oro, sondern nur noch 2.5 V6 Super. Die Modifikationen in Ausstattung und Technik entsprachen jenen der anderen restylten Super-Versionen, zu denen auch neue Sitzbezüge und Verbesserungen beim Komfort und im Innenraum gehörten. Als einziges Alfa-90-Modell gab es den 2.5 V6 ab 1986 auch mit Katalysator, allerdings nur in der Schweiz, in Deutschland, Österreich und Schweden, da diese vier Länder als erste in Europa die strengeren Abgasvorschriften eingeführt hatten.

Alfa 90 2.4 TD Super (1986 bis 1987)
Wie bei allen anderen Super-Modellen des Alfa 90 erfuhr auch der Turbodiesel sämtliche Anpassungen des Restylings und der mechanischen Verbesserungen. Das Triebwerk blieb unverändert und leistete nach wie vor 110 Turbo-PS. 1987 verließen die letzten Alfa 90 das Werk in Arese. Die hauseigene Konkurrenz durch den beliebten Alfa 75 war zu groß für eine lohnenswerte Weiterentwicklung des 56.428 Mal gebauten Alfetta-Nachfolgers.

Baujahr	Version	Typ	Hubraum	Motorbauart	Leistung	Treibstoff	Fahrgestellnummern	Motor Typ	Produktionszahlen
1984	1.8	162.A1	1779 cm^3	4 Zylinder in Reihe	120 PS	Benzin	ZAR162A10*0001011 bis 0002120	AR06202	1110
	2.0	162.A2	1962 cm^3	4 Zylinder in Reihe	128 PS	Benzin	ZAR162A20*0050011 bis 0052550	AR06212	2540
	2.0 I.E.	162.A2A	1962 cm^3	4 Zylinder in Reihe	128 PS	Benzin	ZAR162A20*0001011 bis 0007000	AR01713	5990
	2.5 V6 I.E. QO (1)	162.A	2492 cm^3	V6 mit 60° Zylinderwinkel	156 PS	Benzin	ZAR162A00*0001011 bis 0002799	AR01646	1789
	2.4 Turbo Diesel	162.A3	2393 cm^3	4 Zylinder in Reihe	110 PS	Diesel	ZAR162A30*0001011 bis 0004900	VM4HT/2.4	3890
1985	1.8	162.A1	1779 cm^3	4 Zylinder in Reihe	120 PS	Benzin	ZAR162A10*0002121 bis 0005999	AR06202	3879
	2.0	162.A2	1962 cm^3	4 Zylinder in Reihe	128 PS	Benzin	ZAR162A20*0052551 bis 0054299	AR06212	1748
	2.0 I.E.	162.A2A	1962 cm^3	4 Zylinder in Reihe	128 PS	Benzin	ZAR162A20*0007001 bis 0016199	AR01713	9199
	2.5 V6 I.E. QO (1)	162.A	2492 cm^3	V6 mit 60° Zylinderwinkel	156 PS	Benzin	ZAR162A00*0002800 bis 0006299	AR01646	3500
	2.5 V6 I.E. QO (2)	162.A	2492 cm^3	V6 mit 60° Zylinderwinkel	156 PS	Benzin	ZAR162A00*0011011 bis 0011057	AR01646	47
	2.5 V6 I.E. QO (3)	162.A	2492 cm^3	V6 mit 60° Zylinderwinkel	156 PS	Benzin	ZAR162A00*3001011 bis 3002164	AR01646	1021
	2.4 Turbo Diesel	162.A3	2393 cm^3	4 Zylinder in Reihe	110 PS	Diesel	ZAR162A30*0004901 bis 0012250	VM4HT/2.4	7350
1986	1.8 Super	162.A1A	1779 cm^3	4 Zylinder in Reihe	120 PS	Benzin	ZAR162A10*0006511 bis 0007550	AR06202	1040
	2.0 Super I.E.	162.A2E	1962 cm^3	4 Zylinder in Reihe	128 PS	Benzin	ZAR162A20*0017511 bis 0018990	AR01713	1480
	2.0 V6 I.E. Super	162.A2D	1996 cm^3	V6 mit 60° Zylinderwinkel	132 PS	Benzin	ZAR162A20*0105011 bis 0106400	AR06210	1390
	2.5 V6 I.E. Super	162.AA	2492 cm^3	V6 mit 60° Zylinderwinkel	156 PS	Benzin	ZAR162A00*0007011 bis 0007399	AR06210	389
	2.5 V6 I.E. Super (2)	162.AA	2492 cm^3	V6 mit 60° Zylinderwinkel	156 PS	Benzin	ZAR162A00*0011058 bis 0011099	AR06210	42
	2.4 Turbo Diesel Super	162.A3	2393 cm^3	4 Zylinder in Reihe	110 PS	Diesel	ZAR162A30*0012251 bis 0016300	VM4HT/2.4	4050
1987	1.8 Super	162.A1A	1779 cm^3	4 Zylinder in Reihe	120 PS	Benzin	ZAR162A10*0007551 bis 0008299	AR06202	749
	2.0 Super I.E.	162.A2E	1962 cm^3	4 Zylinder in Reihe	128 PS	Benzin	ZAR162A20*0018991 bis 0019999	AR01713	1009
	2.0 V6 I.E. Super	162.A2D	1996 cm^3	V6 mit 60° Zylinderwinkel	132 PS	Benzin	ZAR162A20*0106401 bis 0106799	AR06210	399
	2.5 V6 I.E. Super	162.AA	2492 cm^3	V6 mit 60° Zylinderwinkel	156 PS	Benzin	ZAR162A00*0007400 bis 0008927	AR06210	1528
	2.5 V6 I.E. Super (2)	162.AA	2492 cm^3	V6 mit 60° Zylinderwinkel	156 PS	Benzin	ZAR162A00*0011100 bis 0011789	AR06210	690
	2.4 Turbo Diesel Super	162.A3	2393 cm^3	4 Zylinder in Reihe	110 PS	Diesel	ZAR162A30*0016301 bis 0017899	VM4HT/2.4	1599
								TOTAL	**56.428**

(1) = Luxusversion Quadrifoglio Oro / (2) = Ausführung mit Katalysator für CH, D, A und S / (3) = Rechtslenkung

Oben links: Zusammenbau einer Alfa-75-Karosserie. Hier sind die hinteren Kotflügel montiert, einen Schritt weiter folgt das Dach.

Oben rechts: Beim Alfa 75 erledigen Schweißroboter den größten Teil der Arbeit.

Unten links: Ein frisch lackierter Alfa 75 kommt aus dem Einbrennofen.

Unten rechts: Die preisgünstigen Modelle sind sehr spartanisch ausgestattet.

Alfa 75

Alfa 75 1.6 (1985 bis 1988)

Trotz der Gerüchte, dass Alfa Romeo an einen ausländischen Konzern verkauft werde solle, wurde die Erneuerung der Modellpalette fortgesetzt. Mit dem Alfa 75 wurde im Mai 1985 der Nachfolger der Giulietta vorgestellt. Die direkte Verwandtschaft zum Vorgänger war mit der ausgeprägten Keilform nicht zu übersehen. Das Werk und seine Designer, allen voran Ermanno Cressoni, bemühten sich sichtlich, an die großen Zeiten der Ur-Giulietta und der Giulia anzuknüpfen. Den Namen 75 bekam die neue Sportlimousine anlässlich des 75. Geburtstages der Marke. Unter der gefälligen Karosserie arbeitete die bewährte und in mehr als zehn Jahren ausgereifte Technik von Alfetta und Giulietta. Die Version mit dem 1,6-Liter-Motor war das Einstiegsmodell, das mit zwei Doppelvergasern bis 1988 lieferbar war.

Alfa 75 1.8 (1985 bis 1988)

Parallel zum 1.6 kam auch die 1,8-Liter-Version ab 1985 in den Verkauf. Die beiden Fahrzeuge waren bis auf den Hubraum und die 10 PS Unterschied praktisch identisch. Während der kleine 75er hauptsächlich in Italien verkauft wurde, fand der Alfa 75 1.8 auch im übrigen Europa viele Abnehmer.

Alfa 75 2.0 (1985 bis 1988)

Der dritte Benziner im Bunde der neuen Alfa 75 mit zwei Doppelvergasern war der 2.0. Der bekannte und zuverlässige Motor aus Giulietta und Alfetta wies hier mit 128 PS zwei Pferdestärken weniger auf, war aber deswegen keineswegs weniger spritzig und bot ebenso hervorragende Fahrleistungen. Das Vergasermodell wurde bis 1988 produziert, also bis kurz nach Einführung des moderneren Twin Spark mit elektronisch geregelter Gemischaufbereitung.

Links: Die für den Alfa 75 typischen Zierstreifen werden angeklebt.

Oben rechts: Topversion beim Verkaufsstart des Alfa 75 ist unbestritten der 2.5 V6 Quadrifoglio Verde.

Unten rechts: Die ersten Milanos werden mit dem Flugzeug in die USA transportiert.

Alfa 75 2.0 Turbo Diesel (1985 bis 1992)
Wie schon bei Alfetta und Giulietta gab es auch den Alfa 75 mit einem von VM entwickelten Zweiliter-Turbodiesel, der inzwischen beachtliche 95 PS leistete. Beeindruckend war auch das maximale Drehmoment von 192 Nm, das schon bei 2300/min zur Verfügung stand, ein Wert, den keiner der Konkurrenten aufweisen konnte. Dank KKK-Turboladers erreichte der Alfa eine Höchstgeschwindigkeit von mehr als 175 km/h. Durch den wirtschaftlichen Betrieb und die Zuverlässigkeit verbunden mit Dauerhaftigkeit verkaufte sich diese Variante in Italien recht gut. 1988 unterzog man alle Baureihen einem Restyling, das auch dem Turbo Diesel zu Gute kam. Der 2.0 TD blieb bis zum Produktionsende im Programm, weshalb auch 43.127 Stück gebaut wurden.

Alfa 75 2.5 V6 QV (1985 bis 1987)
Das höchste Niveau an Leistung und Ausstattung bot beim Verkaufsstart des Donnerkeils unbestritten der 2,5-Liter mit seinem betörenden V6. Die Sechszylinderversion „Quadrifoglio Verde“ hatte das Aggregat aus dem GTV 6, allerdings mit der weiterentwickelten Bosch-Multipoint-Benzineinspritzung LE-Jetronic 4.1. 1985 auf dem heimischen Markt lanciert, wurde er im Frühjahr 1986 in weiteren europäischen Ländern eingeführt. Zentralverriegelung, elektrische Fensterheber, Servolenkung, getönte Scheiben und Leichtmetallfelgen gehörten zur Serienausstattung des Topmodells, und elegante Sportsitze mit Lederbesatz verliehen der Innenausstattung eine ganz besondere Note. Mit nur 3737 gebauten Exemplaren gehört der 2.5 QV heute zu den gesuchten Raritäten unter den Alfa 75.

Alfa 75 2.5 V6 Milano (1986 bis 1987)
Der Alfa 75 Milano wurde speziell für den US-amerikanischen Markt entwickelt. Abgeleitet vom 2.5 QV hat er denselben preisgekrönten 2.5-Liter-V6, allerdings mit geregeltem Katalysator wegen der strengen US-Abgasnormen. Obwohl er ursprünglich nur für Nordamerika vorgesehen war, wurde der Milano 1987 auch ins europäische Verkaufsprogramm aufgenommen, weil ab 1. April 1987 auch in der EU verschärfte Abgasvorschriften in Kraft getreten waren.

In den USA wurde das Modell in den drei Ausstattungslinien „Silver“, „Gold“ und „Platinum“ angeboten. Der Milano Gold war wahlweise mit einer 3-Gang-Automatik von ZF zu haben, während es den Platinum nur mit Automatik gab. Alle drei hatten serienmäßig eine Klimaanlage, aber nur der Platinum war mit ABS und einem Lederinterieur ausgerüstet. Die Milanos waren besser ausgestattet als die restlichen Modelle, so waren auch hinten elektrische Fensterheber serienmäßig. Zudem wurden ein höherwertiger Teppich und viel dickerer Stoff bei der Innenausstattung verwendet. Allerdings hatte der Milano wegen der strengen US-Zulassungsbedingungen aus sicherheitstechnischen Gründen den Kraftstofftank hinter der Rückbank, weshalb das Kofferraumvolumen auf magere 380 Liter schrumpfte.

Oben: Das Triebwerk mit Garett-T3-Turbolader und Ladeluftkühler leistet 155 PS.

Rechts: Für die Homologation im Rennsport wird der 1.8 Turbo Evoluzione mit der nötigen Anzahl von 500 Stück produziert. In den Rennversionen leistet der Motor bis zu 440 PS.

Alfa 75 1.8 I.E. Turbo (1986 bis 1987)
1986 kam der 75 Turbo Intercooler auf den Markt. Alfa Romeo folgte dem Trend der Zeit und nutzte die Erfahrungen, die mit den Turbodelta- und Rennsportmodellen gesammelt worden waren. Der altbekannte Doppelnockenwellenmotor wurde total modifiziert und speziell für den Turbobetrieb weiterentwickelt. Eine Bosch LE2-Jetronic mit Schubabschaltung zur Verbrauchsminderung und eine digitale Marelli-Kennfeldzündung mit Antiklopfregelung steuerten die exakte Kraftstoffversorgung und den optimalen Zündzeitpunkt des Boliden, während ein wassergekühlter Garett-T3-Turbolader zusammen mit einem Ladeluftkühler (Intercooler) für die Mehrleistung verantwortlich waren. Mit dem Turbomotor sollte die hohe Hubraumbesteuerung in Italien umgangen werden. Außerdem wurde so ein Homologationsfahrzeug für die Gruppe-A-Rennserie geschaffen. Optisch war der Turbo an den leicht verbreiterten Kunststoff-Radläufen, an breiteren Alufelgen und den Stoßstangen in Wagenfarbe zu erkennen. Ausrüstung und Ausstattung entsprachen denen des 2.5 QV, der bereits seit 1985 im Angebot stand.

Alfa 75 1.8 I.E. Turbo Evoluzione (1987)
Um in der neugeschaffenen Tourenwagen-WM mitzufahren, entwickelte Alfa Romeo 1987 den 75 1.8 Turbo Evoluzione. Da man mit dem Bau von zusätzlichen 500 Exemplaren die Möglichkeit hatte, die Ausgangsbasis, den 75 Turbo, für den Renneinsatz zu optimieren, hat Alfa Romeo für die Homologation in der Gruppe A dieses Gesetz voll genutzt und die dafür nötige Stückzahl der Spezialversion auf den Markt gebracht. Die Straßenversion des ausschließlich in rot erhältlichen Evoluzione wies mit 155 PS dieselbe Motorleistung auf wie der normale 75 Turbo. Aerodynamische Anbauteile wie größere Spoiler an Front und Heck sowie Schweller und Kotflügelverbreiterungen aus superleichtem GFK und spezielle Luftleitbleche reduzierten den c_W-Wert von 0,35 auf 0,33.

Der Evoluzione war der erste 75er mit dem kleinem Heckspoiler in der Zierleiste, der später in die Serienfertigung aller Alfa 75 übernommen wurde. Das Kühlergitter war ab Werk rot statt grau, und auffallende Aufkleber „75 Turbo Evoluzione“ an den Seiten sorgten für Aufsehen. Die Straßenausführung war mit rotlackierten 15-Zoll-Campagnolo-Felgen anstelle der üblichen 14-Zöller und einem strafferen Fahrwerk ausgerüstet. Die ersten Evoluzione wurden natürlich vom Alfa-Werksteam für die Tourenwagen-Rennen in der Gruppe A eingesetzt. Da es diese Version nie mit einem Katalysator gab, kam sie in einigen europäischen Ländern gar nicht auf den Markt.

Links: Beim Turbomodell werden ab 1987 die beiden Versionen Turbo America und Turbo QV nachgeschoben.

Oben: Der Twin Spark hat neu geformte Außenspiegel, neue Stoßstangen mit Frontspoiler sowie Kotflügelverbreiterungen und Schwellerleisten in Wagenfarbe.

Alfa 75 1.8 I.E. Turbo America und QV (1987 bis 1991)
Ab 1987 wurde der 75 Turbo in einigen Ländern als „Turbo America" mit der Ausstattung der großen Dreiliter-Version zum alten Preis angeboten, um den Verkauf zu beleben. Technisch änderte sich jedoch nichts. Im Herbst 1988 wurde der 75 Turbo America wie die übrigen Modelle geliftet. Ein neuer Kühlergrill mit lackiertem Rahmen und einheitlich rote Rückleuchten waren die äußerlichen Erkennungszeichen. Zum Ausverkauf des Alfa 75 wurde der Turbo 1990 in einer limitierten Auflage auch noch als Turbo QV mit leicht gesteigerter Leistung (165 PS) angeboten. Die Ausstattung umfasste Spiegel in Wagenfarbe, Nebelscheinwerfer, Recaro-Sitze, Leichtmetallfelgen im SZ-Design und eine Plakette am Armaturenbrett mit der laufenden Nummer. Die beiden Nachfolgermodelle der ersten 75-Turbo-Serie kamen jedoch in vielen Ländern gar nicht auf den Markt, da sie ohne Katalysator die strengen Abgasnormen nicht zu erfüllen vermochten.

Alfa 75 2.0 I.E. Twin Spark (1987 bis 1992)
Auf dem Genfer Autosalon 1987 wurde der Alfa Romeo 75 2.0 I.E. Twin Spark vorgestellt. Abgesehen vom neuen Motor unterschied er sich auch optisch von den bisherigen 75er Modellen. Im Angebot standen TS und TS-Super. Während die normale Twin Spark-Version „TS" nur neu geformte Außenspiegel und ein neu entworfenes Lenkrad bekam, spendierte man der Version „TS-Super" zusätzlich Stoßstangen mit Frontspoiler wie beim Turbo, Kotflügelverbreiterungen und Schwellerleisten in Wagenfarbe. Die umgehende dunkle Zierleiste war nun hinten als Spoiler ausgeführt, außerdem gab es Windabweiser an den vorderen Seitenscheiben. Die Sitze waren stärker konturiert und zweifarbig bezogen, und die Instrumente erfuhren ebenso leichte Änderungen.

Der Motor des Twin Spark hatte einen neu entwickelten Zylinderkopf mit zwei Zündkerzen pro Zylinder und brachte in Verbindung mit der elektronischen Benzineinspritzung von Bosch 17 PS mehr auf die Hinterräder als sein zwei Liter großer Vergaser-Vorgänger. Durch dieses technisch ausgeklügelte Zündsystem bot das moderne Triebwerk mit 145 PS annähernd die gleichen Fahrleistungen wie der Turbo – ohne dessen Treibstoffverbrauch. Im Herbst 1988, also schon 18 Monate nach Einführung des Twin Spark, wurde die komplette Modellpalette des Alfa 75 geliftet. So kam auch der TS schon in den Genuss dieser umfangreichen Kur. Ein neuer Kühlergrill mit lackiertem Rahmen und einheitlich rote Rückleuchten waren die äusseren Erkennungszeichen. Technisch blieb weitgehend alles beim Alten.

Zum Ausverkauf des 75 wurde der Twin Spark in einer limitierten Auflage von 1000 Stück als „Limited Edition" angeboten. Die Ausstattung umfasste Spiegel in Wagenfarbe, Nebelscheinwerfer, Recaro-Sitze, ein elektrisches Schiebe- und Hebedach, Radiovorrüstung, Leichtmetallfelgen im SZ-Design und eine Plakette am Armaturenbrett mit der laufenden Nummer. Vom 2.0 Twin Spark Modell lief in Arese die stattliche Zahl von 76.624 Stück vom Band.

Oben: Im Alfa 75 America wird der bekannte V6-Motor erstmals mit einem vergrößerten Hubraum von drei Litern angeboten.

Unten: Nach dem Facelifting im Herbst 1988 tragen alle Modelle den neuen Kühlergrill.

Alfa 75 3.0 V6 America (1987 bis 1989)
1987 wurde der auf drei Liter Hubraum aufgebohrte V6 im Alfa 75 als Ersatz für den 2,5-Liter-Motor vorgestellt. Die beiden 2,5-Liter-Modelle QV und Milano wurden somit vom Alfa 75 3.0 V6 America abgelöst. Seine Premiere hatte er gleichzeitig mit dem 2.0 Twin Spark auf dem Autosalon in Genf. Der 3.0 America erhielt den bereits beim Turbo Evoluzione verwendeten neuen Heckspoiler, der aus der umlaufenden Leiste gebildet wurde. Außerdem hatte er wie der 75 Milano, serienmäßig die Stoßstangen mit Faltenbälgen, die ursprünglich für die US-amerikanischen Anforderungen entwickelt wurden und ihm den Beinamen „America" eingebracht hatten. In einigen Ländern Europas stand, wie in den USA, von Anfang an nur die Katalysator-Version im Angebot, während in den übrigen europäischen Staaten erst 1989 die umweltfreundliche Variante kam.

Der Motor war bis auf den geänderten Hub und die Bohrung praktisch identisch mit dem 2,5-Liter. Die Gemischaufbereitung wurde auch beim 3.0 America von einer LE-Jetronic von Bosch gesteuert und sorgte für verhältnismässig niedrige Verbrauchswerte. Im Gegensatz zum Milano 2.5 wurden beim America Kotflügelverbreiterungen aus Kunststoff wie beim 75 Turbo angebracht. Dazu kamen passende formschöne Seitenschweller wie beim 2.0 Twin Spark. Auch beim America wurde der größere Kraftstofftank aus Sicherheits- und Zulassungsgründen hinter der Rückbank platziert. Kurz nach seiner Einführung wurde der 3.0 America im Herbst 1988 wie alle anderen Versionen des Alfa 75 geliftet. Technisch blieb jedoch alles beim Alten. Mit nur 8128 gebauten Fahrzeugen gehört der 3.0 America zu den seltenen Modellen der Gattung 75.

Alfa 75 1.6 I.E. (1990 bis 1992)
Der 75 1.6 I.E. gehörte ebenfalls zu den kleinen 75ern. Der Einspritzer, der erst 1990 kurz vor Produktionsende auf den Markt kam, ist motortechnisch der Zwilling des Vergasermodells mit gleichem Hubraum. Neu war das elektronische Einspritzsystem von Bosch, Typ Motronic ML 4.1. Das Besondere an der Motronic ist die gemeinsame Steuerung von Gemischaufbereitung und Zündung. Folglich sorgte dieses System für mehr Elastizität und vor allem für einen geringeren Kraftstoffverbrauch. Dass der 1.6 I.E. überhaupt noch auf den Markt kam, war den immer strengeren europäischen Abgasnormen zu verdanken, die das Vergaser-Pendent nicht mehr zu erfüllen vermochte. Deshalb sorgte beim I.E. in vielen Ländern ein geregelter Katalysator für einwandfreie Abgaswerte, die Leistung sank im Vergleich zum Vergaser jedoch um 3 PS. Der größte Markt für diese Version des Alfa 75 war Italien, nur wenige fanden den Weg in andere Länder. Von den total 127.511 gebauten Exemplaren mit 1,6 Litern Hubraum waren mit 27.989 Stück nur knapp 22 Prozent solche Einspritzer-Modelle.

Alfa 75 1.8 I.E. (1988 bis 1992)
Parallel zum Vergasermodell wurde der 75 1.8 ab 1988 auch als Einspritzer, ebenfalls mit einer Bosch Motronic, jedoch einer ML 3.3, angeboten. 1989 wurde er aber schon wieder durch ein weiteres Einspritzermodell mit neuem Baureihencode und neuer Motornummer ersetzt. Außerhalb der Länder, in denen ab 1990 alle 75 mit geregeltem Katalysator angeboten wurden, lief der 1.8 I.E. dagegen ohne Katalysator bis 1991 weiter, während die „Europa-Version“ mit geregeltem Kat und einer Motronic ML 4.1 bis 1992 im Programm blieb. Seine Qualitäten bewies das 1.8-I.E.-Triebwerk auch im Treibstoffverbrauch, überzeugte es doch als um einiges sparsameres Pendant zum Vergasermodell.

Zum Ausverkauf des 75 1.8 I.E. brachte Alfa Romeo das Sondermodell 1.8 Indy. Diese Sonderedition erhielt ihren Namen, um auf den Einstieg von Alfa Romeo als Motorenlieferant bei March in der amerikanischen Cart-Meisterschaft hinzuweisen. Der Indy umfasste einige sportliche Extras wie Sportsitze und einen Indy-Decor-streifen. Motorblock und Zylinderkopf waren beim Einspritzer ansonsten weitgehend identisch mit dem Vergasermodell. Der Alfa 75 1.8 I.E. fand in ganz Europa Absatz, wobei die Katalysatorausführung, bedingt durch die strengeren Abgasnormen, hauptsächlich für den deutschen, österreichischen, schwedischen und schweizerischen Markt bestimmt war.

Alfa 75 2.4 Turbo Diesel (1988 bis 1992)
Ab 1988 fand auch der schon von Alfetta und Alfa 90 her bekannte 2,4-Liter-Turbodiesel Motor im Alfa 75 Verwendung. Für den größeren Hubraum wurden der Gussblock aufgebohrt und der Hub verlängert. Die Leistung wuchs dadurch um 25 auf ausgezeichnete 120 PS. Ansonsten entsprach der große Bruder des 2.0 TD weitgehend seinem kleineren Pendant. Auch dieses Triebwerk besaß einen KKK-Turbolader mit Ladeluftkühler und eigenem Ölkühler. Die Höchstgeschwindigkeit betrug beim 2.4 TD sogar 185 km/h und der Kilometer mit stehendem Start gelang in nur 33,2 Sekunden. Zwei Werte, die man zur damaligen Zeit bei kaum einem anderen Diesel seiner Klasse antreffen konnte. Wie die Zweiliter-Variante verkaufte sich aufgrund der günstigen Dieselpreise auch der 2.4 TD vorwiegend in Italien und Spanien sehr gut, stand jedoch in vielen anderen europäischen Ländern gar nicht im Angebot. Insgesamt wurden vom Alfa 75 2.4 Turbodiesel zwischen 1988 und 1992 nur 6110 Stück gebaut. Optik und Ausstattung waren bis auf die zusätzlichen Geräuschdämmungen identisch mit denen der Benziner.

Alfa 75 3.0 V6 QV (1990 bis 1992)
Der Alfa 75 3.0 V6 QV kam 1990 gegen Ende der Produktionszeit des 75ers auf den Markt und entsprach bis auf wenige Details dem Alfa 75 America, den der QV ablöste. Um dieses Modell trotzdem abzugrenzen, wurde es wieder „Quadrifoglio Verde“ genannt. Der Motor dieses Dreiliter-Topmodells erfuhr durch ein neues Motormanagement und weitere kleiner Details eine Leistungssteigerung von 7 PS – nichts Weltbewegendes, aber technisch gesehen ein weiterer Schritt in die Zukunft, da die jüngste Generation der Bosch-Einspritzung zum Einsatz kam.

Äußerlich war der 3.0 QV nur an den neu gezeichneten Leichtmetallfelgen und am kantigen Auspuffendrohr erkennbar. Der Motor und sein Innenleben waren indessen praktisch identisch mit dem 3.0 America. Auch beim QV saß der Kraftstofftank hinter der Rückbank, die übrigens wie die restlichen Sitze und die Türverkleidungen mit einem neuen Stoffmuster aus feinstem Samt glänzten, sofern das Auto nicht mit dem optional erhältlichen Leder ausgerüstet war. Der nur 1576 Mal produzierte QV stellt heute auf dem Gebrauchtwagenmarkt eindeutig das gesuchteste Modell der Baureihe dar.

Oben links: Die Version 1.8 I.E. wird von 1988 bis 1992 produziert.

Oben rechts: Den aus Alfetta und Alfa 90 bekannten 2,4-Liter-Turbodiesel bekommt der Alfa 75 erst 1988.

Unten: Durch ein neues Motormanagement erreicht man beim 3.0 QV eine Leistungssteigerung auf 192 PS.

Baujahr	Version	Typ	Hubraum	Motorbauart	Leistung	Treibstoff	Fahrgestellnummern	Motor Typ	Produktions-zahlen
1985	1,6	162.B2A	1570 cm^3	4 Zylinder in Reihe	110 PS	Benzin	ZAR162B20*0001011 bis 0011560	AR06100	10.550
	1,8	162.B1A	1779 cm^3	4 Zylinder in Reihe	120 PS	Benzin	ZAR162B10*0001011 bis 0008680	AR06202	7670
	2,0	162.BF	1962 cm^3	4 Zylinder in Reihe	128 PS	Benzin	ZAR162B00*0200001 bis 0205000	AR06212	5000
	2.0 Turbo Diesel	162.BD	1995 cm^3	4 Zylinder in Reihe	95 PS	Diesel	ZAR162B00*0001011 bis 0008200	VM80A	7190
	2.5 V6 QV	162.B3	2492 cm^3	V6 mit 60° Zylinderwinkel	156 PS	Benzin	ZAR162B30*0001011 bis 0003113	AR01646	2103
1986	1,6	162.B2A	1570 cm^3	4 Zylinder in Reihe	110 PS	Benzin	ZAR162B20*0011561 bis 0035500	AR06100	23.940
	1,8	162.B1A	1779 cm^3	4 Zylinder in Reihe	120 PS	Benzin	ZAR162B10*0008681 bis 0021800	AR06202	13.120
	1.8 I.E. Turbo	162.B1C	1779 cm^3	4 Zylinder in Reihe	155 PS	Benzin	ZAR162B10*0050011 bis 0054249	AR06134	(2) 13.541
	2,0	162.BF	1962 cm^3	4 Zylinder in Reihe	128 PS	Benzin	ZAR162B00*0205001 bis 0275900	AR06212	11.290
	2.0 Turbo Diesel	162.BD	1995 cm^3	4 Zylinder in Reihe	95 PS	Diesel	ZAR162B00*0008201 bis 0017600	VM80A	9400
	2.5 V6 QV	162.B3	2492 cm^3	V6 mit 60° Zylinderwinkel	156 PS	Benzin	ZAR162B30*0003114 bis 0003142	AR01646	29
	2.5 V6 Milano	161.16	2492 cm^3	V6 mit 60° Zylinderwinkel	154 PS	Benzin	ZAR161160*0050011 bis 0053111	AR01911	3101
1987	1,6	162.B2A	1570 cm^3	4 Zylinder in Reihe	110 PS	Benzin	ZAR162B20*0035501 bis 0052500	AR06100	17.000
	1,8	162.B1A	1779 cm^3	4 Zylinder in Reihe	120 PS	Benzin	ZAR162B10*0021801 bis 0031800	AR06202	10.000
	1.8 I.E. Turbo	162.B1C	1779 cm^3	4 Zylinder in Reihe	155 PS	Benzin	ZAR162B10*0054250 bis 0055800	AR06134	(2) 13.541
	1.8 I.E. Turbo America	162.B1D	1779 cm^3	4 Zylinder in Reihe	155 PS	Benzin	ZAR162B10*0060011 bis 0061600	AR06134	(2) 13.541
	1.8 I.E. Turbo Evoluzione	162.B1E	1762 cm^3	4 Zylinder in Reihe	155 PS	Benzin	ZAR162B10*0059001 bis 0059510	AR06158	510
	2,0	162.BF	1962 cm^3	4 Zylinder in Reihe	128 PS	Benzin	ZAR162B00*0215400 bis 0218100	AR06212	2701
	2.0 Turbo Diesel	162.BD	1995 cm^3	4 Zylinder in Reihe	95 PS	Diesel	ZAR162B00*0017601 bis 0029200	VM80A	11.600
	2.0 I.E. Twin Spark	162.B4	1962 cm^3	4 Zylinder in Reihe	145 PS	Benzin	ZAR162B40*0001011 bis 0075850	AR06224	(2) 76.624
	2.5 V6 QV	162.B3	2492 cm^3	V6 mit 60° Zylinderwinkel	156 PS	Benzin	ZAR162B30*0003143 bis 0020800	AR01646	1605
	2.5 V6 Milano	161.16	2492 cm^3	V6 mit 60° Zylinderwinkel	154 PS	Benzin	ZAR161160*0053113 bis 0053300 (3)	AR01911	(4) 4734
	3.0 V6 America	162.B6	2959 cm^3	V6 mit 60° Zylinderwinkel	185 PS	Benzin	ZAR162B60*0040011 bis 0051550 (4)	AR01620	(2) 8128
1988	1,6	162.B2A	1570 cm^3	4 Zylinder in Reihe	110 PS	Benzin	ZAR162B20*0052501 bis 6010500	AR06100	23.700
	1,8	162.B2B	1779 cm^3	4 Zylinder in Reihe	120 PS	Benzin	ZAR162B10*0031801 bis 6010499	AR06202	19.598
	1.8 I.E.	162.B1F	1779 cm^3	4 Zylinder in Reihe	122 PS	Benzin	ZAR162B00*6100001 bis 6112700 (1)	AR06168	(2) 41.766
	1.8 I.E. Turbo America	162.B1G	1779 cm^3	4 Zylinder in Reihe	155 PS	Benzin	ZAR162B10*0061601 bis 0063300	AR06134	(2) 13.541
	2,0	162.BF	1962 cm^3	4 Zylinder in Reihe	128 PS	Benzin	ZAR162B00*0218101 bis 0218200	AR06212	100
	2.0 Turbo Diesel	162.BG	1995 cm^3	4 Zylinder in Reihe	95 PS	Diesel	ZAR162B00*0029201 bis 6010498	VM80A	17.496
	2.0 I.E. Twin Spark	162.B4A	1962 cm^3	4 Zylinder in Reihe	145 PS	Benzin	ZAR162B40*0013201 bis 6010497	AR06224	(2) 76.624
	2.4 Turbo Diesel	162.BB5	2393 cm^3	4 Zylinder in Reihe	120 PS	Diesel	ZAR162B00*6100001 bis 6112700 (1)	VM80A	(2) 6083
	3.0 V6 America	162.B6A	2959 cm^3	V6 mit 60° Zylinderwinkel	185 PS	Benzin	ZAR162B60*0041101 bis 0051900 (4)	AR01620	(2) 8128
1989	1.8 I.E.	162.B1H	1779 cm^3	4 Zylinder in Reihe	122 PS	Benzin	ZAR162B00*6112701 bis 6180950 (1)	AR61201	(2) 41.766
	1.8 I.E. Turbo America	162.B1G	1779 cm^3	4 Zylinder in Reihe	155 PS	Benzin	ZAR162B00*6112701 bis 6180950 (1)	AR06134	(2) 13.541
	2.0 Turbo Diesel	162.BG	1995 cm^3	4 Zylinder in Reihe	95 PS	Diesel	ZAR162B00*6112701 bis 6180950 (1)	VM80A	(2) 43.127
	2.0 I.E. Twin Spark	162.B4C	1962 cm^3	4 Zylinder in Reihe	145 PS	Benzin	ZAR162B00*6112701 bis 6180950 (1)	AR06166	(2) 76.624
	2.4 Turbo Diesel	162.BB5	2393 cm^3	4 Zylinder in Reihe	120 PS	Diesel	ZAR162B00*6112701 bis 6180950 (1)	VM80A	(2) 6083
	3.0 V6 America	162.B6A	2959 cm^3	V6 mit 60° Zylinderwinkel	185 PS	Benzin	ZAR162B00*6112701 bis 6180950 (1)	AR01620	(2) 8128
1990	1.6 I.E.	162.B2E	1570 cm^3	4 Zylinder in Reihe	107 PS	Benzin	ZAR162B00*6180951 bis 6232500 (1)	AR61102	(2) 27.977
	1.8 I.E.	162.B2L	1779 cm^3	4 Zylinder in Reihe	122 PS	Benzin	ZAR162B00*6180951 bis 6232500 (1)	AR61202	(2) 41.766
	1.8 I.E. Turbo QV	162.B1M	1779 cm^3	4 Zylinder in Reihe	155 PS	Benzin	ZAR162B00*6180951 bis 6232500 (1)	AR61203	(2) 13.541
	2.0 Turbo Diesel	162.BG	1995 cm^3	4 Zylinder in Reihe	95 PS	Diesel	ZAR162B00*6180951 bis 6232500 (1)	VM80A	(2) 43.127
	2.0 I.E. Twin Spark	162.B4C	1962 cm^3	4 Zylinder in Reihe	145 PS	Benzin	ZAR162B00*6180951 bis 6232500 (1)	AR06166	(2) 76.624
	2.4 Turbo Diesel	162.BB5	2393 cm^3	4 Zylinder in Reihe	120 PS	Diesel	ZAR162B00*6180951 bis 6232500 (1)	VM80A	(2) 6083
	3.0 V6 QV	162.B6B	2959 cm^3	V6 mit 60° Zylinderwinkel	192 PS	Benzin	ZAR162B00*6180951 bis 6232500 (1)	AR06124	(2) 1576
1991	1.6 I.E.	162.B2E	1570 cm^3	4 Zylinder in Reihe	107 PS	Benzin	ZAR162B00*6232501 bis 6255860 (1)	AR61102	(2) 27.977
	1.8 I.E.	162.B2L	1779 cm^3	4 Zylinder in Reihe	122 PS	Benzin	ZAR162B00*6232501 bis 6255860 (1)	AR61202	(2) 41.766
	1.8 I.E. Turbo QV	162.B1M	1779 cm^3	4 Zylinder in Reihe	155 PS	Benzin	ZAR162B00*6232501 bis 6255860 (1)	AR61203	(2) 13.541
	2.0 Turbo Diesel	162.BG	1995 cm^3	4 Zylinder in Reihe	95 PS	Diesel	ZAR162B00*6232501 bis 6255860 (1)	VM80A	(2) 43.127
	2.0 I.E. Twin Spark	162.B4C	1962 cm^3	4 Zylinder in Reihe	145 PS	Benzin	ZAR162B00*6232501 bis 6255860 (1)	AR06166	(2) 76.624
	2.4 Turbo Diesel	162.BB5	2393 cm^3	4 Zylinder in Reihe	120 PS	Diesel	ZAR162B00*6232501 bis 6255860 (1)	VM80A	(2) 6083
	3.0 V6 QV	162.B6B	2959 cm^3	V6 mit 60° Zylinderwinkel	192 PS	Benzin	ZAR162B00*6232501 bis 6255860 (1)	AR06124	(2) 1576
1992	1.6 I.E.	162.B2E	1570 cm^3	4 Zylinder in Reihe	107 PS	Benzin	ZAR162B00*6255861 bis 6261500 (1)	AR61102	(2) 27.977
	1.8 I.E.	162.B2L	1779 cm^3	4 Zylinder in Reihe	122 PS	Benzin	ZAR162B00*6255861 bis 6261500 (1)	AR61202	(2) 41.766
	2.0 Turbo Diesel	162.BG	1995 cm^3	4 Zylinder in Reihe	95 PS	Diesel	ZAR162B00*6255861 bis 6261500 (1)	VM80A	(2) 43.127
	2.0 I.E. Twin Spark	162.B4C	1962 cm^3	4 Zylinder in Reihe	145 PS	Benzin	ZAR162B00*6255861 bis 6261500 (1)	AR06166	(2) 76.624
	2.4 Turbo Diesel	162.BB5	2393 cm^3	4 Zylinder in Reihe	120 PS	Diesel	ZAR162B00*6255861 bis 6261500 (1)	VM80A	(2) 6083
	3.0 V6 QV	162.B6B	2959 cm^3	V6 mit 60° Zylinderwinkel	192 PS	Benzin	ZAR162B00*6255861 bis 6261500 (1)	AR06124	(2) 1576
								TOTAL	**388.822**

(1) = ab 1988 alle Modelle mit fortlaufenden Fahrgestellnummern / (2) = Gesamtzahl der jeweiligen Motorisierung

(3) = ohne Wagen für USA / (4) = mit Wagen für USA

Oben links: Der Alfa 164 gehört zu den letzten Modellen, die im Stabilimento Arese produziert wurden.

Rechts: Front- und Heckscheiben der 164er werden vollautomatisch verklebt.

Unten links: Die Twin-Spark-Ausführung ist von außen praktisch nur an den Vierlochfelgen zu erkennen.

Alfa 164

Alfa 164 2.0 Twin Spark (1987 bis 1995)

Der Nachfolger der großen Limousine Alfa 6 hieß 164 und präsentierte ein völlig neues Fahrzeugkonzept. Die Entwicklungskosten der Plattform teilte sich Alfa Romeo mit Fiat, Lancia und Saab. Für das elegante und gleichzeitig sportliche Design war Pininfarina verantwortlich. Auf der IAA 1987 in Frankfurt wurde der Alfa 164 vorgestellt, darunter auch die Version mit dem bekannten 2.0 Twin Spark aus dem Alfa 75. Beim Aggregat hatte sich nicht viel geändert, es saß nun jedoch quer zur Fahrtrichtung im Motorraum, da Alfa Romeo beim 164 nach Alfasud und 33 nun auch in der Oberklasse auf Frontantrieb umgestellt hatte. Das aufwändige Fahrwerk mit McPherson-Federbeinen an Vorder- und Hinterachse bot sportliches Fahrverhalten.

Alfa 164 2.0 Turbo (1987 bis 1991)

Ab Ende 1987 gab es den Alfa 164 auch mit einem Zweiliter-Vierzylinder-Turbo aus dem Hause Fiat/Lancia, der erneut den italienischen Steuergesetzen zu verdanken war. Mit 175 PS war er beinahe so stark wie das Modell 3.0 V6 und fand vor allem in Italien guten Absatz. Wie stets gelang den Alfa-Romeo-Designern auch im Innenraum eine Kombination aus Sportlichkeit und Eleganz. Körpergerecht geformte elektrisch verstellbare Sitze waren damals in der Oberklasse noch keine Selbstverständlichkeit.

Alfa 164 2.5 Turbo Diesel (1987 bis 1997)

Ebenfalls ab Beginn, allerdings nur für wenige Märkte und hauptsächlich für den heimischen, wurde eine Dieselvariante mit 2499 cm^3 und Turbo angeboten. Der 2,5-Liter-Vierzylinder mit Ventilantrieb über Stirnräder und obenliegende Nockenwelle war ebenfalls eine Konstruktion von VM-Motori, wie bei Alfetta, Alfa 90 und Alfa 75. Bei seiner Einführung in Italien 1987 war der 117 PS starke 164 TD mit 200 km/h der schnellste Diesel-PKW der Welt. 1992 wurde die Leistung gar auf 125 PS erhöht, damit blieb der 2.5 TD bis zum Ende der 164-Produktion 1997 im Lieferprogramm.

Alfa 164 3.0 V6 (1987 bis 1992)

Das Spitzenmodell war bei der Präsentation ganz klar der 3.0 mit V6. Der Motor aus dem 75 America leistete mit Katalysator auch in der größeren Limousine 184 PS, ohne Kat gar 192 PS. So erreichte der Sechszylinder mühelos 230 km/h. Beim Alfa 164 wurden im Werk Arese neue Produktionsmethoden und -standards eingeführt. So wurden für die Herstellung nun im großen Maßstab Roboter eingesetzt, und neue Galvanisierungs- und Hohlraumversiegelungsprozesse sollten die Karosserie des Alfa 164 besser als jede andere zuvor gegen Rost schützen. Die Version 3.0 V6 gab es auf Wunsch auch mit einem Vierstufen-Automatikgetriebe von ZF.

Oben links: Auch bei der Karosseriemontage des Alfa 164 muss manchmal noch Hand angelegt werden.

Oben rechts: Exportgut: Der 164 geht laut Laufzettel in die USA. Die Schweißstellen werden noch per Handarbeit beigeschliffen.

Unten links: Fast fertig sind diese 164er. Auch der rote ist für einen Liebhaber in den USA bestimmt.

Unten rechts: Für den 2.0 V6 Turbo wird ein verkleinerter Busso-Motor mit einem Turbolader ausgerüstet, was dem Zweiliter 205 PS beschert.

Alfa 164 3.0 V6 QV (1990 bis 1992)
Im Juli 1990 überarbeitete Alfa Romeo den 164 erstmals merklich. Da die Urversion wegen ihrer starken Antriebseinflüsse in der Lenkung und wegen des schlechten Geradeauslaufs beim Beschleunigen heftig kritisiert worden war, wurde dort der größte Änderungsaufwand betrieben. So wurde der gesamte Antriebsblock aus Motor und Getriebe drei Zentimeter tiefer im Fahrzeug montiert. Störkräfte wurden so minimiert und das Fahrverhalten nachhaltig verbessert. Zusätzlich wurden einige Bedienungselemente im Innenraum überarbeitet.

Die bis dahin teilverzinkte Karosserie erhielt nun Vollverzinkung. Viele dieser Änderungen kamen nicht zuletzt wegen der geplanten Einführung des 164 auf den US-Markt. Im September 1990 wurde außerdem der 164 Quadrifoglio Verde als Spitzenmodell mit einem auf 200 PS gesteigerten Dreiliter-V6 eingeführt. Der QV war äußerlich an den neuen Alufelgen und vor allem am Frontspoiler und den auffälligen Heck- und Seitenschürzen erkennbar. Die neuen Sportsitze waren stärker konturiert, und besonders die mit Leder bezogenen wurden gerne im QV geordert.

Alfa 164 2.0 V6 Turbo (1991 bis 1992)
Im März 1991 präsentierte Alfa Romeo den 164 V6 Turbo. Ihn trieb eine Zweiliter-Variante des „Arese-V6“ an, die mit Turbolader eine Leistung von 205 PS brachte. Diese Version des Alfa 164 war äußerlich nicht vom 3.0 V6 zu unterscheiden und wurde nur zwei Jahre lang angeboten, bis die Super-Variante mit gleicher Motorisierung kam. Das Triebwerk selbst wurde 1991 mit dem Titel „Motor des Jahres“ ausgezeichnet.

Alfa 164 2.0 Twin Spark Super (1992 bis 1997)
Im Herbst 1992 erhielt der Alfa 164 ein letztes Restyling. Nun zierte, bis auf QV und Q4, alle Modellvarianten das Design der als „Super“ bezeichneten Ausstattungslinie. Diese beinhaltete neue Stoßstangen und Seitenleisten, die den Alfa 164 insgesamt edler erscheinen ließen. Neue Alufelgen und ein überarbeitetes Armaturenbrett mit Mittelkonsole gehörten ebenso zur „Super“-Ausführung wie neue Ellipsoid-Scheinwerfer und ein umgestaltetes Lenkrad, in dem erstmals ein Fahrer-Airbag montiert war. Die Karosserie erhielt zudem verstärkten Aufprallschutz, während der Motor beim 2.0 Twin Spark unverändert blieb.

Oben links: Kleine Dellen oder Lackschäden beseitigen geübte Fachleute noch im Werk bei der Qualitätsprüfung.

Oben rechts: Schneller Selbstzünder: Der Turbodiesel durchläuft die Schlussabnahme.

Unten: Die Super-Versionen haben elegantere Stoßstangen und Seitenverkleidungen sowie kleinere Scheinwerfer.

Alfa 164 2.0 V6 Turbo Super (1992 bis 1997)

Auch diese Version erfuhr das große „Super"-Facelifting und blieb bis Produktionsende im Lieferprogramm. Der 12-Ventiler verfügte nach wie vor über einen Garrett-T25-Turbolader, der mit einem maximalen Ladedruck von 0,9 bar, in der Overboost-Funktion mit 1,1 bar arbeitete. Die Leistung des Turbo-Aggregats sank aus abgastechnischen Gründen jedoch um 4 auf 201 PS.

Alfa 164 3.0 V6 24V Super (1992 bis 1997)

Natürlich hieß auch die Dreiliterversion ab 1992 Super. Im Gegensatz zu den anderen Modellen erhielt die „normale" V6-Variante jedoch einen neu konstruierten Motor. Mit dem 164 3.0 V6 24V Super wurde die 4-Ventil-Version des „Arese-V6" eingeführt, ein Motor mit komplett neu konstruierten Zylinderköpfen mit vier obenliegenden Nockenwellen, 24 Ventilen und 210 PS. Dieses Modell war auch mit einer Vierstufen-Automatik von ZF erhältlich. So modifiziert, schlug sich der Alfa 164 in den letzten Produktionsjahren noch wacker. Bis 1997 verließen insgesamt fast 274.000 Exemplare das Werk in Arese, damit hatte der Alfa 164 das vom neuen Eigentümer Fiat vorgegebene Ziel erreicht.

Alfa 164 3.0 V6 24V QV (1992 bis 1993)

Mit der Lancierung des 24V-Motors im 3.0 Super kam auch das Topmodell Quadrifoglio Verde in den Genuss des neuen Triebwerks. Der Motor des QV wurde allerdings noch etwas modifiziert, so dass er beachtliche 232 PS leistete. Das Design blieb beim QV jedoch bei der sportlicheren Optik des bisherigen Modells. Die edlen Anbauteile des Super hätten das aggressivere und sportlichere Aussehen des stärksten Alfa 164 zunichte gemacht. Vom Quadrifoglio Verde 24V mit Frontantrieb wurden innerhalb von zwei Jahren lediglich 998 Stück gebaut, was diese Sportlimousinen heute zu begehrten Raritäten macht.

Alfa 164 3.0 V6 Q4 (1993 bis 1997)

Der 164 QV 24V wurde im Frühjahr 1994 vom Q4 abgelöst, einer allradangetriebenen Version des Alfa 164 QV. Das neue Spitzenmodell Q4 verfügte neben einem permanenten Allradantrieb über ein 6-Gang-Getriebe von Getrag. Eine elektronisch gesteuerte Viskokupplung sorgt für variable Kraftverteilung zwischen Vorder- und Hinterachse, während ein Torsendifferenzial an der Hinterachse optimale Traktionswerte herstellte. Ein kleiner Nachteil: Durch den zusätzlichen Heckantrieb reduziert sich das Kofferraumvolumen merklich. Auch der Q4 behielt die Stoßfänger des Urmodells, und die Motorleistung war mit der des QV identisch. Der Fahrerairbag war beim Q4 nun serienmäßig. Vom Q4 wurden innerhalb der letzten vier Jahre nur gerade 1206 Exemplare in Arese produziert. Am 27. Juni 1997 verließ der letzte Alfa Romeo 164 das Werk in Arese.

Baujahr	Version	Typ	Hubraum	Motorbauart	Leistung	Treibstoff	Fahrgestellnummern	Motor Typ	Produktions-zahlen
1987	2.0 Twin Spark (1)	164.A2H	1962 cm^3	4 Zylinder in Reihe	148 PS	Benzin	Keine Angaben von Alfa Romeo	AR06420	(2) 1999
	2.0 Twin Spark	164.A2C/164.A2L	1962 cm^3	4 Zylinder in Reihe	146 PS	Benzin	Keine Angaben von Alfa Romeo	AR06420	(2) 1999
	2.0 Turbo	175.HP	1995 cm^3	4 Zylinder in Reihe	175 PS	Benzin	Keine Angaben von Alfa Romeo	unbekannt	356
	2.5 Turbo Diesel	164.A1A	2499 cm^3	4 Zylinder in Reihe	117 PS	Diesel	Keine Angaben von Alfa Romeo	VMOBB/VM32B	1520
	3.0 V6 12V	164.AD/164.AH/164.AB	2959 cm^3	V6 mit 60° Zylinderwinkel	184 PS	Benzin	Keine Angaben von Alfa Romeo	AR06412	(2) 445
	3.0 V6 12V (1)	164.A	2959 cm^3	V6 mit 60° Zylinderwinkel	192 PS	Benzin	Keine Angaben von Alfa Romeo	AR06412	(2) 445
1988	2.0 Twin Spark (1)	164.A2H	1962 cm^3	4 Zylinder in Reihe	148 PS	Benzin	Keine Angaben von Alfa Romeo	AR06420	(2) 19.629
	2.0 Twin Spark	164.A2C/164.A2L	1962 cm^3	4 Zylinder in Reihe	146 PS	Benzin	Keine Angaben von Alfa Romeo	AR06420	(2) 19.629
	2.0 Turbo	175.HP	1995 cm^3	4 Zylinder in Reihe	175 PS	Benzin	Keine Angaben von Alfa Romeo	unbekannt	5199
	2.5 Turbo Diesel	164.A1A	2499 cm^3	4 Zylinder in Reihe	117 PS	Diesel	Keine Angaben von Alfa Romeo	VMOBB/VM32B	9124
	3.0 V6 12V	164.AD/164.AH/164.AB	2959 cm^3	V6 mit 60° Zylinderwinkel	184 PS	Benzin	Keine Angaben von Alfa Romeo	AR06412	(2) 5814
	3.0 V6 12V (1)	164.A	2959 cm^3	V6 mit 60° Zylinderwinkel	192 PS	Benzin	Keine Angaben von Alfa Romeo	AR06412	(2) 5814
1989	2.0 Twin Spark (1)	164.A2H	1962 cm^3	4 Zylinder in Reihe	148 PS	Benzin	Keine Angaben von Alfa Romeo	AR06420	(2) 26.496
	2.0 Twin Spark	164.A2C/164.A2L	1962 cm^3	4 Zylinder in Reihe	146 PS	Benzin	Keine Angaben von Alfa Romeo	AR06420	(2) 26.496
	2.0 Turbo	175.HP	1995 cm^3	4 Zylinder in Reihe	175 PS	Benzin	Keine Angaben von Alfa Romeo	unbekannt	9540
	2.5 Turbo Diesel	164.A1A	2499 cm^3	4 Zylinder in Reihe	117 PS	Diesel	Keine Angaben von Alfa Romeo	VMOBB/VM32B	10.166
	3.0 V6 12V	164.AD/164.AH/164.AB	2959 cm^3	V6 mit 60° Zylinderwinkel	184 PS	Benzin	Keine Angaben von Alfa Romeo	AR06412	(2) 12.925
	3.0 V6 12V (1)	164.A	2959 cm^3	V6 mit 60° Zylinderwinkel	192 PS	Benzin	Keine Angaben von Alfa Romeo	AR06412	(2) 12.925
1990	2.0 Twin Spark (1)	164.A2H	1962 cm^3	4 Zylinder in Reihe	148 PS	Benzin	Keine Angaben von Alfa Romeo	AR06420	(2) 21.026
	2.0 Twin Spark	164.A2C/164.A2L	1962 cm^3	4 Zylinder in Reihe	146 PS	Benzin	Keine Angaben von Alfa Romeo	AR06420	(2) 21.026
	2.0 Turbo	175.HP	1995 cm^3	4 Zylinder in Reihe	175 PS	Benzin	Keine Angaben von Alfa Romeo	unbekannt	4512
	2.5 Turbo Diesel	164.A1A	2499 cm^3	4 Zylinder in Reihe	117 PS	Diesel	Keine Angaben von Alfa Romeo	VMOBB/VM32B	5794
	3.0 V6 12V	164.AD/164.AH/164.AB	2959 cm^3	V6 mit 60° Zylinderwinkel	184 PS	Benzin	Keine Angaben von Alfa Romeo	AR06412	10.122
	3.0 V6 12V QV	164.AG	2959 cm^3	V6 mit 60° Zylinderwinkel	200 PS	Benzin	Keine Angaben von Alfa Romeo	AR64301	3806
1991	2.0 Twin Spark	164.A2C/164.A2L	1962 cm^3	4 Zylinder in Reihe	146 PS	Benzin	Keine Angaben von Alfa Romeo	AR06420	21.751
	2.0 Turbo	175.HP	1995 cm^3	4 Zylinder in Reihe	175 PS	Benzin	Keine Angaben von Alfa Romeo	unbekannt	512
	2.0 V6 Turbo	164.A2G/164.A2F	1997 cm^3	6 Zylinder	205 PS	Benzin	Keine Angaben von Alfa Romeo	AR64102	5548
	2.5 Turbo Diesel	164.A1A	2499 cm^3	4 Zylinder in Reihe	117 PS	Diesel	Keine Angaben von Alfa Romeo	VMOBB/VM32B	5406
	3.0 V6 12V	164.AD/164.AH/164.AB	2959 cm^3	V6 mit 60° Zylinderwinkel	184 PS	Benzin	Keine Angaben von Alfa Romeo	AR06412	4995
	3.0 V6 12V QV	164.AG	2959 cm^3	V6 mit 60° Zylinderwinkel	200 PS	Benzin	Keine Angaben von Alfa Romeo	AR64301	805
1992	2.0 Twin Spark	164.A2C/164.A2L	1962 cm^3	4 Zylinder in Reihe	146 PS	Benzin	Keine Angaben von Alfa Romeo	AR06420	(2) 12.240
	2.0 Twin Spark Super	164.H3	1962 cm^3	4 Zylinder in Reihe	146 PS	Benzin	Keine Angaben von Alfa Romeo	AR06420	(2) 12.240
	2.0 V6 Turbo	164.A2G/164.A2F	1997 cm^3	V6 mit 60° Zylinderwinkel	205 PS	Benzin	Keine Angaben von Alfa Romeo	AR64102	300
	2.0 V6 Turbo Super	164.K3	1996 cm^3	V6 mit 60° Zylinderwinkel	201 PS	Benzin	Keine Angaben von Alfa Romeo	AR64102	1680
	2.5 V6	164.HP	2492 cm^3	V6 mit 60° Zylinderwinkel	163 PS	Benzin	Keine Angaben von Alfa Romeo	AR64046	460
	2.5 Turbo Diesel	164.A1A	2499 cm^3	4 Zylinder in Reihe	117 PS	Diesel	Keine Angaben von Alfa Romeo	VMOBB/VM32B	4186
	2.5 Turbo Diesel Super	164.K2A/164.K2B	2499 cm^3	4 Zylinder in Reihe	125 PS	Diesel	Keine Angaben von Alfa Romeo	VMOBB/VM32B	1161
	3.0 V6 12V	164.AD/164.AH/164.AB	2959 cm^3	V6 mit 60° Zylinderwinkel	184 PS	Benzin	Keine Angaben von Alfa Romeo	AR06412	3431
	3.0 V6 12V QV	164.AG	2959 cm^3	V6 mit 60° Zylinderwinkel	200 PS	Benzin	Keine Angaben von Alfa Romeo	AR64301	508
	3.0 V6 24V Super	164.K1	2959 cm^3	V6 mit 60° Zylinderwinkel	210 PS	Benzin	Keine Angaben von Alfa Romeo	AR66301	1075
	3.0 V6 24V QV	164.H1	2959 cm^3	V6 mit 60° Zylinderwinkel	232 PS	Benzin	Keine Angaben von Alfa Romeo	AR64304	512
1993	2.0 Twin Spark	164.HP	1962 cm^3	4 Zylinder in Reihe	144 PS	Benzin	Keine Angaben von Alfa Romeo	AR06420	(2) 3981
	2.0 Twin Spark Super	164.H3	1962 cm^3	4 Zylinder in Reihe	146 PS	Benzin	Keine Angaben von Alfa Romeo	AR06420	(2) 3981
	2.0 V6 Turbo Super	164.K3	1996 cm^3	V6 mit 60° Zylinderwinkel	201 PS	Benzin	Keine Angaben von Alfa Romeo	AR64102	6671
	2.5 V6	164.HP	2492 cm^3	V6 mit 60° Zylinderwinkel	163 PS	Benzin	Keine Angaben von Alfa Romeo	AR64046	825
	2.5 Turbo Diesel Super	164.K2A/164.K2B	2499 cm^3	4 Zylinder in Reihe	125 PS	Diesel	Keine Angaben von Alfa Romeo	VMOBB/VM32B	2514
	3.0 V6 12V	164.AD/164.AH/164.AB	2959 cm^3	V6 mit 60° Zylinderwinkel	184 PS	Benzin	Keine Angaben von Alfa Romeo	AR06412	3693
	3.0 V6 24V Super	164.K1	2959 cm^3	V6 mit 60° Zylinderwinkel	210 PS	Benzin	Keine Angaben von Alfa Romeo	AR66301	2648
	3.0 V6 24V QV	164.H1	2959 cm^3	V6 mit 60° Zylinderwinkel	232 PS	Benzin	Keine Angaben von Alfa Romeo	AR64304	486
1994	2.0 Twin Spark	164.HP	1962 cm^3	4 Zylinder in Reihe	144 PS	Benzin	Keine Angaben von Alfa Romeo	AR06420	(2) 1073
	2.0 Twin Spark Super	164.H3	1962 cm^3	4 Zylinder in Reihe	146 PS	Benzin	Keine Angaben von Alfa Romeo	AR06420	(2) 1073
	2.0 V6 Turbo Super	164.K3	1996 cm^3	V6 mit 60° Zylinderwinkel	201 PS	Benzin	Keine Angaben von Alfa Romeo	AR64102	6666
	2.5 V6	164.HP	2492 cm^3	V6 mit 60° Zylinderwinkel	163 PS	Benzin	Keine Angaben von Alfa Romeo	AR64046	387
	2.5 Turbo Diesel Super	164.K2A/164.K2B	2499 cm^3	4 Zylinder in Reihe	125 PS	Diesel	Keine Angaben von Alfa Romeo	VMOBB/VM32B	2425
	3.0 V6 12V	164.AD/164.AH/164.AB	2959 cm^3	V6 mit 60° Zylinderwinkel	184 PS	Benzin	Keine Angaben von Alfa Romeo	AR06412	2916
	3.0 V6 24V Super	164.K1	2959 cm^3	V6 mit 60° Zylinderwinkel	210 PS	Benzin	Keine Angaben von Alfa Romeo	AR66301	2415
	3.0 24V Q4	164.K1M/164.K1C	2959 cm^3	V6 mit 60° Zylinderwinkel	232 PS	Benzin	Keine Angaben von Alfa Romeo	AR64308/AR64307	881
1995	2.0 Twin Spark	164.HP	1962 cm^3	4 Zylinder in Reihe	144 PS	Benzin	Keine Angaben von Alfa Romeo	AR06420	(2) 1167
	2.0 Twin Spark Super	164.H3	1962 cm^3	4 Zylinder in Reihe	146 PS	Benzin	Keine Angaben von Alfa Romeo	AR06420	(2) 1167
	2.0 V6 Turbo Super	164.K3	1996 cm^3	V6 mit 60° Zylinderwinkel	201 PS	Benzin	Keine Angaben von Alfa Romeo	AR64102	3907
	2.5 V6	164.HP	2492 cm^3	V6 mit 60° Zylinderwinkel	163 PS	Benzin	Keine Angaben von Alfa Romeo	AR64046	115
	2.5 Turbo Diesel Super	164.K2A/164.K2B	2499 cm^3	4 Zylinder in Reihe	125 PS	Diesel	Keine Angaben von Alfa Romeo	VMOBB/VM32B	1827
	3.0 V6 24V Super	164.K1	2959 cm^3	V6 mit 60° Zylinderwinkel	210 PS	Benzin	Keine Angaben von Alfa Romeo	AR66301	3695
	3.0 V6 24V QV	164.H1	2959 cm^3	V6 mit 60° Zylinderwinkel	232 PS	Benzin	Keine Angaben von Alfa Romeo	AR64304	839
	3.0 24V Q4	164.K1M/164.K1C	2959 cm^3	V6 mit 60° Zylinderwinkel	232 PS	Benzin	Keine Angaben von Alfa Romeo	AR64308/AR64307	243
1996	2.0 Twin Spark Super	164.H3	1962 cm^3	4 Zylinder in Reihe	146 PS	Benzin	Keine Angaben von Alfa Romeo	AR06420	133
	2.0 V6 Turbo Super	164.K3	1996 cm^3	V6 mit 60° Zylinderwinkel	201 PS	Benzin	Keine Angaben von Alfa Romeo	AR64102	3499
	2.5 Turbo Diesel Super	164.K2A/164.K2B	2499 cm^3	4 Zylinder in Reihe	125 PS	Diesel	Keine Angaben von Alfa Romeo	VMOBB/VM32B	1652
	3.0 V6 24V Super	164.K1	2959 cm^3	V6 mit 60° Zylinderwinkel	210 PS	Benzin	Keine Angaben von Alfa Romeo	AR66301	1138
	3.0 24V Q4	164.K1M/164.K1C	2959 cm^3	V6 mit 60° Zylinderwinkel	232 PS	Benzin	Keine Angaben von Alfa Romeo	AR64308/AR64307	82
1997	2.0 Twin Spark Super	164.H3	1962 cm^3	4 Zylinder in Reihe	146 PS	Benzin	Keine Angaben von Alfa Romeo	AR06420	16
	2.0 V6 Turbo Super	164.K3	1996 cm^3	V6 mit 60° Zylinderwinkel	201 PS	Benzin	Keine Angaben von Alfa Romeo	AR64102	2301
	2.5 Turbo Diesel Super	164.K2A/164.K2B	2499 cm^3	4 Zylinder in Reihe	125 PS	Diesel	Keine Angaben von Alfa Romeo	VMOBB/VM32B	1984
	3.0 V6 24V Super	164.K1	2959 cm^3	V6 mit 60° Zylinderwinkel	210 PS	Benzin	Keine Angaben von Alfa Romeo	AR66301	635
								TOTAL	**273.857**

(1) = Ausführung ohne Katalysator / (2) = Gesamtzahl der jeweiligen Motorisierung / (3) = Angaben nur als Gesamtzahl je Hubraum vorhanden

Links: Das Karosseriedesign stammt bei GTV und Spider der Serie 916 einmal mehr von Pininfarina. Das Interieur wird jedoch im Centro Stile in Arese entworfen.

Unten links: Die GTV und Spider der ersten Serie der Baureihe 916 sind die letzten Alfas, die in der Fabbrica in Arese produziert werden.

Unten rechts: Ein Hardtop für den Spider ist ab Werk nicht vorgesehen.

GTV und Spider

GTV & Spider 2.0 Twin Spark 16V (1994 bis 2000)
Bereits im März 1994 wurde die GTV- und Spider-Tradition bei Alfa Romeo mit den neuen Modellen der Baureihe 916 wiederbelebt. Beide Autos wurden auf dem Autosalon in Genf präsentiert, waren jedoch erst gegen Ende des Jahres lieferbar, so dass nur wenige Exemplare noch im selben Jahr hergestellt wurden. Das Design stammte einmal mehr aus dem Hause Pininfarina. Die Zweiliter-Twin-Spark-Motoren hatten mit den bekannten Triebwerken von Alfa 75 und 164 nichts mehr gemein, es waren nun komplette Neuentwicklungen auf Basis eines Fiat-Motorblocks. Die obenliegenden Nockenwellen wurden nun von einem Zahnriemen statt von einer Steuerkette angetrieben, und neben Doppelzündung besaß der Vierzylindermotor nun 16 Ventile, was dem Aggregat zu 150 PS verhalf. Sowohl GTV als auch Spider waren mit diesem Motor von Beginn an ausgestattet.

GTV & Spider 2.0 V6 Turbo (1994 bis 2000)
Der 2.0 V6 Turbo Motor war bereits im Alfa 164 im Einsatz und von Beginn an auch im GTV mit 205 PS lieferbar. Im Spider wurde diese Motorisierung allerdings erst ab 1998 mit 202 PS angeboten. Der Spider war auf Wunsch auch mit elektrischem Verdeck bestellbar, ein Hardtop gab es jedoch nie in der Zubehörliste. Alle Modelle hatten ein hervorragendes Fahrwerk mit einer aufwändig konstruierten Mehrlenker-Hinterachse an einem Aluminiumträger. Außerdem wurden die Motorhaube und die Kotflügelabschnitte hinter den Radkästen aus einem Kevlar-Carbon-Faserverbund und Polyester hergestellt, was für geringeres Gewicht und große Steifigkeit sorgte.

Spider 3.0 V6 12V (1994 bis 2000)
Der altbekannte Dreiliter-Busso-V6 mit 12 Ventilen kam nur im Spider zum Einsatz. Das Cabrio war aber schon ab Ende 1994 mit diesem Triebwerk lieferbar und vor allem in Deutschland und in der Schweiz sehr begehrt. Was alle GTV- und Spider-Versionen dieser Baureihe verband, war der kleine Kofferraum und, dass es sich bei beiden nur um Zweisitzer handelte. Das Coupé hatte zwar eine komplette Rücksitzbank, aber die Platzverhältnisse waren nur für Kleinkinder ausreichend, beim Spider gab es wegen des Dachmechanismus hinter den Vordersitzen nur Ablagefächer und etwas Stauraum.

Oben links: Das sportliche Coupé ist vor allem bei jungen Leuten sehr beliebt.

Oben rechts: Das Armaturenbrett ist bei GTV und Spider stets identisch, verändert sich aber im Laufe der Zeit mehrmals.

Unten links: Konsequente Keilform: Beim Coupé ist das Design noch schlüssiger als beim Spider.

Unten rechts: Den Spider gibt es erst ab 2000, vier Jahre nach dem GTV, auch mit dem 3.0 V6 24V Triebwerk zu kaufen.

GTV & Spider 3.0 V6 24V (1996 bis 2000)

Die vorläufig stärkste Motorisierung mit dem 3.0 V6 24V gab es ab 1996 im GTV und ab 2000 auch im Spider zu kaufen. Der Motor war bereits im Alfa 164 erprobt und ebenfalls quer eingebaut, wie alle anderen Motoren der Serie 916. Ab 1998 erfuhren alle Versionen von GTV und Spider kleine Maßnahmen der Modellpflege, das Armaturenbrett erhielt einen Alu-Look und das Scudetto eine Chromumrahmung. 2003 wurde diese Motorisierung vom größeren und 240 PS starken 3,2-Liter-V6 aus dem Alfa 156 GTA abgelöst.

GTV & Spider 1.8 Twin Spark 16V (1998 bis 2000)

Für etwas mehr als zwei Jahre wurde schließlich auch noch die im Alfa 155 angebotene 1,8-Liter-Version des Twin-Spark-Aggregats mit 16 Ventilen bei Spider und GTV ins Angebot aufgenommen. Diese Variante hatte lediglich elf PS weniger als der parallel produzierte Zweiliter und war äußerlich kaum von ihm zu unterscheiden. Da Alfa Romeo anfangs davon ausging, mehr als 20.000 Exemplare der Baureihe jährlich verkaufen zu können, wurde die Produktion zu Beginn im eigenen Werk in Arese angesiedelt und nicht bei Pininfarina, dessen Produktionskapazitäten dafür nicht ausgereicht hätten. Die tatsächlich abgesetzten Stückzahlen lagen jedoch wesentlich unter dieser Planung, deshalb wurde die Fertigung von GTV und Spider im Jahr 2000 von Arese ins Pininfarina-Werk nach Turin verlegt. In Arese liefen etwa 66.000 Exemplare vom Band, weitere rund 16.000 bei Pininfarina, wo Ende 2005 die Fertigung von Spider und GTV eingestellt wurde. In allen Produktionsjahren zusammengenommen wurden lediglich rund 82.000 Fahrzeuge beider Typen hergestellt.

Baujahr	Version (GTV)	Typ	Hubraum	Motorbauart	Leistung	Treibstoff	Fahrgestellnummern	Motor Typ	Produktions-zahlen
1995	2.0 Twin Spark 16V	916.C2	1970 cm³	4 Zylinder in Reihe	150 PS	Benzin	Keine Angaben von Alfa Romeo	AR16201	(1) 4437
	2.0 V6 Turbo	916.C2A	1996 cm³	V6 mit 60° Zylinderwinkel	205 PS	Benzin	Keine Angaben von Alfa Romeo	AR16202	(1) 1722
1996	2.0 Twin Spark 16V	916.C2	1970 cm³	4 Zylinder in Reihe	150 PS	Benzin	Keine Angaben von Alfa Romeo	AR16201	6383
	2.0 V6 Turbo	916.C2A	1996 cm³	V6 mit 60° Zylinderwinkel	205 PS	Benzin	Keine Angaben von Alfa Romeo	AR16202	3431
	3.0 V6 24V (2)	916.C1	2959 cm³	V6 mit 60° Zylinderwinkel	220 PS	Benzin	Keine Angaben von Alfa Romeo	AR16102	212
1997	2.0 Twin Spark 16V	916.C2	1970 cm³	4 Zylinder in Reihe	150 PS	Benzin	Keine Angaben von Alfa Romeo	AR16201	3907
	2.0 V6 Turbo	916.C2A	1996 cm³	V6 mit 60° Zylinderwinkel	205 PS	Benzin	Keine Angaben von Alfa Romeo	AR16202	1071
	3.0 V6 24V (2)	916.C1	2959 cm³	V6 mit 60° Zylinderwinkel	220 PS	Benzin	Keine Angaben von Alfa Romeo	AR16102	1188
1998	1.8 Twin Spark 16V	916.C3	1747 cm³	4 Zylinder in Reihe	144 PS	Benzin	Keine Angaben von Alfa Romeo	AR32201	1162
	2.0 Twin Spark 16V	916.C2	1970 cm³	4 Zylinder in Reihe	150 PS	Benzin	Keine Angaben von Alfa Romeo	AR16201	(4) 2909
	2.0 Twin Spark 16V L	916.C2C	1970 cm³	4 Zylinder in Reihe	155 PS	Benzin	Keine Angaben von Alfa Romeo	AR16201	(4) 2909
	2.0 V6 Turbo	916.C2A	1996 cm³	V6 mit 60° Zylinderwinkel	205 PS	Benzin	Keine Angaben von Alfa Romeo	AR16202	4
	2.0 V6 Turbo L	916.C2A	1996 cm³	V6 mit 60° Zylinderwinkel	205 PS	Benzin	Keine Angaben von Alfa Romeo	AR16202	522
	3.0 V6 24V (2)	916.C1	2959 cm³	V6 mit 60° Zylinderwinkel	220 PS	Benzin	Keine Angaben von Alfa Romeo	AR16102	54
	3.0 V6 24V (3)	916.C1	2959 cm³	V6 mit 60° Zylinderwinkel	220 PS	Benzin	Keine Angaben von Alfa Romeo	AR16102	1809
1999	1.8 Twin Spark 16V	916.C3	1747 cm³	4 Zylinder in Reihe	144 PS	Benzin	Keine Angaben von Alfa Romeo	AR32201	1257
	2.0 Twin Spark 16V L	916.C2C	1970 cm³	4 Zylinder in Reihe	155 PS	Benzin	Keine Angaben von Alfa Romeo	AR16201	2182
	2.0 V6 Turbo L	916.C2A	1996 cm³	V6 mit 60° Zylinderwinkel	205 PS	Benzin	Keine Angaben von Alfa Romeo	AR16202	47
	3.0 V6 24V (3)	916.C1	2959 cm³	V6 mit 60° Zylinderwinkel	220 PS	Benzin	Keine Angaben von Alfa Romeo	AR16102	1170
2000	1.8 Twin Spark 16V	916.C3	1747 cm³	4 Zylinder in Reihe	144 PS	Benzin	Keine Angaben von Alfa Romeo	AR32201	454
	2.0 Twin Spark 16V L	916.C2C	1970 cm³	4 Zylinder in Reihe	155 PS	Benzin	Keine Angaben von Alfa Romeo	AR16201	1212
	2.0 V6 Turbo L	916.C2A	1996 cm³	V6 mit 60° Zylinderwinkel	205 PS	Benzin	Keine Angaben von Alfa Romeo	AR16202	121
	3.0 V6 24V (3)	916.C1B	2959 cm³	V6 mit 60° Zylinderwinkel	218 PS	Benzin	Keine Angaben von Alfa Romeo	AR16102	770
								TOTAL	**36.024**

(1) = Inkl. wenige Exemplare von 1994 / (2) = 5-Gang Getriebe / (3) = 6-Gang Getriebe / (4) = Gesamtstückzahl der jeweiligen Motorisierung

Baujahr	Version (Spider)	Typ	Hubraum	Motorbauart	Leistung	Treibstoff	Fahrgestellnummern	Motor Typ	Produktions-zahlen
1995	2.0 Twin Spark 16V	916.S2C	1970 cm³	4 Zylinder in Reihe	150 PS	Benzin	Keine Angaben von Alfa Romeo	AR16201	(1) 4716
	3.0 V6 12V	916.S1	2959 cm³	V6 mit 60° Zylinderwinkel	192 PS	Benzin	Keine Angaben von Alfa Romeo	AR16101	(1) 955
1996	2.0 Twin Spark 16V	916.S2C	1970 cm³	4 Zylinder in Reihe	150 PS	Benzin	Keine Angaben von Alfa Romeo	AR16201	5918
	3.0 V6 12V	916.S1	2959 cm³	V6 mit 60° Zylinderwinkel	192 PS	Benzin	Keine Angaben von Alfa Romeo	AR16101	955
1997	2.0 Twin Spark 16V	916.S2C	1970 cm³	4 Zylinder in Reihe	150 PS	Benzin	Keine Angaben von Alfa Romeo	AR16201	4009
	3.0 V6 12V	916.S1	2959 cm³	V6 mit 60° Zylinderwinkel	192 PS	Benzin	Keine Angaben von Alfa Romeo	AR16101	619
1998	1.8 Twin Spark 16V	916.S3	1747 cm³	4 Zylinder in Reihe	144 PS	Benzin	Keine Angaben von Alfa Romeo	AR32201	1287
	2.0 Twin Spark 16V	916.S2C	1970 cm³	4 Zylinder in Reihe	150 PS	Benzin	Keine Angaben von Alfa Romeo	AR16201	(2) 3309
	2.0 Twin Spark 16V L	916.S2B	1970 cm³	4 Zylinder in Reihe	155 PS	Benzin	Keine Angaben von Alfa Romeo	AR16201	(2) 3309
	2.0 V6 Turbo	916.S2A	1996 cm³	V6 mit 60° Zylinderwinkel	202 PS	Benzin	Keine Angaben von Alfa Romeo	AR16202	109
	3.0 V6 12V	916.S1	2959 cm³	V6 mit 60° Zylinderwinkel	192 PS	Benzin	Keine Angaben von Alfa Romeo	AR16101	591
1999	1.8 Twin Spark 16V	916.S3	1747 cm³	4 Zylinder in Reihe	144 PS	Benzin	Keine Angaben von Alfa Romeo	AR32201	1134
	2.0 Twin Spark 16V L	916.S2B	1970 cm³	4 Zylinder in Reihe	155 PS	Benzin	Keine Angaben von Alfa Romeo	AR16201	2717
	2.0 V6 Turbo	916.S2A	1996 cm³	V6 mit 60° Zylinderwinkel	202 PS	Benzin	Keine Angaben von Alfa Romeo	AR16202	321
	3.0 V6 12V	916.S1	2959 cm³	V6 mit 60° Zylinderwinkel	192 PS	Benzin	Keine Angaben von Alfa Romeo	AR16101	325
2000	1.8 Twin Spark 16V	916.S3	1747 cm³	4 Zylinder in Reihe	144 PS	Benzin	Keine Angaben von Alfa Romeo	AR32201	430
	2.0 Twin Spark 16V L	916.S2B	1970 cm³	4 Zylinder in Reihe	155 PS	Benzin	Keine Angaben von Alfa Romeo	AR16201	2589
	2.0 V6 Turbo	916.S2A	1996 cm³	V6 mit 60° Zylinderwinkel	202 PS	Benzin	Keine Angaben von Alfa Romeo	AR16202	14
	3.0 V6 12V	916.S1	2959 cm³	V6 mit 60° Zylinderwinkel	192 PS	Benzin	Keine Angaben von Alfa Romeo	AR16101	293
	3.0 V6 24V	916.S1B	2959 cm³	V6 mit 60° Zylinderwinkel	218 PS	Benzin	Keine Angaben von Alfa Romeo	AR16105	94
								TOTAL	**30.385**

(1) = Inkl. wenige Exemplare von 1994 / (2) = Gesamtstückzahl von TS und TS L

Links: Nach wie vor ein echter Hingucker ist der Arese-V6 mit seinen sechs verchromten Ansaugrohren.

Rechts: Gut zehn Jahre lang wird der Spider der Serie 916 gebaut.

Der Antrieb

Getriebe und Motoren

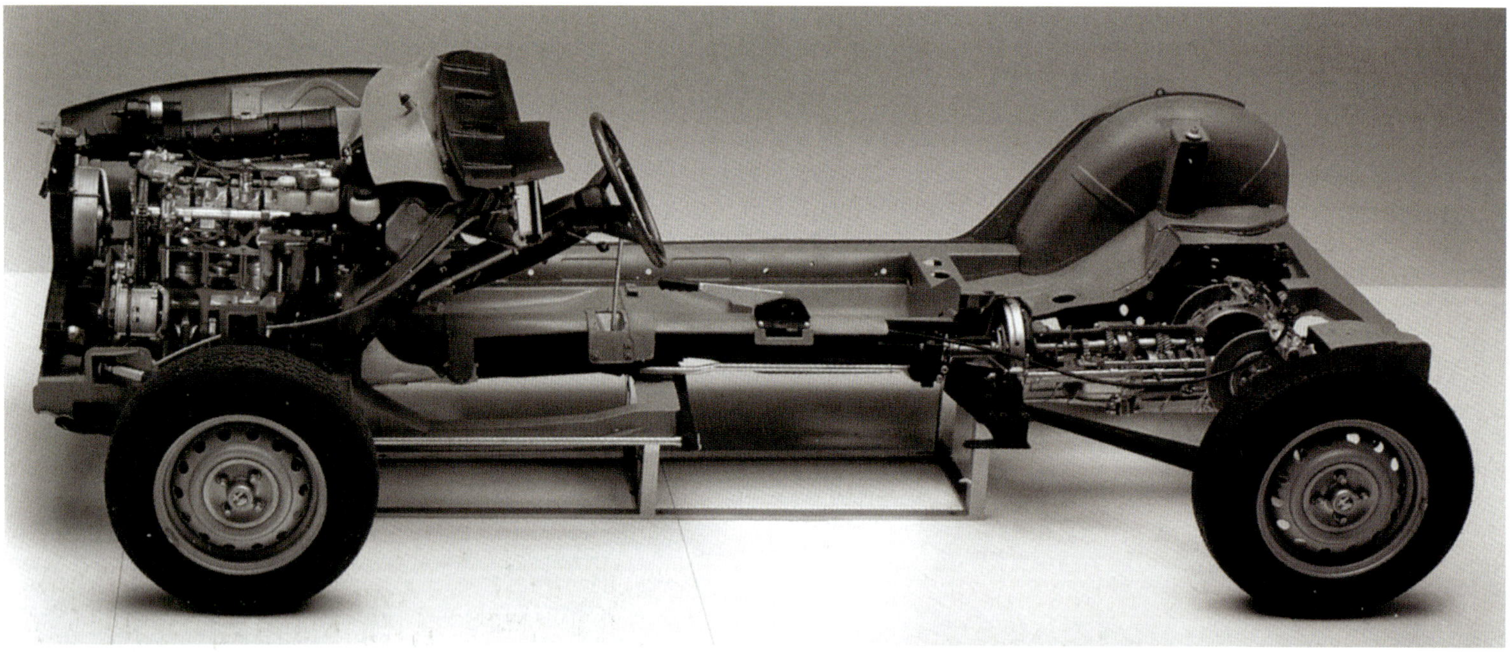

Oben: Das Schnittmodell der Alfetta zeigt auch das Innere von Transaxlegetriebe und Vierzylindermotor.

Unten links: Mustergültig: Die Transaxle-Hinterachseinheit mit DeDion-Achse, Kupplung, Getriebe, Differenzial und innenliegenden Bremsen ist vom Feinsten.

Unten rechts: Vorratshaltung: Hier sind im Alfa-Romeo-Werk Arese Motoren und Getriebe untergebracht.

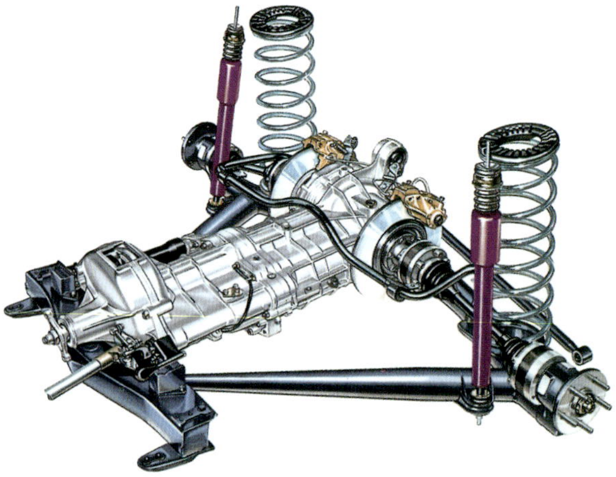

Der Antrieb
Getriebe und Motoren

Das Transaxle-Getriebe

Nach der Ära „105“, also nach der Zeit von Giulia und Giulia Sprint, begann mit der Alfetta eine neue Epoche bei Alfa Romeo in Arese. Die neue Limousine und die folgenden Modelle Giulietta, Alfetta Coupé, Alfa 90 und 75 waren alle auf derselben Bodengruppe aufgebaut und mit dem neu konstruierten Transaxle-Getriebe in DeDion-Bauweise ausgestattet. Das Besondere neben der aufwendigen Konstruktion war auch das „Made in Arese“.

Transaxle steht für die Anordnung von Getriebe und Differenzial an der Hinterachse. Durch diese Verteilung der Komponenten wird auch das Fahrzeuggewicht annähernd gleich auf Vorder- und Hinterachse verteilt. Eine optimale Lösung, die ausgewogenes Fahrverhalten, außergewöhnliche Stabilität und verbesserte Lenkbarkeit garantiert.

Die Hinterachse in DeDion-Bauweise ist eine Starrachse, der Achsantrieb bleibt jedoch von der Achse getrennt. Er ist am Aufbau befestigt, um die größten Massen aus dem ungefederten Teil der Achse herauszunehmen. Die Kraftübertragung erfolgt über Gelenkwellen mit je zwei homokinetischen Gelenken mit zusätzlichem Längenausgleich. Die Seitenführung der Hinterachse übernehmen zwei an einem Zwischenhebel angreifende Querstreben, das so genannte Wattgestänge, die die Räder auch bei Kurvenfahrt senkrecht zur Straße halten sollen.

Nachteil der aufwendigen Konstruktion mit dem hinten liegenden Getriebe ist der lange Schalthebelweg, der das exakte und schnelle Sortieren der Gänge erschwert. Die Kraftübertragung vom Motor zum Getriebe übernimmt eine zweiteilige Kardanwelle, die an beiden Enden mit

Links: Am Fließband werden die Getriebeeinheiten Stück für Stück zusammengebaut.

Oben rechts: Die Getriebe werden in der Halle „gruppi meccanici“ hergestellt.

Unten mittig: Nach dem Bearbeiten der Gussteile geht es gleich zur Montage.

Unten rechts: Kurz vor dem Einbau ins Fahrzeug werden die Getriebe mit dem Achskörper zu einer Einheit verbunden.

Polygongummigelenken befestigt ist, um Schwingungen und Vertikalbewegungen aufzufangen. Zusätzlich ist sie in der Mitte gelagert und mit einem dritten Gummigelenk versehen.

Am Getriebeeingang sitzt die Kupplung, eine Ein- oder Mehrscheiben-Trockenkupplung mit verschiedenen Durchmessern, je nach Motortyp. Die Betätigung mit automatischem Spielausgleich erfolgt ausschließlich hydraulisch, das gestattet mühelose und präzise Bedienung der Kupplung bei geringem Kraftaufwand. Häufiges Schalten auf kurvenreichen Strecken und im Stadtverkehr wird somit außerordentlich erleichtert.

Dieses Getriebe, ein weiteres technisches Highlight der Alfa-Romeo-Konstrukteure, war indessen keine Neuerfindung, denn schon die Ur-Alfetta, der Rennwagen, der 1950 und 1951 die Formel-1-Weltmeisterschaft für Alfa Romeo holte, war mit einem Getriebe nach diesem Prinzip ausgerüstet. Für die neuen Alfa-Modelle wurde das Transaxle-Konzept jedoch modernisiert und komplett neu konstruiert. Planung und Konstruktion lagen in der Hand der Abteilung „costruzioni sperimentali“, Herstellung und Montage erfolgten in den Hallen „gruppi meccanici“ des Stabilimento Arese. Das Gehäuse der Einheit bestand komplett aus einer Aluminiumlegierung und wurde in der eigenen Gießerei „fonderia“ produziert.

Alle Vorwärtsgänge waren schrägverzahnt und hatten Porsche-Synchronisierung. Der Rückwärtsgang war geradverzahnt und unsynchronisiert. Die Übersetzungsverhältnisse von Getriebe und Hinterachse wurden so gewählt, dass der bestmögliche Kompromiss zwischen niedrigem Verbrauch (längere Gänge) und Leistung (kurze Übersetzungen) erzielt wurde. Sie variierten deshalb auch von Modell zu Modell. Nach dem Zusammenbau der Getriebeeinheit wurde sie mit Achsen, Aufhängung und Bremsen vervollständigt und in die Montagehalle für den Einbau weitergeleitet.

Trotz der aufwändigen und teuren Bauweise war das Getriebe äußerst wartungsfreundlich. Ein Fachmann vermag die Kupplung binnen zweier Stunden zu ersetzen, für Aus- und Einbau des Getriebeflansches mit beiden Getriebewellen benötigt er rund vier Stunden. Diese Art von Getriebe wurde noch bis 1993 in Arese produziert. Die letzten wurden für die limitierten Zagato-Modelle Coupé SZ und Roadster RZ hergestellt. In die Frontantriebs-Modelle ab 1988, beginnend mit Alfa 164 und 155, wurden dann Getriebe von Fiat eingebaut.

Oben: Die Motorenwerkstatt mit ihren vielen Prüfständen

Unten links: Das mehrfach prämierte Meisterwerk von Ingenieur Giuseppe Busso ist der 2.5 V6.

Unten rechts: Den Vierzylinder-Reihenmotor gibt es in zahlreichen Größen von 1290 bis 1962 cm³.

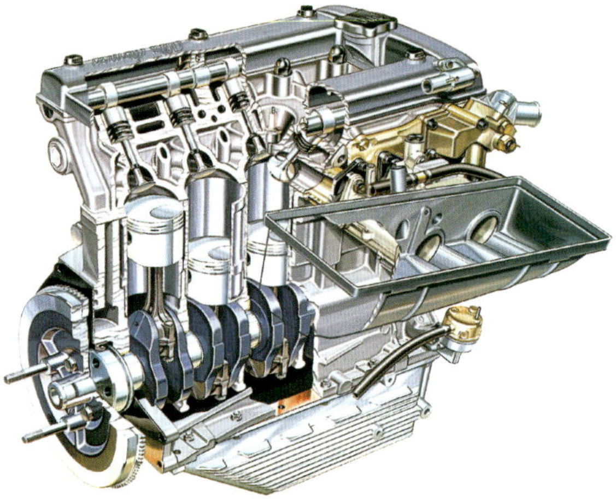

Die Motoren

Im Motorenwerk von Arese wurden auch die Triebwerke der Autos von Grund auf geplant, produziert und zusammengebaut. Neben dem vielgerühmten und mehrfach prämierten V6-Motor mit einem Gabelwinkel von 60°, der im Alfa 6 Premiere feierte und anschließend bis 2005 in diversen Ausbaustufen in Arese weiterentwickelt wurde, kam auch der bekannte „Doppelnocker" in verschiedenen Hubraumgrößen aus der Motorenschmiede der Fabbrica.

Zu Beginn der Fahrzeugproduktion in Arese, als die Halle des Motorenwerks noch nicht stand, wurden die Aggregate nach wie vor im Werk Portello gebaut und nach Arese an die Montagebänder geliefert. Erst ab 1974, nach der Fertigstellung der Halle „gruppi meccanici", in der sämtliche mechanischen Teile produziert wurden, fand auch der komplette Motorenbau im modernen Werk statt. Eine Ausnahme bildeten die Dieseltriebwerke, die bei VM eingekauft wurden.

Oben links: Die Vierzylinder warten auf den Einbau in die nagelneuen Giulias.

Oben rechts: Die Dieselmotoren stammen alle von der Firma VM Motori.

Unten links: Den „Doppelnocker" gibt es auch mit mechanischer Einspritzung. Die produziert die Schwesterfirma Spica (Società Pompe Iniezione Cassani & Affini).

Unten mittig: Mit den Jahren wird das klassische Triebwerk ständig verbessert. Hier die Zweiliterversion für den Alfa 75 mit elektronischer Einspritzung.

Unten rechts: Auch das Turbotriebwerk des Alfa 75 ist „nur" ein modifizierter Doppelnocker.

Gestartet wurde die Motorenproduktion in Arese mit den bekannten Vierzylinder-Reihenmotoren der Giulia. Motorblock und Zylinderkopf waren aus einer Leichtmetalllegierung und wurden in der Gießerei produziert. Im Block sind „nasse" Zylinderlaufbuchsen aus Grauguss montiert, die unmittelbar vom Kühlwasser umspült und gekühlt werden. Sie lassen sich einzeln ersetzen. Zwei von einer Kette angetriebene obenliegende Nockenwellen steuern die V-förmig angeordneten Ventile im Zylinderkopf, wobei große Einlassventile für gute Füllung sorgen.

Diese Motoren, kurz oft „Doppelnocker" genannt, gab es in den verschiedensten Varianten. Sie hatten einen Fallstromvergaser oder zwei Doppelvergaser von diversen Herstellern wie Solex, Weber oder Dell'Orto oder eine mechanische Einspritzung von Spica. Die Motoren gab es in Hubraumgrößen von 1300 bis 2000 cm³. Ab 1988 wurden diese Motoren mit elektronischen Einspritzsystemen ausgerüstet, um spritsparenderen und ökologischeren Betrieb zu ermöglichen und um die immer strengeren Abgasvorschriften einhalten zu können. Beim Alfa 75 gab es das Aggregat ab 1987 sogar mit Turbolader. Eingebaut wurde dieser Vierzylinder, der über die ganzen Jahre in seiner Grundkonstruktion annähernd gleich geblieben ist, unter anderem in die Arese-Modelle Giulia, Giulia Sprint, Spider, Alfetta, Alfetta GT/GTV, Giulietta, Alfa 75 und Alfa 90.

Links: Aufgebaut auf demselben Block entsteht auch der Twin-Spark-Motor mit modernerem Zylinderkopf.

Rechts: Auch der V8-Motor des Alfa Romeo Montreal wird in Arese gebaut und mit einer Spica-Einspritzung versehen.

1987 wurde im Alfa 75 erstmals der neue Twin-Spark-Motor vorgestellt. Genau genommen handelte es sich um eine Weiterentwicklung des mittlerweile in die Jahre gekommen „Doppelnockers“. Der Motor, zweifelsfrei ein Highlight der damaligen Epoche, hatte einen neu entwickelten Zylinderkopf mit zwei Zündkerzen pro Zylinder, ähnlich wie beim legendären Giulia Sprint GTA, und brachte in Verbindung mit der elektronischen Benzineinspritzung von Bosch 17 PS mehr auf die Hinterräder als sein gleich großer Vergaser-Vorgänger, der noch eine Zeitlang parallel produziert wurde.

Treu geblieben war Alfa dem Bauprinzip mit Motorblock und Zylinderkopf aus einer Leichtmetalllegierung mit direkt gekühlten nassen Zylinderlaufbuchsen. Neu wiederum war der Phasenwandler, ein von Alfa Romeo entwickeltes und patentiertes System zur Optimierung der Zylinderfüllung. Dieser elektrisch betätigte Mechanismus auf der Stirnseite der Einlass-Nockenwelle verstellte im Betrieb die Steuerzeiten abhängig von Motordrehzahl, Last und Temperatur, was die maximale Füllung der Brennräume gewährleistete. In Verbindung mit der Doppelzündung verläuft so die Verbrennung rascher und gründlicher, was außer zu mehr Leistung und Drehmoment auch zur Verringerung des Kraftstoffverbrauchs und der Abgasemissionen führte. Da leistete Alfa Romeo einmal mehr Pionierarbeit und wurde später von zahlreichen Konkurrenten kopiert. Wie bei der Vergaserversion blieb Alfa dem Doppelzünder mit zwei obenliegenden Nockenwellen und Kettenantrieb noch lange treu. So kam er schließlich auch in den Modellen 164 und 155 zum Einsatz.

Ebenfalls aus Areser Produktion kam der V8 des Alfa Montreal. Das Triebwerk stammt ursprünglich aus dem 270 PS starken Rennwagen Tipo 33/2 und wurde 1967 für den Tipo 33 Stradale von zwei Litern Hubraum auf 2593 cm^3 aufgebohrt, die Leistung sank jedoch auf 230 PS. Im Montreal wurde der V8 schließlich um weitere 30 PS auf 200 PS gedrosselt. Der Achtzylinder aus einer Aluminiumlegierung hatte vier obenliegende Nockenwellen und eine mechanische Saugrohreinspritzung der Partnerfirma Spica und war mit einer Trockensumpfschmierung ausgerüstet, wie sie sonst eigentlich nur Rennwagen besitzen.

Leider war dieses Aggregat alles andere als spritsparend, unter 16 Litern pro 100 Kilometer ging kaum etwas. Vermutlich auch darum war dem Motor kein großer Erfolg beschieden, denn kurz nach dem Erscheinen des Montreal stürzte die Welt in die erste bedeutende Ölkrise, in der die Treibstoffpreise massiv stiegen und die Produktion von Montreal und V8-Motor auf je knapp 4000 Stück begrenzt wurde, weil nun schlicht die Käuferschaft fehlte.

Oben links: Vorn im Bild sind zwei einbaufertige V6 zu sehen, dahinter sind Vierzylinder aufgestapelt.

Oben rechts: Ab 1980 gibt es den Sechszylinder nur noch mit elektronisch geregelter Einspritzanlage von Bosch.

Unten links: Der erste Busso-V6 hat noch sechs einzelne Fallstromvergaser.

Unten rechts: Das V6-Triebwerk wird stetig weiterentwickelt. Als letzte Evolutionsstufe leistet der Motor in den GTA-Modellen von Alfa 156 und 147 satte 250 PS.

Den Glanzpunkt der Motorenbaukunst in Arese stellt indessen das V6-Triebwerk dar. Der oft nach seinem Konstrukteur als „Busso" benannte Sechszylinder war unumstritten ein Meisterwerk der Ingenieure um Giuseppe Busso. Block und Zylinderköpfe waren wie bei den Reihenmotoren aus einer Leichtmetalllegierung. Die Zylinderlaufbuchsen aus Grauguss sind wieder „nass", werden also auch direkt vom Kühlwasser umspült und gekühlt und lassen sich einzeln ersetzen. Zwei von einem Zahnriemen angetriebene obenliegende Nockenwellen steuern die V-förmig angeordneten Ventile.

Zunächst kam das Aggregat 1979 mit 2492 cm³ Hubraum und 160 PS, noch mit sechs Einzelvergasern bestückt, im Alfa 6 zum Einsatz, danach in modernisierter Version mit einer elektronischen Einspritzung von Bosch auch im GTV6, im Alfa 90, im 75 2.5 QV und im 155 2.5 V6.

Dieser Motor hatte jedoch noch viel Spielraum nach oben. So erweiterte Alfa Romeo den Hubraum zuerst auf drei Liter und bestückte damit erst die Modelle 75 3.0 Amerika und QV, später auch den Alfa 164 und die Dreiliter-Versionen von GTV und Spider. Natürlich wurde das elektronische Motormanagement stets auf den jüngsten Stand der Technik gebracht, der Motor blieb aber bis auf Hub und Bohrung praktisch identisch mit dem 2,5-Liter-V6.

2003 ging die letzte Evolutionsstufe des V6, nun mit 24 Ventilen, in Produktion. Mit einem Hubraum von 3179 cm³ leistete der Motor in GTV und Spider 240 PS, in den beiden GTA-Modellen von Alfa 147 und 156 gar serienmäßig 250 PS. Im Jahr 2005, als auch die letzte produktive Halle in Arese, die der Motorenfertigung, geschlossen wurde, endete auch die erfolgreiche Ära der „Busso"-Aggregate.

Die Teppichetage
Das Centro Direzionale

Oben: Das Centro Direzionale wird etwas abseits in der Nähe der Autobahn errichtet.

Mitte: Aus einer ganzen Reihe von Projektvorschlägen wird schließlich jener mit den vier Quadern ausgewählt.

Unten links: Zum Centro Direzionale gehört das Museum im Vordergrund, im Hintergrund sind das Silo und die Neuwagenabstellplätze zu sehen.

Unten rechts: Heute ist die ehemalige Mensa ein Veranstaltungsraum für Firmenanlässe.

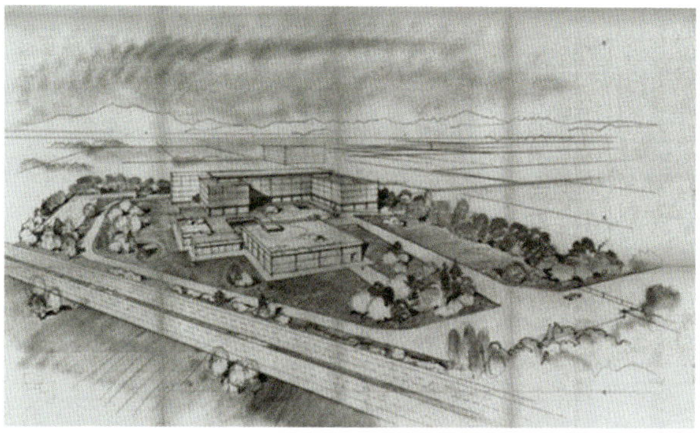

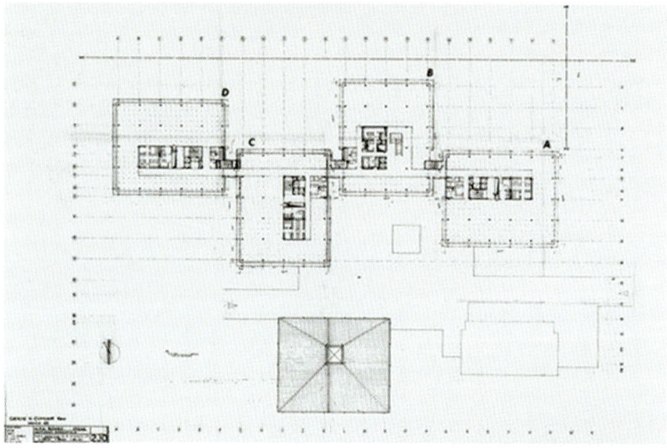

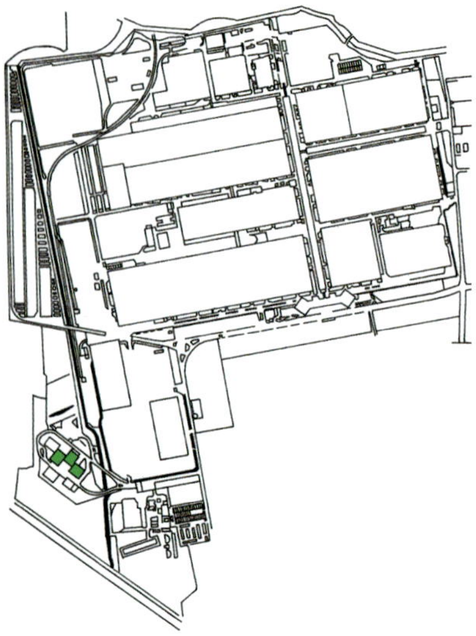

Die Teppichetage
Das Centro Direzionale

Für die Unternehmensleitung gab es anfangs noch gar keinen Platz in den ersten Gebäuden des Areser Komplexes. Zunächst galt es, die vollständige Produktion in der neuen Fabrik in Gang zu bringen. Die Direktion behielt also ihren Sitz nach dem Spatenstich vorerst noch ein paar Jahre lang in Mailand in den Büros in Portello.

In der vierten und letzten Bauphase des riesigen Werks war dann endlich auch ein Gebäudekomplex eingeplant, der die komplette Verwaltung beherbergen sollte. Das Ensemble aus vier quadratischen Bauwerken und einem fast ebenerdigen fünften Gebäude wurde etwas abseits der übrigen Anlage errichtet und befand sich als einziges komplett auf dem Boden der Gemeinde Rho. Projektiert und gezeichnet hatten die Gebäudegruppe mit den auffälligen vier Quadern die Architekten-Brüder Vito und Gustavo Latis.

Außer der Firmenleitung und der Verwaltung fanden im edel ausgestatteten Gebäude auch das Werksmuseum und das historische Archiv ihren Platz. Im fünften und kleinsten Haus fand sich für die Angestellten eine Mensa mit Küche. Heute, nach umfangreicher Renovierung, ist dort ein Saal zu finden, in dem am 24. Juni 2015 auch die aufwändig inszenierte Präsentation der neuen Giulia zelebriert wurde.

Oben links: Fürs sachlich-elegante Centro Direzionale werden edle Materialien verwendet.

Oben rechts: Einsames Grün: Wie ein Fremdkörper mutet der Pflanzenkübel im 70er-Technik-Flair an.

Mitte: Das Verwaltungsgebäude hat eine eigene Kantine mit Großküche.

Unten links: Die Mensa bietet mehr als 500 Gästen Platz.

Unten rechts: Auch die Verwaltungskantine wird gut angenommen.

Oben links: Die Büroräume sind offen und nur durch Schränke in kleinere Einheiten getrennt.

Oben rechts: Büroarchitektur anno 1974

Unten links: Schreibmaschinen und Ablagekörbe dominieren die Büros des Centro Direzionale in den 70ern. Computer sind noch selten.

Unten rechts: Dank der durchgehenden Fensterfronten sind die Räume hell.

Neben zahlreichen Büros und diversen Sitzungs- und Konferenzräumen gab es ein Auditorium, einen theaterähnlichen Raum mit Platz für mehr als dreihundert Personen für Vorführungen, Präsentationen und Lesungen. Das Auditorium wurde im Zuge der Erneuerung in ein 4D-Kino umgebaut, das den Besuchern des Museums offensteht und in dem ein computerspielähnlicher Film mit animierten Alfa-Romeo-Rennwagen gezeigt wird.

Unter den fünf Gebäuden finden sich zudem eine große Tiefgarage für die vielen Fahrzeuge, die nicht im Museum stehen, sowie eine Werkstatt, in der die historischen Wagen für die Ausstellung oder für die weltweiten Events hergerichtet und repariert werden. Während der Renovierung der Gebäude waren diese Räume leer, heute werden sie jedoch wieder für denselben Zweck, also für Lagerung und Reparatur der Fahrzeuge verwendet.

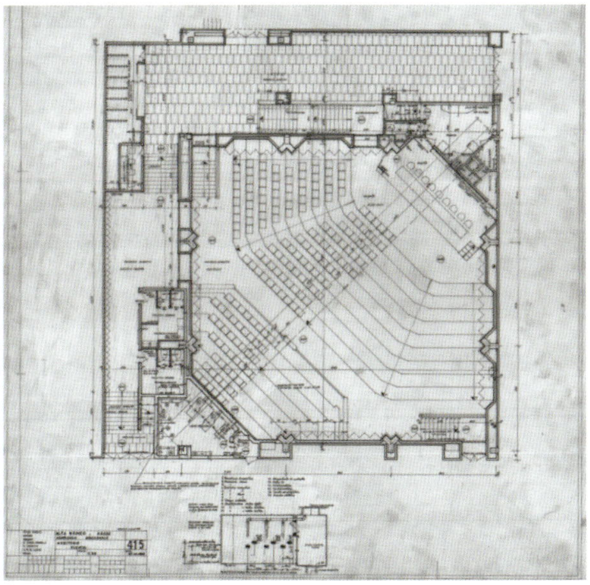

Oben links: Der große Sitzungsraum der Direktion findet sich im obersten Stockwerk.

Oben rechts: Das Auditorium im Untergeschoss kurz nach der Fertigstellung. Es bietet mehr als 300 Menschen Platz.

Unten links: Wie der Hörsaal einer Uni ist das Auditorium geplant.

Unten rechts: Heute ist das Auditorium ein 4D-Kino und steht den Besuchern des Museums offen.

Oben: Auf dem Dach der teilweise renovierten Gebäude thront wieder ein großer Alfa-Romeo-Schriftzug.

Mitte links: Vor dem Eingang des renovierten Museums findet sich heute auch eine Boutique mit Büchern und Accessoires.

Mitte rechts: Ein Blick in den neuen Alfa-Show-Room: Auch er findet sich im ehemaligen Centro Direzionale.

Unten: Vor dem Gebäudekomplex wird 2015 auch eine kleine Rennpiste angelegt.

Seit dem Umbau und der Präsentation der neuen Giulia thront auf dem Dach des Centro Direzionale endlich auch ein großer Alfa-Romeo-Schriftzug, der von der nahegelegenen Autobahn sehr gut sichtbar ist und deutlich auf das Unternehmen aufmerksam macht. Außerdem wurden die Gebäude neben dem renovierten Museum um moderne Showräume für Alfa Romeo und die Konzernmarke Jeep sowie um Bar und Restaurant ergänzt.

Oben links: Giuseppe Eugenio Luraghi ist der wohl einflussreichste und zugleich beliebteste Präsident von Alfa Romeo.

Oben rechts: Ermanno Guani tritt ein schwieriges Erbe an und übt das Amt nur ein Jahr lang aus.

Unten links: Gaetano Cortesi ist von 1974 bis 1978 Präsident von Alfa Romeo. Hier mit einer Alfetta GTV vor dem Centro Direzionale.

Unten mittig: Ettore Massacesi hält sich acht Jahre lang im Sattel, ist bei der Belegschaft jedoch unbeliebt und für viele verantwortlich für die Misswirtschaft des Unternehmens.

Unten rechts Vittorio Ghidella ist ab 1979 Geschäftsführer von Fiat und nach der Übernahme auch für zwei Jahre bei Alfa Romeo.

Obwohl sich Alfa-Präsident Giuseppe Luraghi während seiner Amtszeit stark für den Bau des Centro Direzionale einsetzte, kam er selbst nicht mehr in den Genuss, dort sein Geschäftszimmer zu beziehen, denn die Fertigstellung der Büros datiert auf 1974, also ein Jahr nach der erzwungenen Absetzung des bei den Angestellten äußerst beliebten Präsidenten. Luraghis Nachfolger Ermanno Guani konnte sich in der Zeit der Energiekrise nicht lange im Sattel halten, und schon nach einem knappen Jahr verließ er das Unternehmen wieder. In der „Ära Arese" besetzten von 1960 bis zum Verkauf an Fiat 1986 folgende Herren den Posten des Präsidenten bei Alfa Romeo:

1960 – 1973: Giuseppe Luraghi
1973 – 1974: Ermanno Guani
1974 – 1978: Gaetano Cortesi
1978 – 1986: Ettore Massacesi
1986 – 1988: Vittorio Ghidella

Die Designschmiede
Das Centro Stile

Links: Schönschrift: Dahinter wird edles Design gemacht.

Rechts: Außer für das Concept Car „Proteo“ war de Silva auch für das Design der Schwestermodelle 145 und 146 verantwortlich.

Unten: Die Designabteilung wechselt erst 1990 nach Arese ins ehemalige Ersatzteillager.

Die Designschmiede
Das Centro Stile

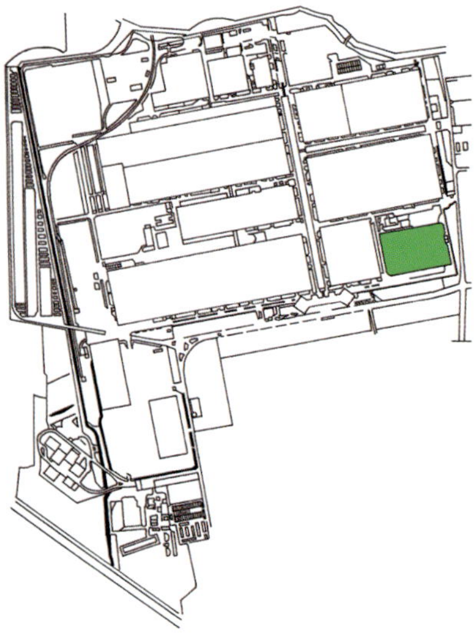

Alfa Romeo ist für viele Automobilliebhaber nicht nur eine Automarke, Alfa Romeo war auch stets ein Synonym für Sportlichkeit, Design und Stil. Der Name steht für italienisches Temperament, das die Designer stets in rasante und edle Karosserien zu kleiden wussten. Die Formensprache der Alfa-Designer war denn auch immer etwas Spezielles. In den mehr als hundert Jahren Firmengeschichte entstanden so immer wieder veritable Designikonen unter dem Label mit dem Biscione.

Dazu gehören solch einzigartige Kunstwerke des Automobildesigns wie 8C 2900 Tipo B, 6C 2500 Super Sport, 33 Stradale und die Ur-Giulia. In der Neuzeit zählten Alfa 156, 147 und 166 zu den schönsten Kompakten und Limousinen, die es auf dem Markt zu kaufen gab, und seit Beginn des neuen Millenniums gehören der Alfa 159, der wunderschöne 8C Competizione, der Leichtbauflitzer 4C und die neue Giulia-Limousine in den Kreis der attraktivsten Automobile.

Während die Sportlichkeit hauptsächlich aufs Konto der Ideen und Fertigkeiten der Ingenieure im Motoren- und Fahrwerksbau ging, waren für die optischen Reize die Karosseriedesigner zuständig. Der erste Eindruck war und ist immer von Bedeutung, meist auch (kauf-) entscheidend. Immerhin sticht als erstes die äußere Erscheinung eines Automobils ins Auge, bevor man sich Gedanken über die inneren Werte des Fahrzeugs macht.

Natürlich sind die Geschmäcker verschieden, aber mit erstaunlich vielen Meisterstücken haben die Alfa-Romeo-Designer es immer wieder verstanden, voll ins Schwarze zu treffen. Ein Alfa Romeo war stets ein Auto mit unverwechselbarem Charme und dem gewissen Etwas, das ihn beeindruckend und begehrenswert erscheinen lässt, das die Freude, ihn zu betrachten, ihn zu besitzen, ihn zu fahren vollkommen machte.

Die wichtige Aufgabe des Karosseriedesigns übernahmen oft externe Designbüros. Anfangs war dies vor allem Touring, neben vielen anderen Kreationen gehören der 6C 2500 Villa d'Este und das 1900-Coupé zu den bemerkenswertesten Stücken aus der Carozzeria in Mailand. Später kamen weitere Designschmieden dazu, Firmen wie I.DE.A. und die noch heute bekannten Pininfarina, Zagato, Bertone und Giugiaro. Doch Alfa Romeo hatte auch stets eigene Zeichner in seinen Diensten.

Sie alle standen immer wieder vor der großen Herausforderung, den zahllosen Designikonen eine weitere hinzuzugesellen, die wiederum edel, elegant, sportlich und eigenständig sein sollte – und sich verkaufen ließ. Um all diesen Ansprüchen gerecht zu werden, wurde 1950 das „Ufficio Tecnico“ gegründet, aus dem 1956 das hauseigene Styling-Center „Centro Stile Alfa Romeo“ wurde. Zunächst arbeiteten Zeichner und Entwickler noch sehr lange im Werk Portello in Mailand.

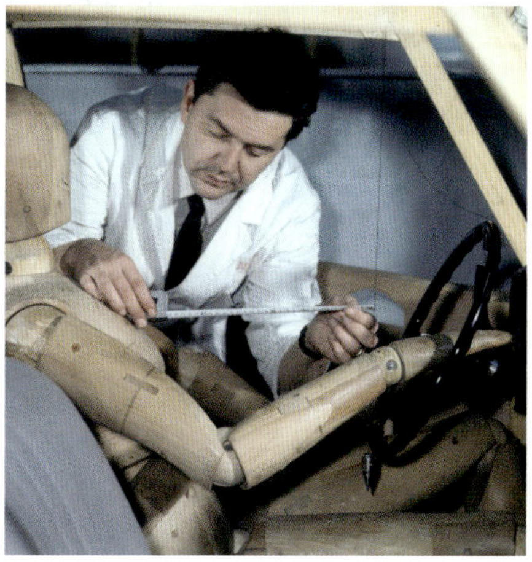

Oben links: Teambesprechung im alten Centro Stile Portello

Oben rechts: Das Modellieren von Fahrzeugentwürfen im Kleinformat mit Knetmasse wird später auch in Arese noch viele Jahre angewendet.

Mitte links: Die Platzverhältnisse im Portello sind knapp und die Einrichtung ist veraltet, der Umzug des Centro Stile nach Arese ist unumgänglich.

Mitte: Eine hölzerne Gliederpuppe dient für Sitzproben und fürs Maßnehmen.

Mitte rechts: Diverse Schablonen erleichtern die Formübertragung auf die Holztafeln.

Unten: Die Designer sind allesamt begnadete Künstler.

Oben links: Eine Mitarbeiterin wählt Stoffe für das Interieur aus.

Oben rechts: Im Holzgerippe entsteht der Innenraum der Giulia-Limousine. Im Vordergrund ist die Front einer Giulia GT zu sehen.

Mitte links: Viele Designstudien wurden nie verwirklicht. Das gilt auch für die blaue Limousine hinter den Miniaturmodellen.

Mitte rechts: Für erste 1:1-Modelle wird Gips auf Stahlgitter aufgetragen und anschließend in die gewünschte Form gebracht.

Unten: Das Verfahren ist aufwändig und bedarf großen Könnens.

Oben links: Die komplette Ricambi-Halle wird 1990 für das neue Centro Stile von Alfa Romeo umgebaut.

Oben rechts: Irgendwann kommen auch Computer für das computergestützte Design (CAD) zur Anwendung.

Unten links: Walter de Silva beobachtet die Arbeit an einem Modell des neuen Alfa Spider.

Unten rechts: Zwei Modelle des Concept Cars Proteo, das unter anderem die Basis für den neuen Spider/GTV sein wird.

1987, nach der erfolgreichen Entwicklung des Alfa 75 durch den damaligen Chefdesigner Ermanno Cressoni, wurde die Verantwortung für das neue Flagschiff, den Alfa 164, allerdings an Pininfarina übergeben, was sich nicht gerade positiv auf die Moral des ganzen Centro Stile Teams auswirkte. Der neue Besitzer Fiat hatte noch zu wenig Vertrauen in die alte Infrastruktur. Die Moral besserte sich erst 1990 wieder, als die komplette Abteilung nach Arese ins ehemalige Ersatzteillager im östlichen Teil der Fabrik zog. Einrichtungen und Geräte wurden dank der finanziellen Mittel von Fiat endlich auf den neusten Stand der Technik gebracht. Die Methode des computergestützten Designs (CAD) sowie Rechenprogramme und Struktursimulationen mit finiten Elementen kamen zur Anwendung. Als erstes wurde zusammen mit I.DE.A. der Alfa 155 entworfen, wobei das Centro Stile hauptsächlich für das Design des Interieurs verantwortlich zeichnete.

Unter der Leitung von Giovanni Battista Razelli kam 1986 auch Walter de Silva von I.DE.A. neu ins Team und blieb bis 2000 für das Design verantwortlich. Die Errichtung des neuen Centro Stile im „Stabilimento Arese“ hatte Symbolcharakter für die Arbeit der kommenden fünfzehn Jahre. Unter der operativen Führung de Silvas sollten die Identität und das eigenständige „Alfa Design“ ein neues Level erreichen. Mit dem Alfa Proteo wurde ein

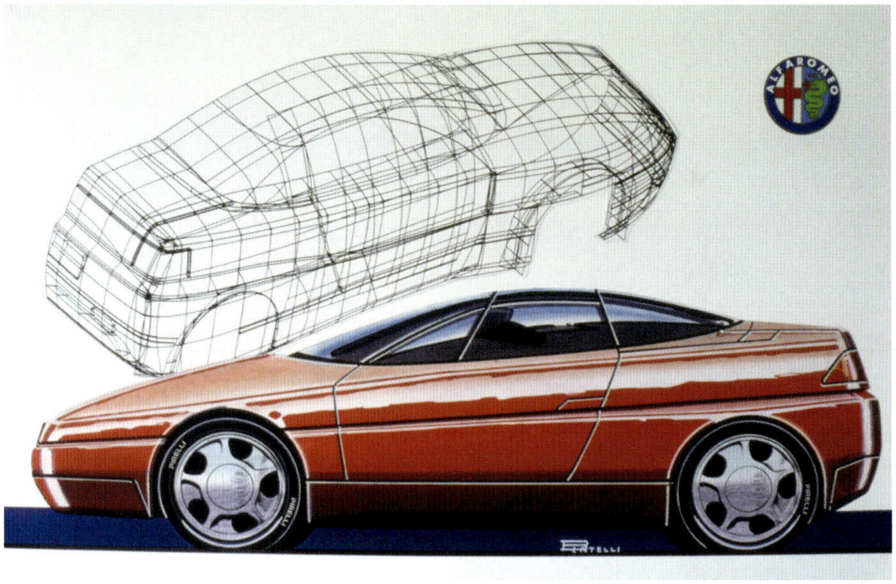

Oben links: Erste Miniaturmodelle zeigen, in welche Richtung es beim Proteo gehen wird.

Oben rechts: Die Zeichnung kommt dem fertigen Proteo schon ziemlich nahe.

Unten: Wolfgang Egger (links) und Walter de Silva sind zwei herausragende Automobildesigner im Dienste von Alfa Romeo.

Concept Car entworfen, das zum Autosalon 1991 in Genf als Ideenträger für die kommenden Alfas präsentiert wurde. Für die Entwicklung von GTV und Spider der Serie 916 war der Proteo auch maßgeblich entscheidend. Die vom Centro Stile eigens entwickelte Farbe „Proteo" war fortan auch optional für die anderen Modelle erhältlich. Es folgten der Alfa 145 und der 146.

Neben de Silva waren vor allem viele junge Zeichner und Kunststudenten angestellt, im Schnitt circa 30 Jahre jung, darunter auch Wolfgang Egger. Aus Italien und der ganzen Welt zusammengekommen, vereinte die kosmopolitischen Teams neben Kreativität und einem ausgeprägten Gefühl für Technik auch die Faszination für die Marke Alfa Romeo. Die Prinzipien ihrer Arbeit waren Originalität, absoluter Sachverstand und Effektivität in Entwicklung und Ausführung.

Zusammen entstanden nach dem Proteo auch das faszinierende Concept Car Nuvola, ebenfalls mit einer Spezialfarbe, sowie Alfa 156 und 166 und 2003 ein eindrucksvoller SUV-Prototyp namens Kamal, der es aus finanziellen Gründen leider nicht bis zur Serienreife geschafft hat. Die Modelle setzten die Philosophie des neuen Alfa-Designs fort und gaben die stilistischen Definitionen für die kommenden Modelle vor.

2001, nach dem Abgang de Silvas zu Seat, übernahm Wolfgang Egger die Leitung des Centro Stile. Zu seinen Erfolgen gehörte auch die Entwicklung des sportlichen Topmodells des Alfa 147, des 147 GTA. Die Krone setzten sich Egger und das Team des Centro Stile allerdings mit seinem langjährigen Projekt eines Supersportwagens auf. Mit der Realisierung des Alfa 8C Competizione, der es 2006 dank Wolfgang Egger vom Prototypen (2003) zum

Oben links: Kreativ-Werkstatt: das Centro-Stile-Team in den 90er Jahren

Oben rechts: Der Haupteingang in die heiligen Hallen des Alfa-Romeo-Designs: Im Vorraum steht der Proteo, der später ins Museum kommt.

Unten: Am 15. Juni 2009, nach 19 Jahren, schließt Fiat die Tore des Centro Stile in Arese. Wenig später wird die Halle abgerissen.

Serienmodell geschafft hat, setzte er sich ein Denkmal, das auf der ganzen Welt Anerkennung für ihn und für Alfa Romeo fand.

2008 folgte mit dem 8C Spider auch noch die offene Version. Beide Modelle wurden in limitierter Auflage von je 500 Exemplaren produziert und waren innerhalb kurzer Zeit ausverkauft. Als 2007 jedoch bekannt wurde, dass Fiat plante, auch das Centro Stile in seinen Hauptsitz nach Turin verlegen zu wollen, verliess Wolfgang Egger das Unternehmen ebenfalls in Richtung Deutschland und ging zu Audi.

Am 15. Juni 2009 war es dann tatsächlich soweit, und ein weiteres Kapitel der Alfa-Geschichte wurde zugeklappt. Fiat schloss die Tore des Centro Stile in Arese und vereinte die Designcenter der drei Marken Fiat, Lancia und Alfa miteinander. Die Verschmelzung der drei Design-Denkstuben war ein weiterer Teil des Jahre andauernden Rationalisierungsprozesses von Fiat. So war auch eines der wenigen Überbleibsel, das Alfa noch mit seinen Wurzeln in Milano verband, verschwunden. In Arese blieben von Alfa Romeo nur noch das Museum und das Archiv im Centro Direzionale.

Im Centro Stile wurden jedoch nicht nur Karosserieformen gezeichnet. Die Arbeit dieser Abteilung beinhaltete noch viele andere Aufgaben, die für die Entwicklung neuer Modelle entscheidend waren. Dazu gehörten das wichtige Design der Felgen mit der Entscheidung, welche Größe am besten zum neuen Auto passte. Nicht wenige andere Hersteller haben diesbezüglich von Alfa Romeo abgekupfert.

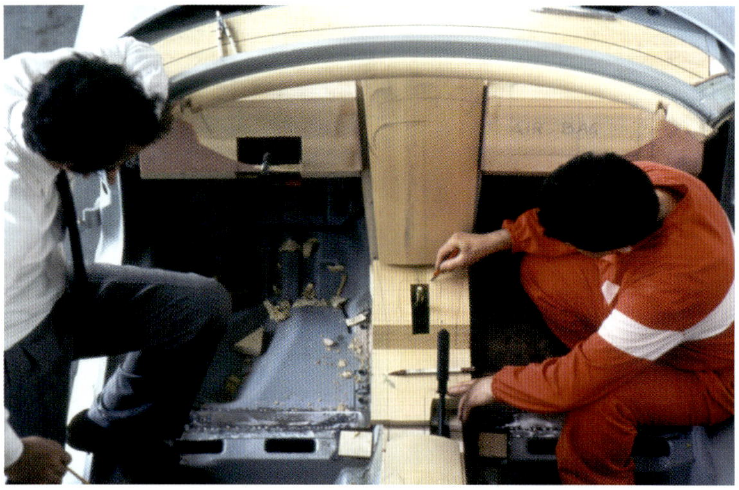

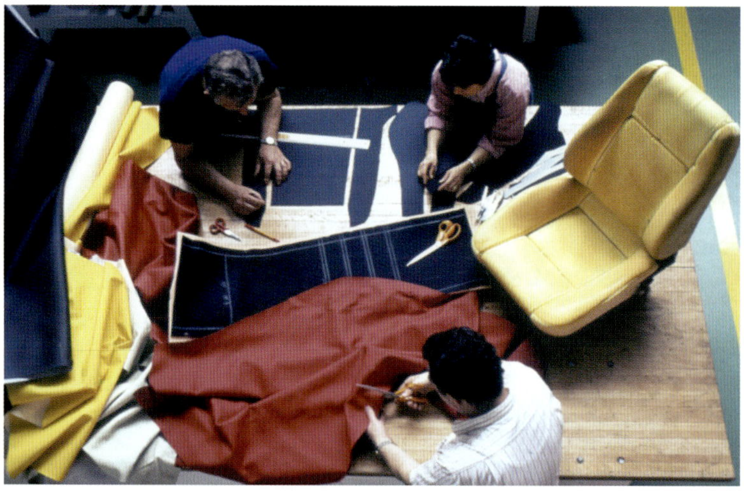

Oben links: Viele Teile werden zunächst aus Holz gefertigt, bis die endgültige Form definiert ist.

Oben rechts: Sitzform, Stoffe, Farben und Muster werden ebenfalls im Centro Stile fest-gelegt.

Unten links: Platzprobleme scheinen in Arese nicht mehr zu herrschen.

Unten rechts: Ein Gittermodell dient als Gerüst.

Zum Design der Autos gehören natürlich auch die Innenräume. So kümmerte sich das Centro-Team um die Entwicklung der Instrumentenbretter ebenso wie um die der Türverkleidungen und des restlichen Interieurs. Passte die Außenform zu der des Fahrgastraums? Hatten die Passagiere genügend Platz, vorn ebenso wie im Fond?

Ebenso bedeutungsvoll war und ist die Wahl der Materialien. Soll die Karosserie ganz aus Stahl hergestellt werden oder einzelne Teile aus Gewichtsgründen doch eher aus GFK, Aluminium oder Karbon? Welche Stoffe, welches Leder und welche Farben sollten angeboten werden? Welche Form der Sitze passt zu welchem Auto? Welche Arten und Farben der Bodenteppiche waren angebracht? Wo führen Lüftungs- und Stromkanäle entlang, damit das Platzangebot nicht eingeschränkt wird? Für alle diese Fragen kamen Spezialisten zum Einsatz, die in ihrem jeweiligen Fachgebiet große Erfahrung aufweisen konnten.

Immerhin ist Mailand die Stadt der Mode und des Designs, und so mangelte es zu keiner Zeit an Spezialisten für die Lösung all dieser Probleme.

Die Arbeiten an einem neuen Modell begannen im Stylingzentrum immer mit einem Briefing. Die beteiligten Designer stellten Ideen vor, tauschten Konzepte aus und erarbeiteten eine gemeinsame Grundlage. Stets wurden die überzeugendsten Stilmerkmale der Vergangenheit mit den bedeutendsten Design-Tendenzen der Zukunft verknüpft. Da sich die Designer mit der Marke identifizierten, waren sie den fünf Leitlinien für die Arbeit an einem Alfa Romeo verpflichtet: Schönheit, Faszination, Modernität, Stärke und Ausdruckskraft. Das Design-Team hatte die Aufgabe, diesem Konzept immer neue und attraktive Formen zu verleihen, was in den 40 Jahren bemerkenswert oft in bestechender Art und Weise gelungen ist.

Oben links: Textilproben, Farbtabellen und immer noch viel Handarbeit: Entwürfe fürs Interieur kommen noch ganz klassisch aufs Papier.

Oben rechts: Gezeichnet wird auch im neuen Centro Stile noch vieles von Hand.

Mitte links: Die neuen Büros sind geräumig, die Arbeitsgeräte modern und das Personal wird aufgestockt.

Mitte rechts: Konstruktionsberechnungen und -zeichnungen am Computer gehören nun zum Alltag im Designcenter.

Unten: Die Büros des Centro Stile sind ein Paradies für Modellliebhaber.

Die Gestalt eines neuen Modells (Front, Profil) entstand meist nach einem Entwurf, der schnell nach der Idee skizziert wurde oder aber direkt am Rechner per Leuchtstift. Software-Spezialisten übertrugen den Design-Entwurf sofort auf CAD- oder CAS-Stationen (rechnergestütztes Design oder Styling). Die Designelemente von der Karosserie über die Innenverkleidung bis hin zu Details wie Belüftungsklappen und Lenkrad wurden nun immer feiner definiert, bis alle Beteiligten das Muster guthießen.

Bevor man sich jedoch auf die endgültige Form eines neuen Alfa Romeo geeinigt hatte, wurden unzählige Kleinmodelle aus Knetmasse und Gips im Maßstab 1:5 hergestellt. Sie ließen sich leicht bearbeiten und in praktisch jede gewünschte Form bringen. So wurden aus den Zeichnungen dreidimensionale Formen buchstäblich zum Anfassen. Der nächste Schritt war dann ein Automodell im Maßstab 1:1 – ein großer Schritt auf dem Weg von der Idee in Richtung greifbare Realität.

Oben links: Später dienen computergesteuerte Fräsmaschinen zur Herstellung von 1:1-Modellen.

Oben rechts: In der Modellbau-Werkstatt werden sämtliche Teile für die Prototypen angefertigt. Die meisten bleiben Unikate.

Unten links: Prototypenbau bedeutet nach wie vor reichlich Handarbeit.

Unten rechts: Spachteln, formen, schleifen heißt es auch 1995 bei der Formgebung der 1:1-Modelle.

Auf der Grundlage der CAD/CAS-Daten wurden mit Fräsmaschinen die Formen des Wagens auf ein erstes Modell übertragen. Dieses Modell ließ sich unmittelbar durch die Eingabe neuer Daten in die Rechner überarbeiten und ändern. Der Formplan wurde ständig aktualisiert. Schließlich wurde der Modellentwurf auf einem um 360° drehbaren Vorführgerät installiert und gewissenhaft geprüft.

In diesem Entwicklungsstadium wurden manuell Änderungen am Modellentwurf vorgenommen, bis ein wirklich überzeugendes Ergebnis vorlag. In der hauseigenen Schreinerei und der Schlosserei wurden nun Einzelteile in Handarbeit hergestellt, die zusammengebaut einen kompletten Prototypen ergaben. Nun wurde immer deutlicher, wie gut die einzelnen Teile zusammenpassten und auch formal miteinander harmonierten. Spezialisten für Modellierung achteten darauf, dass Karosserie und Innenausstattung des Wagens perfekt auf die Abmessungen des Fahrzeugs und auf die Mechanik abgestimmt wurden.

Auch das Innendesign wurde am handgefertigten Prototypen schrittweise überarbeitet. Entwürfe wurden neu gestaltet und mit Hilfe großer Fräsmaschinen umgesetzt, bis sie mit den am Computer definierten Abmessungen übereinstimmten. Die endgültigen Modellformen der Innenausstattung wurden nun noch mit Materialien bezogen, die jenen des Serienproduktes sehr ähnlich waren. Diese Modellformen wurden schließlich in den Prototypen eingebaut und ergaben ein Gesamtbild, dass sich in Originalgröße kritisch beurteilen ließ.

Der „Saal der Farben" des Centro Stile Alfa Romeo in Arese war eine eigene Welt der unbegrenzten Möglich-

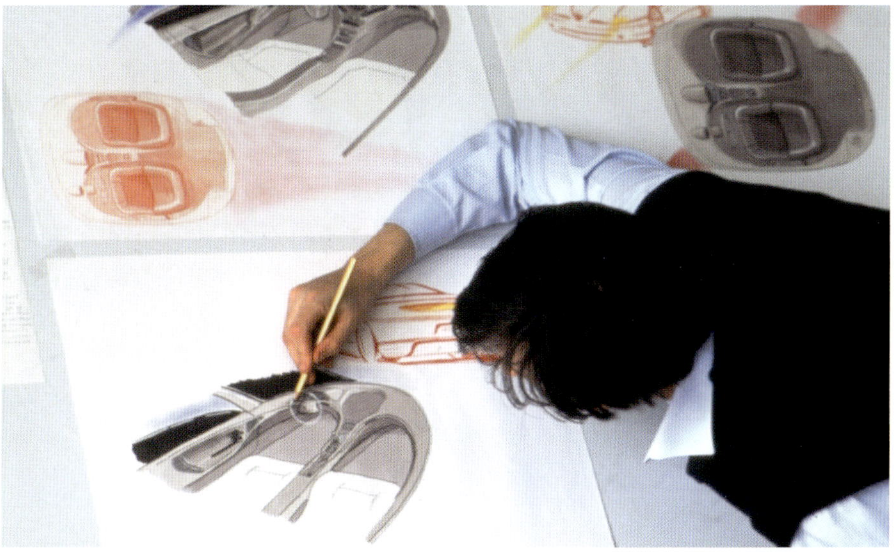

Oben links: Die Zeichnungen sind veritable kleine Kunstwerke.

Oben rechts: Die neuen Hallen sind modern eingerichtet und bieten viel Platz.

Unten: Zahlreiche Spezialisten und Entwickler arbeiteten nun in der vergrößerten Designabteilung.

keiten und bot eine Fülle von Reizen und Anregungen. Im Mittelpunkt standen die ästhetischen Aspekte des Designs. Farben und Oberflächen, die innen und außen am Fahrzeug zum Einsatz kommen sollen, wurden hier ausgewählt und geprüft. Wichtig waren jeweils die Empfindungen und Eindrücke, die die Materialien und Farben in ihrer Kombination vermittelten. Das Ergebnis war stets eine magische Verbindung der Tradition des Automobilbaus mit der aktuellen Mode.

Um den Formen des neuen Alfa Romeo den letzten Akzent zu verleihen, hat das Centro Stile Alfa Romeo auch immer wieder neue Farben entwickelt, die sich den geschmeidigen Linien der Fahrzeuge perfekt anpassten und außerdem Modernität und technologischen Gehalt zum Ausdruck brachten. Dabei zitierten und zitieren die Designer immer wieder und mit Gewinn einzelne Elemente aus der glorreichen Vergangenheit der Marke. Mit dabei ist natürlich immer wieder die wohl bekannteste Kühlergrillform der Welt. An der Front jedes Alfa Romeo finden wir die charakteristischen Stilelemente wieder: Das meist verchromte herzförmige Marken-Emblem, das „Scudetto", und die obligatorischen seitlichen Lufteinlässe namens „Baffi", was so viel bedeutet wie Schnäuzer.

Die Ergebnisse der Designer, der Zeichner und der vielen weiteren Spezialisten des Centro Stile Alfa Romeo in Arese gingen dann als neue Alfa-Romeo-Modelle in Produktion, die mit Stil, Eleganz und Sportlichkeit glänzten getreu dem Slogan „Verführerische Schönheit vereint mit Kraft".

Vergangenheit und Gegenwart

Museo Storico

Links: Anfangs sind die Fahrzeuge noch im Keller ausgestellt, in der späteren Werkstatt des Museums.

Rechts: Schlichte Ausstellung, aber eine wunderbare Sammlung: Seite an Seite stehen die Exponate aus vielen Jahrzehnten.

Unten: Das Museum der Marke gehört zum Centro Direzionale und ist von der Autobahn aus sichtbar.

Vergangenheit und Gegenwart
Museo Storico

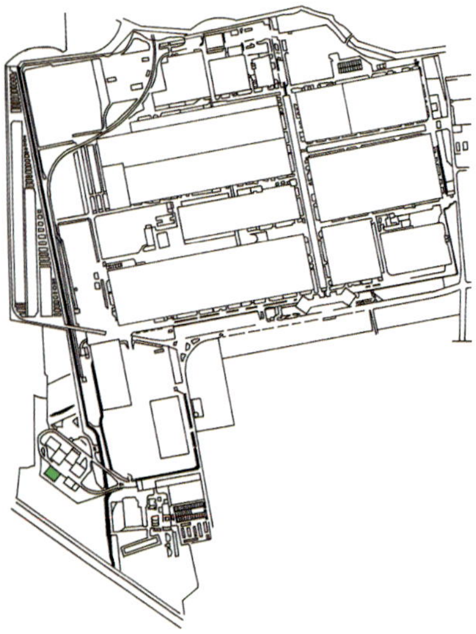

Alfas aus allen Epochen zieren namhafte Autoausstellungen, ob vorübergehend oder ständig in Museen, in aller Welt. Nicht wenige Alfas erzielen heute einen Schätzwert von mehr als einer Million Euro. Vor allem Vorkriegsmodelle und Rennwagen sind begehrte Fahrzeuge, die bei Versteigerungen immer neue Rekordwerte erreichen. 2010 wurde ein Alfa Romeo Monza 2300 in Pebble Beach (USA) für umgerechnet fünf Millionen Euro verkauft. Der Spitzenreiter ist jedoch ein Alfa Tipo 8C-35. Der Rennwagen von 1935 ist der weltweit einzige noch erhaltene Grand-Prix-Monoposto dieses Typs. Dank seiner spannenden Geschichte wechselte er am 26. September 2013 bei einer Versteigerung des Auktionshauses Bonhams beim Goodwood Revival Meeting in England für schier unglaubliche 5.937.500 englische Pfund, das sind mehr als sieben Millionen Euro, den Besitzer.

Viele dieser Autos, und das gilt nicht nur für Alfas, sind leider nurmehr Spekulationsobjekte und in der Öffentlichkeit nicht mehr zu erleben. Deshalb ist es auch schade, dass sie nicht im firmeneigenen Museum stehen, um dort den Besuchern die ruhmreiche Vergangenheit der Marke repräsentieren zu können. Dennoch hat die Ausstellung viele Ikonen zu bieten, und im Magazin stehen weitere Preziosen, die immer wieder zu sehen sind. Seit 1976 gibt es das Museo Storico in Arese.

Das Werksmuseum findet sich auf dem ehemaligen Fabrikgelände etwas abseits des großen Silos in der Nähe der Autobahn. Dort ist auch das Archiv, das Centro Documentazione oder Archivio Storico. Giuseppe Luraghi, Alfa-Präsident von 1960 bis 1973, der um den historischen und repräsentativen Wert der Sammlung wusste, hatte sich nach der Errichtung des „Stabilimento Arese" auch für den Bau des Museo eingesetzt. Es wurde am 18. Dezember 1976 von seinem Nachfolger Gaetano Cortesi eingeweiht und feierlich eröffnet. Da es sich auf dem umzäunten Werksgelände befindet, konnte es allerdings von Beginn an nur auf Voranmeldung besucht werden. Wer schon einmal dort war weiß, dass man zuvor beim Portier um Einlass bitten musste.

Außer Autos wurden auch Exponate aus dem Flugzeug- und dem Schiffbau, Traktoren, Lokomotiven, Busse und Lastwagen gezeigt. Die Ausstellungsfläche von 4800 m² verteilte sich auf sechs Ebenen und war in vier Themenbereiche aufgeteilt. Ab 1995 ließen die Besucherzahlen allerdings stark nach, so dass von Öffnungszeiten seit 2002 kaum mehr die Rede sein konnte. Auch an diesem Gebäude nagte mittlerweile der Zahn der Zeit, und an einigen Stellen tropfte es bei Regen ins Gebäude, deshalb wurde es am 7. Februar 2011, angeblich für eine Renovierung und Neuausrichtung, geschlossen.

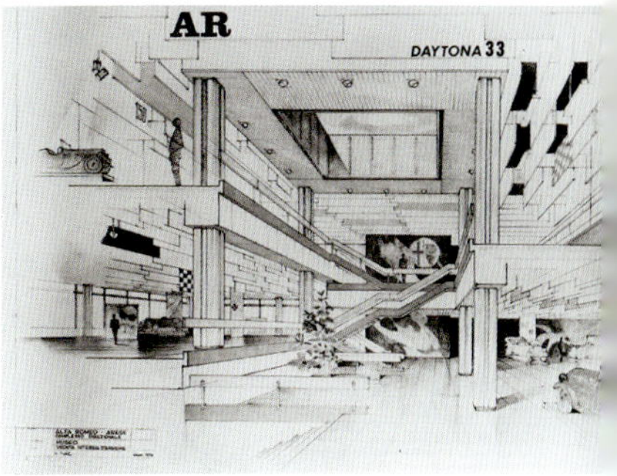

Links oben: Das provisorische Museum hat den Charme einer Fabrikhalle.

Rechts oben: Letzte Arbeiten an den Hallen: Bald ziehen die Exponate ins neue Museum.

Mitte rechts: So stellen sich die Planer das Alfa-Museum vor: Traumautos auf versetzten Etagen.

Unten links: Endlich lassen sich die wertvollen Fahrzeuge in luftigerer Anordnung bewundern.

Bis zu diesem Zeitpunkt war das Museum im Besitz von 256 Fahrzeugen, 150 historischen Motoren von Autos und Rennwagen sowie Flugzeugen und Schiffen. Leider konnten nicht alle Exponate auf den sechs Etagen ausgestellt werden. Der Rest befand sich jeweils in der Restaurierung oder war im großen Keller der Anlage abgestellt. Vor der Schließung wurden der Öffentlichkeit in der Ausstellung noch 69 Exponate aus der Geschichte Alfa Romeos gezeigt, obwohl die Sammlung über fast jedes Modell verfügt, das je im Zeichen des Biscione gebaut wurde. Der Fuhrpark umfasst alle Straßenfahrzeuge, eine große Anzahl der vielen Rennwagen mit dem Quadrifoglio Verde sowie alle Prototypen und Concept Cars. 60 Prozent aller Ausstellungsstücke sind noch voll funktionstüchtig und werden von der internen Oldtimerabteilung „Automobilismo Storico" regelmäßig bei historischen Rennen eingesetzt oder in Ausstellungen weltweit präsentiert. Viele von ihnen sind mittlerweile wertvolle Einzelstücke. Zu den zahlreichen weiteren Highlights der Museumssammlung gehören die beiden Formel-1-Weltmeisterwagen Alfetta 158 und 159, ein 8C 2300 Monza, Alfa P2, Alfa GP Tipo A und B, sowie die zwei wunderschönen Kreationen 8C 2900 B Lungo und 8C 2900 B Speciale Tipo Le Mans. Erwähnenswert sind ferner der Alfa 33 Stradale Prototipo und der 1900 C52, besser bekannt als Disco Volante.

Oben links: Die Sammlung ist einzigartig und ziemlich vollständig. Ein Highlight folgt dem anderen, im Vordergrund der Tipo 512, Zwölfzylinder-Prototyp mit 180-Grad-V12 und doppeltem Kompressor.

Oben rechts: Zwei Höhepunkte aus den 1950er Jahren sind der 6C 3000 und der 2000 Sportiva.

Unten links: So stellt man sich 2013 bei Alfa Romeo das neue Museum vor.

Unten rechts: Tatsächlich wird ein anderes Konzept realisiert. Auch der große Schriftzug auf dem Dach ist ursprünglich nicht geplant.

Es lassen sich hier nicht alle Exponate aufzählen, obwohl sie es alle verdient hätten. Soviel noch: Zu den vielen anderen Ausstellungsmodellen gehören auch all die erfolgreichen Rennwagen aller Epochen ab 1910 sowie zahlreiche Modelle aus den Anfangsjahren der Marke bis hin zu den aktuellen Alfas. Das Museum beherbergt aber auch seltene Original-Fotos und Werbeplakate, die über all die Jahre im historischen Dokumentationszentrum gesammelt wurden.

Nach der Schließung im Februar 2011 machten Gerüchte die Runde, dass sämtliche Exponate versteigert werden sollten, dass das Museum ebenfalls nach Turin zum Hauptsitz von Fiat umziehen würde und dass der Gebäudekomplex zusammen mit der Fabrik abgerissen werden sollte. Fiat und der CEO Sergio Marchionne schienen einfach kein Interesse mehr an der Geschichte Alfa Romeos zu haben.

Unter dem Druck der zahlreichen Fans, der Clubs und weiterer Alfa nahestehender Institutionen und dank des Interesses des Präsidenten der Region Lombardei, Roberto Maroni, tat sich aber etwas, und Ende 2013 gab es erste Gerüchte über eine mögliche Wiedereröffnung des „Museo Storico". Das war ein Jahr vor der EXPO Milano. Aufgrund eines Rechtsstreits zwischen Fiat und dem italienischen Ministerium für Kulturerbe, das vor Gericht dafür gekämpft hatte, den Verkauf bestimmter Modelle der Sammlung zu verhindern, verzögerte sich jedoch die Wiedereröffnung.

Schließlich lenkte Fiat ein, und nach zehnmonatigen umfangreichen Modernisierungsarbeiten wurde das Museum unter dem neuen Namen „La Macchina del Tempo – Museo Storico Alfa Romeo" tatsächlich wiedereröffnet: erst am 24. Juni 2015 anlässlich der Präsentation der neuen Limousine Giulia QV für Presse und Prominenz, kurz darauf, am 30. Juni, auch für die Öffentlichkeit. Mit der neuen Giulia und dem neu gestalteten Museum präsentierte die FCA-Gruppe zwei starke Argumente für den für 2014 angekündigten Relaunch der Marke Alfa Romeo.

Realisiert wurde das „neue" Museum vom Architekturbüro Camerana & Partners mit den drei Themenschwerpunkten „Timeline" (die industrielle Entwicklung), „Bellezza" (Stil und Design) sowie „Velocità", was für die Synthese von

Die Renovierung hat sich gelohnt. Das Museum mit seinen automobilen Schätzen ist wieder eine Reise wert. Das rote Band zieht sich vom Besucherparkplatz aus durchs ganze Museum. Dazu kommt reichlich Multimedia-Technik. Ein transparenter Zylinder, bestückt mit allen Modellbezeichnungen, ragt durch alle Stockwerke des Gebäudes, Spiegel lassen die Räume größer erscheinen und zeigen die Wagen außerdem von hinten. Und das Schönste: Die meisten Wagen sind immer noch voll funktionstüchtig.

Technologie und Leichtigkeit stehen soll. Das Ergebnis ist gelungen, und mit dem Einsatz zahlreicher Multimedia-Präsentationen wird gezeigt, dass Alfa Romeo auf dem neusten Stand der Technik ist. Herzstück des Gebäudes ist ein transparenter Zylinder, der durch alle Stockwerke ragt und durch seine explosiven Lichtspiele für die DNA von Alfa Romeo steht, für den genetischen Code, der seit mehr als hundert Jahren die Marke Alfa Romeo ausmacht. Abgerundet wird die Ausstellung durch ein 4D-Kino, einen Bücher- und Accessoires-Shop, ein kleines Restaurant und einen großen Saal, der einst als Kantine diente.

Ein Besuch des Museo Storico ist für jeden Automobilbegeisterten empfehlenswert und dank der unmittelbaren Nähe zur Autobahnausfahrt Lainate einfach zu erreichen. Eine Stippvisite loht sich in jedem Fall und sollte beim nächsten Italienaufenthalt unbedingt eingeplant werden.

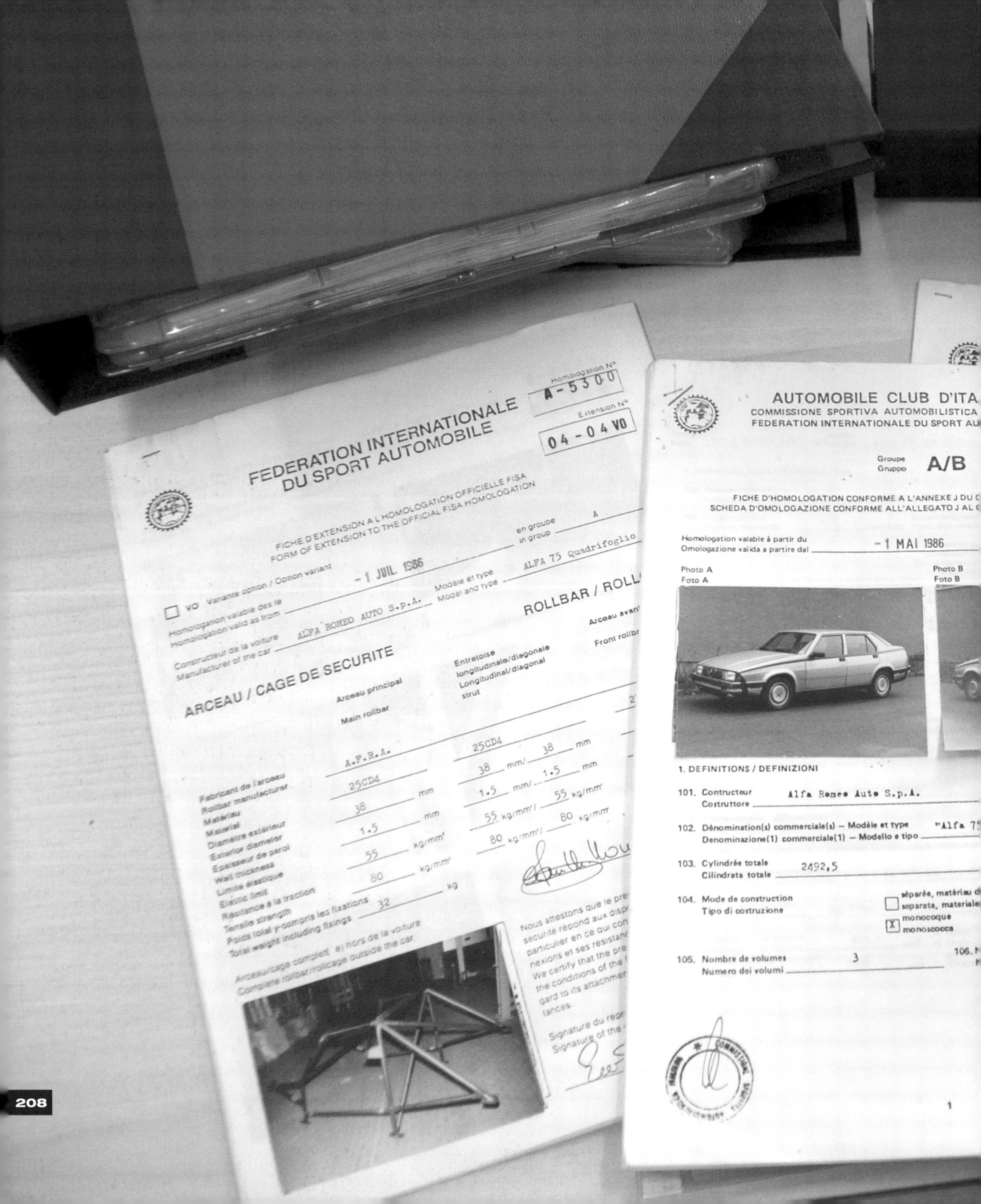
FEDERATION INTERNATIONALE DU SPORT AUTOMOBILE
Homologation N° A-5300
Extension N° 04-04 VO
FICHE D'EXTENSION A L'HOMOLOGATION OFFICIELLE FISA
FORM OF EXTENSION TO THE OFFICIAL FISA HOMOLOGATION
en groupe / in group A
VO Variante option / Option variant
Homologation valable dès le / Homologation valid as from -1 JUIL. 1986
Modèle et type / Model and type ALFA 75 Quadrifoglio
Constructeur de la voiture / Manufacturer of the car ALFA ROMEO AUTO S.p.A.
ROLLBAR / ROLL
ARCEAU / CAGE DE SECURITE
Arceau principal / Main rollbar
Entretoise longitudinale/diagonale / Longitudinal/diagonal strut
Arceau avant / Front rollbar
Fabricant de l'arceau / Rollbar manufacturer A.F.R.A.
Matériau / Material 25CD4
Diamètre extérieur / Exterior diameter 38 mm
Epaisseur de paroi / Wall thickness 1.5 mm
Limite élastique / Elastic limit 55 kg/mm²
Résistance à la traction / Tensile strength 80 kg/mm²
Poids total y-compris les fixations / Total weight including fixings 32 kg
Arceau/cage complet(e) hors de la voiture / Complete rollbar/rollcage outside the car
AUTOMOBILE CLUB D'ITA
COMMISSIONE SPORTIVA AUTOMOBILISTICA
FEDERATION INTERNATIONALE DU SPORT AU
Groupe / Gruppo A/B
FICHE D'HOMOLOGATION CONFORME A L'ANNEXE J DU
SCHEDA D'OMOLOGAZIONE CONFORME ALL'ALLEGATO J AL
Homologation valable à partir du / Omologazione valida a partire dal -1 MAI 1986
Photo A / Foto A
Photo B / Foto B
1. DEFINITIONS / DEFINIZIONI
101. Contructeur / Costruttore Alfa Romeo Auto S.p.A.
102. Dénomination(s) commerciale(s) – Modèle et type / Denominazione(1) commerciale(1) – Modello e tipo "Alfa 7
103. Cylindrée totale / Cilindrata totale 2492,5
104. Mode de construction / Tipo di costruzione
séparée, matériau / separata, materiale
X monocoque / monoscocca
105. Nombre de volumes / Numero dei volumi 3
1

Das Archiv
Centro Documentazione

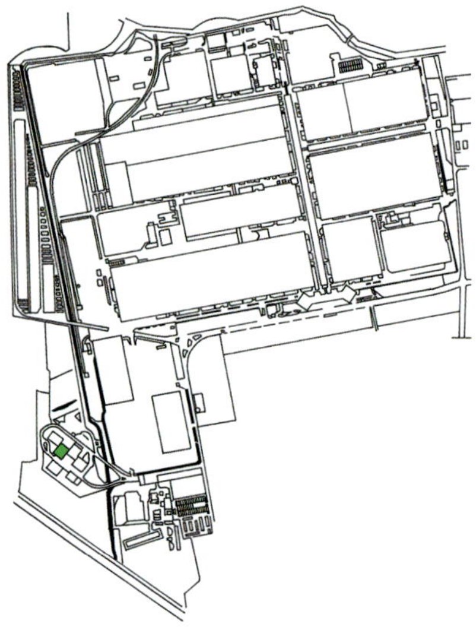

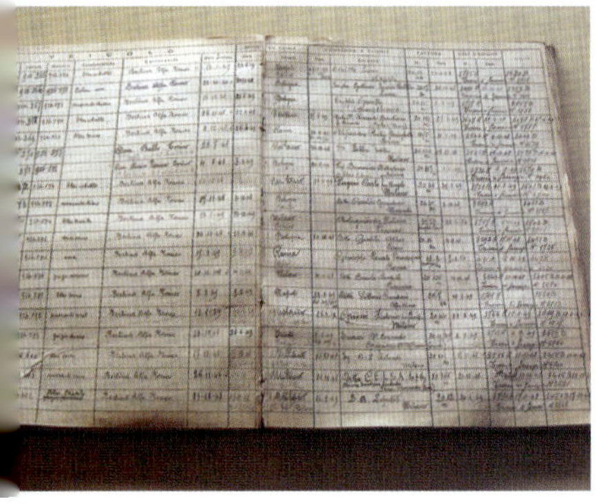

Oben links: Das historische Archiv der Marke findet sich im Untergeschoss des Gebäudes gegenüber dem Museum.

Oben mittig: Zum Fundus gehören auch alte Werbeplakate.

Oben rechts: Einst schlicht Werbematerial, heute wertvoll

Unten links: Historisch wertvolle Dokumente finden sich zuhauf im Centro Documentazione. Dies ist das Produktionsregister des Alfa Romeo 6C 2500.

Das Archiv
Centro Documentazione

Das Centro Documentazione Alfa Romeo ist das Archiv der Marke. Es birgt unzählige Informationen über alle Modelle der Firma. Dazu gehören sämtliche Daten wie Chassisnummern, Baujahre, Anzahl der produzierten Exemplare sowie die technischen Daten. Es befindet sich gleich neben dem Museo Storico und wurde 1969 zusammen mit dem Centro Direzionale erbaut mit dem Zweck, die Geschichte der Marke zu bewahren. Historiker, Journalisten, Buchautoren, Wissenschaftler, Studenten und Sammler erhalten dort Antworten auf ihre Fragen zum Thema Alfa Romeo.

Neben den bereits erwähnten Daten sind große Mengen Bilder und Dokumentationen archiviert, die die gesamte Geschichte des Unternehmens widerspiegeln. Dies betrifft sowohl alle Produkte aus den eigenen Fabriken für Straße, Luft und Schiene als auch jene aus der sehr erfolgreichen motorsportlichen Historie seit der Gründung von A.L.F.A. im Jahre 1910.

Das historische Archiv, der eigentliche Kern des Alfa-Romeo-Dokumentationszentrums, hütet weitere wertvolle Belege. Mehr als 50.000 Fotos, unzählige digitalisierte Bilder, 5000 Fachpublikationen, 3000 Zeichnungen, 800 Filme sowie unzählige Pressemitteilungen der vergangenen 40 Jahre sind zugänglich. Da überrascht es nicht, dass das Dokumentationszentrum ständig erweitert wird, damit auch alle Unterlagen und Daten der neuen Fahrzeuge eingelagert werden können. Mehr als tausend Anfragen aus der ganzen Welt erreichen das Archiv jedes Jahr.

Seit 2005 ist das Centro Documentazione zusammen mit dem Museum wichtiger Bestandteil des neu geschaffenen Sektors „Automobilismo Storico Alfa Romeo“. Diese Abteilung wurde ausdrücklich mit dem Ziel geschaffen, die Beziehungen mit den weltweiten Alfaclubs zu verbessern und die Teilnahme an internationalen Großveranstaltungen zu ermöglichen, außerdem als strategischer Faktor der Marke für die Erhaltung des Erbes.

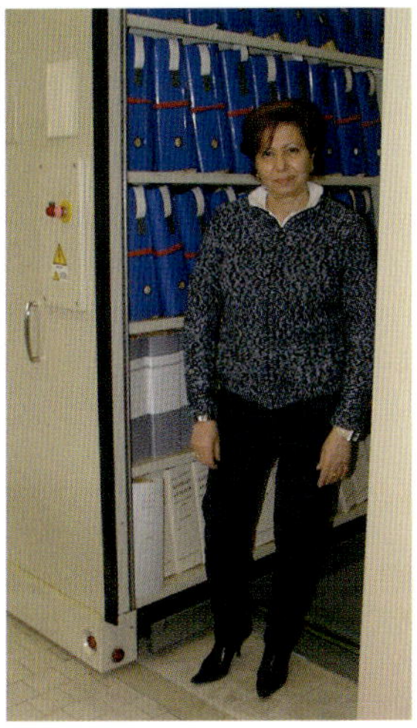

Oben links: Schlag nach bei Alfa: In den Rollregalen finden sich Unmengen Fotos und Dokumente.

Oben rechts: Der Eingang zum Archiv ist mit alten Informationstafeln aus dem Museum dekoriert.

Mitte rechts: Auch dieses Modell des Werksareals ist im Centro Documentazione eingelagert, sofern es nicht gerade in einer Ausstellung gezeigt wird.

Unten links: Seit 2005 gehört das Centro Documentazione zusammen mit dem Museum zum neu geschaffenen Sektor „Automobilismo Storico Alfa Romeo".

Unten rechts: Elvira Ruocco bringt Ordnung ins Chaos und ist viele Jahre lang verantwortlich für das Werksarchiv von Alfa Romeo.

Viele Jahre lang hat Elvira Ruocco das Archiv gepflegt. Bereits seit 1972 war sie bei Alfa Romeo und von 1982 an für die Archivierung der Unterlagen und Dokumente verantwortlich. Bis zu ihrer Pensionierung im Jahr 2005 war sie ungezählte Male kompetente Ansprechpartnerin für Fragesteller aus der ganzen Welt. Elvira Ruocco folgte Dr. Marco Fazio. Er erwies sich als würdiger Nachfolger und war bis Ende Februar 2016 alleine für das Centro Documentazione zuständig. Mit ausgesuchter Hilfsbereitschaft und großem Entegegenkommen versorgte er Informantionshungrige mit Bild- und Schriftmaterial und empfing seine Kundschaft auch gerne persönlich. Seit Anfang 2016 gehört das Archiv nun zum Museum. Lorenzo Ardizio führt als Kurator und Leiter beide Abteilungen.

AGNELLI E
MASSACCESI
STANNO BENE
APPESI

Der Anfang vom Ende

Die letzten Tage
der Fabbrica

Oben links: Alfa Präsident Giuseppe Luraghi und Ministerpräsident Aldo Moro legen den Grundstein für das neue Alfasud-Werk in Pomigliano d'Arco.

Oben rechts: Das bis dato modernste Automobilwerk Europas wird innerhalb von drei Jahren am Fuße des Vesuvs aus dem Boden gestampft.

Unten: Alfasud und Alfasud Sprint hängen an der Montagekette in Pomigliano d'Arco.

Der Anfang vom Ende
Die letzten Tage der Fabbrica

Alfa-Kenner wissen, dass 1968 die Talfahrt der Marke mit dem Alfasud-Projekt begonnen hatte. Um sich dem internationalen Wettbewerb mit größeren Stückzahlen zu stellen und auf Drängen von Regierung und Gewerkschaften beschloss Alfa Präsident Giuseppe Luraghi 1967 mit dem Einverständnis der Staatsholding IRI, ein Produktionswerk für einen kleinen Alfa im industriell unterentwickelten Süden Italiens zu bauen. Die Ansiedlung im Mezzogiorno war dezidiert auch als Arbeitsbeschaffungsmaßnahme für den strukturschwachen Raum gedacht, was sich dann mangels ausreichend qualifizierter Arbeiter bald als fatal erweisen sollte. Rudolf Hruska plante und vollendete das bis dato modernste und effektivste Automobilwerk Europas in Pomigliano d'Arco.

Mit Domenico Chirico entwickelte er auch das Auto, das dort gebaut werden soll, den Alfasud. Mit Investitionen von 300 Milliarden Lire wurde das Werk innerhalb von drei Jahren aus dem Boden gestampft, und der erste Alfasud rollte 1972 vom Band. Von da an fehlte auch der Hinweis auf Milano im Markenwappen.

Obwohl das Konzept dieses Kompaktwagens mit Frontantrieb, dessen Karosseriedesign aus der Feder von Giorgio Giugiaro stammte, innovativ und zukunftsweisend war und später von VW, Opel und praktisch allen übrigen Konkurrenten kopiert wurde, erwies sich das Projekt am Ende als Verlustgeschäft. Der Alfasud war nach der reinen Stückzahl von 1.034.157 Wagen sogar der erfolgreichste Alfa aller Zeiten.

Doch wegen massiver Rostprobleme infolge der Verwendung von mutmaßlich minderwertigem Recyclingblech und wegen streikbedingter Rekordverluste inklusive eines

Oben links: Die ersten Alfasud kommen 1972 vom Band.

Oben rechts: Der Boxer kommt an Bord: Ein Alfasud Sprint erhält seinen Motor.

Unten links: Unlackierte Rohkarossen standen oft zu lange draussen, was den Rost beim Alfasud begünstigte.

Unten rechts: Nachbesserungen an der Karosserie sind auch beim Alfasud an der Tagesordnung.

Produktionsstopps 1974 musste die Alfa Romeo S.p.A. 1975 einen Kapitalschnitt vornehmen. Alfasud hatte 33 Milliarden Lire verloren. Besitzer IRI, also der italienische Staat und somit die Steuerzahler, sprang ein, um die Fabrik in Gang zu halten.

Das Problem war nicht der Mangel an Nachfrage nach dem Alfasud und dem Schwestermodell Alfasud Sprint. Katastrophal wirkte sich vielmehr der Mangel an Qualität und Produktivität im Werk aus. So wurde das süditalienische Werk im Verlauf der Bauzeit mehr als 700 Mal bestreikt. In dem strukturschwachen Raum hatten sich außerdem vor allem ungelernte Arbeiter anwerben lassen, die oft nebenher noch ihre Landwirtschaft betrieben und sich je nach Saison lieber um die Ernte als um Alfa kümmerten.

Mangels Sachkenntnis und Erfahrung wurde auch mit dem Material schludrig umgegangen, sodass mitunter Bleche und Rohkarossen unter freiem Himmel lagerten und Rost ansetzten, bevor sie in die Produktion kamen. Dazu war das Werk Schauplatz teils heftiger Arbeitskämpfe. Immer wieder legten die Arbeiter in dieser Zeit einer eher robusten Streikkultur die Arbeit nieder, teils wochenlang.

Statt 150.000 Autos liefen 1975 nur 90.000 vom Band. Der Verlust der Firma betrug weitere 100 Milliarden Lire. Zusammen mit der sogenannten Energiekrise Mitte der 70er Jahre summierten sich die roten Zahlen des Konzerns von 1972 bis 1986 auf die stattliche Summe von 1600 Milliarden Lire. Betroffen von den Streiks war auch das Stammwerk in Arese. Die fehlende Unterstützung vom

Oben links: Wegen der vielen Streiks lassen sich die geforderten Produktionszahlen nicht erreichen.

Rechts: Wochenlange Streiks legen die Produktion über längere Zeit vollends lahm.

Unten links: Auch auf dem Vorplatz des Centro Direzionale werden Kundgebungen der Gewerkschaft abgehalten.

Eigner IRI, der mit falscher Geschäftspolitik einen großen Teil zu diesem Fiasko beigetragen hatte, beschleunigte noch den Niedergang von Alfa Romeo.

Der rostanfällige Alfasud trug sein Wesentliches zum finanziellen Ruin Alfa Romeos bei. Das vom Konzept her sehr gute Auto hätte das Potenzial gehabt, Alfa Romeo aus dem Schlamassel zu ziehen, leider war dabei zu viel Korruption im Spiel. Wenn zum Preis von gutem Stahlblech rostanfälliges Blech aus Schrottwiedergewinnung gekauft und eingesetzt wurde, bedarf dies keines weiteren Kommentars. Die Folgen kennen wir alle. Der Verlust summierte sich Tag für Tag auf Summen von astronomischer Höhe. Alfa Romeo war am Ende, ein Verkauf und ein Neuanfang wurden unumgänglich.

Die Staatsholding IRI, über ihre Tochter Finmeccanica Besitzerin von Alfa Romeo, unternahm nach vergeblichen Bemühungen in den Jahren 1978/79 einen neuen Versuch, sich des Aushängeschilds italienischer Technik- und Automobilkultur zu entledigen.

Schon Ende 1985 enthüllte IRI-Chef Romano Prodi nach einem weiteren Jahresrekordverlust, er habe ergebnislos mit vielen potenziellen Partnern Alfa Romeos verhandelt, darunter Chrysler, GM, Subaru, Toyota und Volvo.

Im April 1986 bekundete Donald Petersen, Präsident der Ford Motor Company, per Telex sein Interesse an Alfa Romeo und, dass er in Verhandlungen einsteigen wolle. Der Fiat-Chef, Avvocato Gianni Agnelli, ließ indes verlauten,

dass sein Unternehmen keinerlei Interesse an Alfa Romeo hätte. Alfa produzierte damals nur ein Drittel der Menge an Autos, mit der die vorhandenen Kapazitäten von 430.000 Fahrzeugen pro Jahr ausgelastet gewesen wären und die das Unternehmen rentabel gemacht hätten.

Kurz vor Vertragsabschluss zwischen Ford und Romano Prodi hatte Agnelli seine Meinung dann jedoch plötzlich geändert und die zuständigen Regierungsmitglieder in Rom davon überzeugt, dass Alfa Romeo ein italienisches Symbol sei, das auch in italienischer Hand bleiben müsse. So erhielt Fiat, nachdem Ford lange die Nase im Übernahmekampf vorne hatte, am 7. November 1986 den Zuschlag, und seit dem 1. Januar 1987 gehört nun Alfa Romeo zum Fiat-Konzern.

LA STAMPA

Finmeccanica e Iri hanno preferito il gruppo torinese alla Ford

L'Alfa passa alla Fiat

Oggi il responso del Cipi - L'intero pacchetto azionario sarà pagato 1050 miliardi - La scelta fatta in base alle valutazioni della banca americana First Boston - Nascerà un'unica società con la Lancia

Schlagzeile vom 7. November 1986, als Fiat den Zuschlag erhält. Alfa Romeo gehört seit dem 1. Januar 1987 zum Fiat Konzern.

Oben links: Auch der Alfa 33, Nachfolger des Alfasud, wird im Werk bei Neapel produziert.

Oben rechts: Romano Prodi (mit Zeitschrift), Chef der IRI, vor einem Formel-1-Wagen von Alfa Romeo

Unten links: Cesare Romiti, Präsident von Fiat, und Giovanni Agnelli, Eigner des Konzerns

Unten rechts: Verhandlungen zur Übernahme von Alfa Romeo führen Cesare Romiti, Giovanni Agnelli und Bettino Craxi.

Die Arbeiter verfolgen die Reden der Gewerkschaftsführer im Werk, unter anderem im Ersatzteillager. In der heißen Phase der Arbeitskämpfe bleiben die Bänder regelmäßig stehen, und Demonstranten besetzen zeitweise gar die Autobahn, die am Werk vorbeiführt. Und so mancher hätte Fiat-Besitzer Agnelli und Alfa-Präsident Massacesi gerne hängen sehen.

Welcher Deal schlussendlich der Bessere gewesen wäre für Alfa Romeo, darüber kann nur spekuliert werden. Für die Alfisti jedenfalls blieb eine eigenständige Führung, ohne Staat und ohne anderem Autokonzern im Rücken, ein Traum, der nie mehr in Erfüllung gehen sollte, und die Ära Arese ging kontinuierlich ihrem Ende entgegen.

Die Zahl der Beschäftigten war damals auf 16.000 geschrumpft, und nach harten Sanierungsmaßnahmen waren es binnen eines weiteren Jahres nur noch 6000. Die Schulden von Alfa Romeo waren immens. Fiat übernahm zum Zeitpunkt des Erwerbs Finanzschulden in Höhe von 700 Milliarden Lire und weitere 1050 Milliarden Lire in fünf vereinbarten Raten von 1993 bis 1997. Dank des damals stetigen Wertverlusts der Lira verbesserte sich das Geschäft für Fiat schließlich noch ein wenig.

Mit der formellen Übernahme Alfas am 1. Januar 1987 gründete Fiat die Alfa-Lancia S.p.A. in Mailand. Viereinhalb Jahre später, am 1. September 1991, löste Fiat diese Gesellschaft wieder auf und führte die beiden traditionsreichen Marken Alfa Romeo und Lancia nun als eigene Abteilungen im riesigen Fiat-Konzern weiter. Als Begründung gab man, wie in solchen Fällen oft üblich, Rationalisierungsmöglichkeiten an. Im Klartext: 500 Leute aus der Verwaltung mussten gehen. Weitere Streiks waren programmiert, die einmal gar zur Sperrung der Autobahn Milano-Laghi führten, weil die betroffenen Angestellten sie zum Protest besetzt hatten.

Es bedurfte einiger weiterer Jahre und einiger Wechsel im Management von Fiat S.p.A. und Fiat Auto, bis die Konsolidierung abgeschlossen und den Entscheidungsträgern klar geworden war, dass die Marke Alfa Romeo von ihrer traditionell sportlichen Individualität und Klasse lebte und einer anderen Behandlung bedurfte als die Marke eines Massenherstellers von Konsumautos. Seit 2002 führt Fiat seine Marken denn auch wieder als weitgehend autark agierende Bereiche, und das Karosserie-Design findet wieder die Anerkennung auch anspruchsvoller

Oben links: Nach dem Ende der Produktion beginnt der Verfall, zurück bleiben auch Modelle aus der Entwurfs-abteilung.

Oben rechts: Ausgeräumt: Die traurigen Reste von jahrzehnte langer Traumwagen-produktion.

Unten links: Das Markenzeichen prangt noch über den Ruinen.

Unten rechts: Die Präsentation der neuen Giulia in Arese auf den Tag genau am 105. Geburtstag der Marke gibt Hoffnung für die Zukunft der Marke.

Alfa-Freunde – wie zu den besten Zeiten. In technischer Hinsicht hingegen hinkte Alfa der Konkurrenz aus Deutschland allerdings immer noch hinterher.

Ebenfalls im Jahr 2002 verkaufte Fiat einen großen Teil des Fabrikgeländes an das US-Firmenkonsortium AIG/Lincoln, ein international agierendes Immobilien-Unternehmen. Es war klar, dass diese Firma, die keinen Bezug zu Alfa Romeo besaß, kein Interesse an den Gebäuden des „Stabilimento" hatte, es ging nur noch ums große Geld beim Verkauf der Liegenschaft. Immerhin wurde ein damals geplantes Projekt mit Dutzenden neuer Lagerhallen aber noch als „Alfa Business Park" betitelt.

Echte Alfisti werden sich noch daran erinnern, dass Milano früher Bestandteil des Markenemblems war. Doch Autos wurden in der einstigen Vorzeigefabrik im Vorort Arese schon lange nicht mehr gebaut. La Fabbrica war zur Geisterstadt verkommen. Der Asphalt bröckelte wie der Verputz, und unzählige Scheiben waren eingeschlagen.

Spätestens als 2005 auch die Produktion des in kleiner Stückzahl teuer produzierten Busso-Sechszylinders im Stabilimento Arese eingestellt wurde, war klar, wohin die Reise bei Alfa Romeo ging. Fiat setzte in Kooperation mit dem US-Autoriesen General Motors (GM) auf kostengünstige Powertrain-Triebwerke, und auch der übriggebliebene Teil der „Fabbrica" wurde endgültig geschlossen. Im Januar 2010, ironischerweise im Jahr des 100. Geburtstages von Alfa Romeo, wurden die Lichter in der Fabrik für immer gelöscht.

2011 schloss auch das wenige Meter von der Fabrik entfernte Museum seine Tore. Viele fürchteten das Schlimmste, kursierten doch bedrückende Gerüchte über die Zukunft der automobilen Schätze, die im Museum und in seinem Keller aufbewahrt waren. Glücklicherweise wurde die Ausstellung am 24. Juni 2015 zur Präsentation der neuen Giulia genau am 105. Geburtstag der Marke nach vier Jahren Renovierung wieder eröffnet. Es keimte wieder Hoffnung für die Zukunft von Alfa Romeo.

Abbruch

Von der Fabrik zum Einkaufszentrum

Oben: Die leer geräumte Montagehalle ist für den Abriss bereit.

Unten links: 45 Jahre lang sind hier Alfas gebaut worden. Der Abbruch des Stabilimento beginnt 2005.

Unten rechts: Nach und nach werden die Gebäude dem Erdboden gleich gemacht.

Abbruch
Von der Fabrik zum Einkaufszentrum

Nach der Übernahme von Alfa Romeo durch Fiat sank die Zahl der Angestellten in Arese immer weiter und war zum Zeitpunkt der Schließung auf 800 geschrumpft. 1994, als im Werk noch der Alfa 164 vom Band lief, hatte Fiat bereits erste Pläne für die Zukunft des Standorts angekündigt. Mit der Regierung unterzeichnete Fiat ein Absichtsprotokoll, und 1996 wurde ein Konsortium gebildet, das die Reindustrialisierung des Areals untersuchen sollte.

So wurde anfangs ein Abkommen vereinbart, das die Produktion des Fiat Multipla Bipower vorsah, der sowohl mit Benzin als auch mit Erdgas zu betreiben war. Die geforderten Stückzahlen ließen sich jedoch nicht erreichen, und so war es mit der Multipla-Herstellung auch bald wieder vorbei. Die Hallen leerten sich weiter.

In den folgenden Jahren, in denen noch GTV und Spider der Serie 916 sowie V6-Motoren in Arese produziert wurden, kam wiederum keinerlei Verbesserung in Sicht. Nach der Verlegung der Unternehmensverwaltung von Arese nach Turin und dem Verkauf des größten Teils des Geländes und der Hallen im Jahre 2002 an den Immobilienriesen AIG/Lincoln plante man einen Sortier- und Umschlagplatz für den Mailänder Flughafen Malpensa zu bauen, der den Namen „Alfa Business Park“ trug. Dazu wurden als erstes alle Hallen im Westen, also Lackiererei, Presswerk, Karosserie- und Endmontage abgerissen.

2003 unterzeichneten Vertreter der Region Lombardei und der vier Gemeinden Arese, Rho, Lainate und Garbagnate ein weiteres Abkommen, das vorsah, auf

Oben links: Das Ende einer der Werkskantinen

Oben rechts: Die Polizei greift gelegentlich ein, um Demonstrationen auf dem alten Werksgelände zu beenden.

Unten links: Eingeebnet: Hier entstehen die Parkplätze für die Expo 2015.

Unten rechts: Die Abrissbagger fressen sich Gebäude für Gebäude durch das Werksgelände.

dem Areal Forschungseinrichtigen für alternative urbane Mobilitätssysteme zu schaffen – unternommen hat freilich nie jemand etwas. Unterdessen wurde die Autoproduktion in Arese endgültig beendet und nach Pomigliano d'Arco verlegt, und Gewerkschaften und Arbeiter gingen in die nächste Runde mit Regierung und Unternehmensleitung.

In den letzten verbliebenen Hallen im Werk Arese arbeiteten mittlerweile nur noch die Leute von der Projektierung für Alfa Romeo. Um die zahlreichen Ex-Mitarbeiter der Fabrik wieder beschäftigen zu können, kam es 2004 zu einem erneuten Abkommen. 550 Arbeitsplätze sollten geschaffen werden. Dazu wurden nun endlich mehrere neue Hallen im Nordwesten des Areals für das 2002 geplante Logistikzentrum erstellt.

Ab 2005 fuhren dann schließlich die Abrissbagger auch im östlichen Teil des Geländes auf und machten die Gießerei, die Schmiede und 2009 auch die Gebäude dem Erdboden gleich, die einst die Forschung und das Centro Stile beherbergt hatten. An deren Stelle wurden Parkplätze für 10.000 Autos erstellt, die bereits für die Besucher der Mailänder EXPO 2015 gedacht waren. Warum dafür drei Millionen Euro investiert wurden, obwohl man auch das damals noch bestehende Parksilo hätte benutzen können, bleibt schleierhaft. Das Gebäude mit seinen beiden Ein- und Ausfahrtürmen wurde 2011 abgerissen.

Im Jahre 2010 – mittlerweile waren etliche weitere Vereinbarungen geschlossen und nicht verwirklicht worden –

Oben links: Bald ist nur noch etwas Schutt übrig von „La Fabbrica" in Arese.

Oben rechts: Das ehemalige Gebäude für Forschung und Entwicklung gehört zu den letzten, die abgerissen werden.

Mitte links: Ein paar Hallen stehen noch, als bereits die EXPO Parkplätze asphaltiert werden.

Mitte rechts: An den Mauern sind noch die Schrägen der Sheddachkonstruktion zu sehen.

Unten: Die Bagger knacken Meter für Meter den Stahlbeton des Parkhauses. Über die gewendelte Rampe sind einst die Neuwagen ins Parksilo gefahren worden. Bald steht auch hier nichts mehr.

Oben: 2014 nimmt der Bau des Einkaufszentrums Formen an. Vom Werk ist kaum noch etwas übrig.

Unten: Im Frühling 2016 wird das „Arese Shopping Center" eröffnet. Im Hintergrund sind die neuen Lagerhallen und unten das Centro Tecnico zu sehen, das noch im Besitz des Fiat-Konzerns ist.

wurde beschlossen, an der Stelle, wo seinerzeit die 480 Meter lange Halle der Fahrzeugmontage stand, den größten Supermarkt Europas zu bauen. Das „Arese Shopping Center" wurde dann auch tatsächlich im Frühling 2016 eröffnet. Heute erinnert auf dem zwei Millionen Quadratmeter großen Werksareal außer dem renovierten Centro Direzionale mit Museum und Showroom nur noch das Centro Tecnico an das seinerzeit modernste Automobilwerk der Welt.

MEYER
ITALIA

Die Menschen

Die Gesichter hinter Alfa Romeo und Arese

Männer, die mit Alfa Romeo Automobil-Geschichte geschrieben haben (von links): Orazio Satta Puliga, Giuseppe Busso, Giuseppe Luraghi und Carlo Chiti

Die Menschen

Die Gesichter hinter Alfa Romeo und Arese

Bei Alfa Romeo Arese gab es nicht wenige Angestellte, die gleich nach der Schule ihre berufliche Laufbahn im Werk gestartet haben und schließlich bis zu ihrer Pensionierung geblieben sind. Seit den 50er Jahren existiert sogar eine Vereinigung namens „Seniores Alfa Romeo", dessen Mitglieder mindestens 20 Jahre bei Alfa Romeo gearbeitet haben müssen. Noch heute zählt diese Gruppe mehr als 2500 ehemalige Arbeiter zu ihren Mitgliedern.

Die Seniores waren auch ganz vorn mit dabei, als es darum ging, das Museum wieder zu eröffnen, indem sie mit Briefen Fiat und die umliegenden Gemeinden aufforderten, die Geschichte Alfa Romeos nicht zu ignorieren. Wie wir heute wissen, waren ihre Anstrengungen nicht vergebens.

Wer den Seniores heute zuhört, erfährt immer wieder, dass es in der „Fabbrica" nicht nur um Stahl und Schrauben gegangen sei. Vielmehr sei es die Leidenschaft der vielen Angestellten und Arbeiter gewesen, mit der die automobilen Schmuckstücke des lombardischen Herstellers kreiert und auf der ganzen Welt begehrenswert gemacht wurden.

Wer einmal vom Virus Alfa infiziert ist, kann eben so schnell nicht wieder „geheilt" werden. Was für die vielen Alfisti gilt, scheint also auch auf die Leute von Arese zuzutreffen. Einige Persönlichkeiten die in der fast 50-jährigen Geschichte der „Fabbrica" dem Unternehmen ihren Stempel aufgedrückt haben, werden hier kurz und in alphabetischer Reihenfolge porträtiert.

Ohne sie hätte es keine Alfas aus Arese gegeben: Zeitweise sind 20.000 Leute bei Alfa Romeo in Arese beschäftigt. Jeder Einzelne trägt zum Erfolg der Marke bei und viele sind stolz darauf, für Alfa Romeo zu arbeiten.

Carlo Agazzi

Stellvertretend für alle Werksmitarbeiter von Arese sei hier Carlo Agazzi erwähnt. Er trat 1958 im Alter von 18 Jahren im Werk Portello in die Alfa-Romeo-Familie ein und blieb der Marke 35 Jahre lang bis zu seiner Pensionierung 1993 treu. Er absolvierte nebenberuflich die Ausbildung zum diplomierten Maschinenbauer und später die Universität mit Abschluss in Unternehmenswirtschaft. Seine Tätigkeit bei Alfa Romeo begann er im technischen Büro Portello. Im Laufe der Jahre arbeitete er in diversen Abteilungen im Stabilimento Arese und ab 1987, im Dienst des neuen Eigners Fiat, auch in den Werken Turin, Rivalta und Melfi.

Bereits 1978 trat er der Vereinigung „Seniores Alfa Romeo" bei. Die Gruppe existierte bereits seit 1952, und Mitglied kann nur werden, wer mindestens 20 Jahre lang für das Unternehmen tätig war. Heute ist Carlo Agazzi Präsident dieser Vereinigung mit immer noch ansehnlichen 2500 Mitgliedern, und er gilt nach wie vor als Brückenbauer zwischen Alfa Romeo und Fiat. Zusammen mit der Gruppe der langjährigen Werksangestellten war er denn auch ab 2014 maßgeblich an der Wiedereröffnung des Alfa-Romeo-Museums beteiligt.

Links: Giuseppe Busso ist ein hervorragender Ingenieur, der für Alfa Romeo Großes geleistet hat.

Oben: Busso mit seiner Frau und einem Alfa Romeo Giulia TZ1

Giuseppe Busso

Der hervorragende Ingenieur hat für Alfa Romeo Großes geleistet. Giuseppe Busso haben die Alfisti etwa den fabelhaften V6-Motor zu verdanken. Er wurde 1913 in Turin geboren, wo er auch sein Studium absolvierte. 1937, nach dem Militärdienst, startete Busso seine Karriere bei Fiat in der aeronautisch-technischen Abteilung, bevor er später in die Entwicklungsabteilung für Schienenfahrzeuge wechselte.

Im Januar 1939 stieß Busso zu Alfa Romeo und lernte dort auch Orazio Satta Puliga kennen – eine folgenreiche Begegnung. Es begann eine jahrzehntelange Freundschaft, die in der Entwicklung von sensationellen technischen Lösungen gipfelte. Schon die ersten Arbeiten Bussos an den Rennmotoren von Alfa Romeo erregten am Turiner Polytechnikum Aufsehen und führten dazu, dass er einen Lehrauftrag erhielt.

Nach dem Zweiten Weltkrieg folgte Busso 1946 dem Ruf nach Maranello. Enzo Ferrari war von den Fähigkeiten des 33-Jährigen so überzeugt, dass er ihn 1947 kurzerhand zum technischen Direktor ernannte. 1948 kehrte Busso dennoch nach Mailand zurück, nachdem ihn sein Freund Puliga darum gebeten hatte, wieder für Alfa zu arbeiten. Von seiner Rückkehr an gab es keinen Alfa Romeo mehr, den er nicht geprägt hatte.

Busso wurde verantwortlich für die mechanischen Komponenten der Entwicklung. Ein Meilenstein war der 1900er-Motor für das erste Großserienmodell. Dann kam der revolutionäre Motor für die Giulietta: 1290 cm^3, Alublock, neue Metalllegierungen, zwei obenliegende Nockenwellen – das Konzept sollte fast 50 Jahre lang Bestand haben. Alle Vierzylinder, die Portello und Arese verließen, basierten auf dem Entwurf des Motors.

Busso war auch der Vater des längst legendären 6-Zylinders, der – zunächst noch mit Vergasern bestückt – 1979 im Alfa 6 debütierte. Mit Einspritzung war er ab 1980 in der Alfetta GTV6 wiederzufinden, zuerst mit 2,5 Litern Hubraum, dann kamen verschiedenste Ausbaustufen, etwa der Zweiliter-Turbo-V6, um der italienischen Steuer ein Schnippchen zu schlagen, und zuletzt der GTA Motor mit 3,2 Litern Hubraum und je nach Modell 240 bis 250 PS.

Alfa Romeo bediente sich dieses Baukastens immer und immer wieder. Der V6 wurde in den Modellen GTV, GT, 147 GTA und 156 GTA sowie in der 166er-Serie eingebaut. Und genau genommen ist es der letzte Alfa-Romeo-Motor, der bis kurz vor der Schließung des Stabilimento noch in Arese gebaut wurde.

Im Verlauf seiner 30-jährigen Karriere bei Alfa Romeo reihte Busso viele Titel aneinander: Der „Caposervizio" im Jahr 1952 führte über einen Vizedirektoren-Titel im Jahr 1966 zum Direktor im Jahr 1969, zum Vize-Generaldirektor im Jahr 1972 und schließlich zum Co-Generaldirektor im Jahr 1973. Bei Alfa Romeo entwarf Busso Autos, die alle in die Ruhmeshalle der Mailänder Manufaktur gehören: das Formel-1-Auto von 1951, mit dem Fangio den Weltmeistertitel holte, den Disco Volante Sport, den 6C 3000CM, den ersten Tipo 33 mit Magnesium-Aluminium Monocoque, die SZ-Baureihe (coda tonda und coda tronca), TZ1 und TZ2, die 1900er Modellreihe, Giulietta, Giulia, die Alfetta, aber auch Exoten wie den Matta 4x4, einen Armee-Jeep. 1977 verabschiedete sich das Genie in den verdienten Ruhestand. 2006 verstarb er, aber das Erbe, das er hinterließ, ist riesig.

Domenico Chirico wird neben Rudolph Hruska auch als Vater des Alfasud bezeichnet.

Domenico Chirico

Der Mann aus dem Süden Italiens, geboren 1928, gilt als Vater des Alfasud. Domenico Chirico hatte zwischen 1985 und 1988 in Arese die Verantwortung für die technische Abteilung (Direzione Tecnica), also über die Projektierung sowie die Versuchs- und Testabteilung für die neuen Modelle.

1952, nach seinem Ingenieurstudium am Polytechnikum in Milano, war er im Portello bei Alfa Romeo angestellt worden und seinerzeit als Ingenieur in der Produktion der Alfa-Romeo-Lastwagen und -Busse tätig. Bei Einführung der Giulia wurde er 1964 in die Testabteilung der neuen Modell-Linie nach Arese versetzt. Dort war er unter seinem Chef Orazio Satta Puliga für die kontinuierliche Verbesserung der bereits realisierten Giulia-Versionen verantwortlich.

Anfangs lief der Verkauf der Giulia wegen des außergewöhnlichen Designs eher schleppend – zeitweise war gar von einem Produktionsstopp die Rede. Satta Puliga verbot jedoch jegliche Änderung an der Karosserie schon aus Kostengründen; neue Pressformen wären schlicht viel zu teuer gewesen. Man entschied sich stattdessen, die Leistung der Motoren zu verbessern.

Dank der von Domenico Chirico intelligent ausgetüftelten neuer Ansaugluftführung und Vergasertechnik konnte die Leistung der Motoren mit geringem Aufwand erheblich gesteigert werden. Die stärkere Giulia Ti machte schnell Furore, und die Modellreihe wurde schließlich zum Großerfolg für Alfa Romeo bis weit über die Landesgrenzen hinaus. 1967 wurde Chirico von Rudolph Hruska aufgefordert, das vom IRI beschlossene Alfasud-Projekt in die Wege zu leiten. Zu zweit stellten sie in einem kleinen Büro eine komplett neue Abteilung zusammen, die fähig war, ein neues Auto von A bis Z zu projektieren – und das neue Werk im Süden gleich mit. Schließlich begann Alfa Romeo im Februar 1972 im Stabilimento von Pomigliano d'Arco mit der Fertigung des Alfasud.

In Rekordzeit wurde das Werk aus dem Boden gestampft und der Alfasud entwickelt. Domenico Chirico war danach auch für die Projektierung und Realisierung der Alfa-Romeo-Modelle Alfasud Sprint, 33 und Arna verantwortlich, auch wenn er dem Arna-Projekt, einer Zusammenarbeit zwischen Alfa Romeo und Nissan, persönlich abgeneigt war.

Im Juni 1976 fusionierten die internen Projektabteilungen von Alfanord und Alfasud, die Verwaltung wurde in den Büros des Centro Tecnico in Arese untergebracht. Domenico Chirico übernahm die Verantwortung für alle mechanischen Komponenten der in Arese, Pomigliano d'Arco und Pratola Serra (Arna) produzierten Alfas. Dazu gehörten neben den im Süden gebauten Modellen nun also auch die verschiedenen Alfetta-Versionen, genauso wie Alfa 6, 75, 90 und ab 1987 der schon unter Fiat-Regie entwickelte Alfa 164.

Von 1985 bis zu seiner Pensionierung im Juni 1988 übernahm Domenico Chirico die Aufgaben des Chefingenieurs für das gesamte technische Management des Unternehmens. Mit 36 Dienstjahren hatte er sein ganzes Berufsleben in den Dienst von Alfa Romeo gestellt.

Ein Leben für den Motorsport: Carlo Chitis Name ist eng mit Autodelta verbunden.

Carlo Chiti
Der Name Carlo Chitis wird den meisten Alfisti als der des Autodelta-Chefs in Erinnerung sein. Geboren 1924 in Pistoia, schuf er vor allem in den 70er und den 80er Jahren berühmte Hochleistungsmotoren und Rennwagen. Bekannt wurde er dank der erfolgreichen und über viele Jahre andauernden Zusammenarbeit der von ihm gegründeten Firma Autodelta mit Alfa Romeo.

Nach dem Studium der Flugzeugtechnik an der Universität Pisa, das er mit einem Doktortitel abschloss, arbeitete Chiti von 1952 bis 1957 bei Alfa Romeo. In dieser Zeit war er vor allem in der Versuchsabteilung, dem sogenannten Reparto Sperimentale, beschäftigt – unter anderem mit dem Disco Volante und der Giulia Sprint. 1957 wechselte Chiti allerdings zum Konkurrenten Ferrari, wo er die Konstruktionsabteilung leitete.

Um seine eigenen Ideen für Rennwagen und Motorsport umzusetzen, ohne dabei die vertraglichen Verpflichtungen gegenüber den italienischen Autokonzernen zu verletzen, gründete Chiti 1963 zusammen mit Ludovico Chizzola, einem Alfa-Romeo-Händler, die Firma Auto Delta, die ein Jahr später in Autodelta S.P.A. umbenannt wurde. Das neue Unternehmen entwickelte sich in kurzer Zeit zur offiziellen Rennwagenabteilung von Alfa Romeo. Da es dem Areser Konzern als Staatsunternehmen untersagt war, Motorsport zu betreiben, sicherte sich Alfa Romeo 1966 die Dienste der Spezialisten von Autodelta und kaufte die Firma aus dem nahen Settimo Milanese.

Bereits mit dem TZ 2 kamen erste Erfolge, und mit dem GTA konzentrierte man sich ab 1966 mit noch mehr Gewinn auf den Tourenwagensport. Zwei Mal in Folge ging der Titel in der Tourenwagen-Europameisterschaft nach Settimo Milanese. Die Konkurrenz war praktisch chancenlos. Mit dem GTAm folgte 1969 bereits der nächste Titeljäger aus dem Chiti-Clan. Damit war aber noch lange nicht Schluss. Mit dem Tipo 33 kam wenig später ein weiteres Siegerauto von Autodelta, das in verschiedenen Versionen vor allem bei Langstreckenrennen allerhand Siege einfuhr.

Alfa Romeo war mittlerweile dank den von Carlo Chiti und Autodelta entwickelten Fahrzeugen zur neuen Speerspitze im Motorsport geworden. So kam der für den Tipo 33 entwickelte Zwölfzylinder-Boxer 1978 auch in der Formel 1 beim Team Brabham, das damals noch Bernie Ecclestone gehörte, zum Einsatz.

1979 entschloss sich Alfa Romeo jedoch, mit einem eigenen Werksteam unter der Führung von Chiti und Autodelta in die Königsklasse einzusteigen. Dabei kam ein weiterentwickelter V12 im Alfa Romeo 179 zum Einsatz, das Team erzielte damit allerdings keine nennenswerten Resultate. Von 1982 bis 1985 bestritt das Werksteam die WM mit einem neuen Turbomotor, den Chiti und Autodelta nach der aktuellen Formel 1 entwickelt hatten. Dieses Aggregat lief von 1984 bis 1988 in zahlreichen Überarbeitungsstufen auch im Kundenteam Osella, konnte in seiner mehrjährigen Einsatzzeit hingegen nur noch einzelne Weltmeisterschaftspunkte einfahren.

Als sich das Management von Alfa Romeo Ende 1981 entschloss, nach drei vergleichsweise erfolglosen Jahren die Formel-1-Aktivitäten von Autodelta auf den eigenständigen Rennstall Euroracing zu übertragen, verschlechterten sich die Beziehungen zwischen Chiti respektive Autodelta und Alfa Romeo immer mehr. Man wollte in Arese, dass sich Autodelta nur noch auf Entwicklung und Konstruktion der Rennwagen und der Motoren beschränken sollte, was mit einer Entmachtung Chitis gleichbedeutend war.

1984 erneuerte Alfa Romeo die Organisationsstruktur bei Autodelta, und Chiti musste einen Teil seiner Befugnisse an den einstigen Lancia-

Ingenieur Gianni Tonti abgeben. Damit war das Maß voll. Schließlich trennten sich Chiti und Alfa Romeo im Oktober 1984. Ende 1990 zog sich Chiti gänzlich vom Berufsleben zurück. Er verstarb im Juli 1994 in Mailand. Seine „Arese-Jahre" der 70er gehören jedenfalls zu den erfolgreichsten in Alfa Romeos Tourenwagenhistorie.

Pietro Dallera

Rekordverdächtig lang ist die Betriebszugehörigkeit von Pietro Dallera, neben Carlo Agazzi ein weiterer Areser Kollege, der zu den Protagonisten dieser Ära zählt. 45 Jahre lang arbeitete Dallera bei Alfa. Bekannt geblieben ist er aber vor allem als Opfer eines Attentats der „Roten Brigaden" (Brigate Rosse). Der Anschlag der BR-Terroristen am 21. Februar 1980, bei dem Dallera Verletzungen erlitt, sollte stellvertretend für die ganze Führungsetage gelten.

Pietro Dallera, Jahrgang 1927, war in Arese ab 1977 verantwortlich für die Lackieranlage der Rohkarossen. Er war jedoch schon 1941 im Alter von 15 Jahren in das Unternehmen eingetreten, damals noch in Portello. Viele seiner Werksjahre war er für Prüfungs- und Testaufgaben zuständig. 1975 wechselte er in die „Verniciatura", die Lackiererei. Anfangs war die Arbeit schwierig, da der größte Teil der Angestellten jung, schlecht ausgebildet und schwer zu führen war. Wegen einer Anweisung des IRI hatte Alfa Romeo etwa 50 Lackierer auf einen Schlag einstellen müssen, und so kamen diese von der Ausbildung direkt in die anspruchsvolle Lackiererei.

Das Arbeitsklima war zu dieser Zeit nicht angenehm, auch wegen der angespannten politischen Lage. Pietro Dallera schaffte es, sich mit der Gewerkschaft zu verständigen, die zwar für die Rechte der Arbeitnehmer kämpfte, das Unternehmen aber mit zahllosen Streiks auch gefährlich lähmte. Dank seines Verhandlungsgeschicks vermochte er somit die wilden Streiks in der Lackiererei in Grenzen zu halten. Vielleicht allerdings war das genau der Grund, warum ausgerechnet er Opfer der „Brigate Rosse" wurde.

1979, ein Jahr vor dem Attentat, als ein Mitglied der Terrorzelle verhaftet wurde, hatte die Polizei Papiere und Fotos gefunden, die alle Bewegungen von Dallera dokumentierten. Die Polizei riet Pietro Dallera, zur eigenen Sicherheit Arese zu verlassen. Er ließ sich jedoch nicht einschüchtern und arbeitete weiter für Alfa Romeo.

Am 21. Februar 1980 geschah dann das Unfassbare: Drei Personen in Alfa-Romeo-Arbeitskleidung verschafften sich Zugang zum Stabilimento. Pietro Dallera schilderte die Ereignisse so: „Ich wollte gerade mit meinem Assistenten Pasquale Oliveri die Lackiererei verlassen. Pasquale ging zuerst durch eine der Türen, und ich hörte deutlich jemanden sagen: ‚Das ist er nicht.' Anscheinend gab es einen Internen, der nur die Aufgabe hatte, mich zu identifizieren. Als ich durch die Tür trat, sagte eine im Dunkeln kauernde Person: ‚Das ist er.' Es näherte sich ein Mann mit Bart, Brille und Kapuze und schoss dreimal auf mich. Als ich am Boden lag, schoss er weitere fünfmal. Ich merkte, dass er mich nicht töten wollte, da er immer nur auf die Beine schoss. Einer schoss, einer fuhr den Fluchtwagen, der dritte war der Insider. Ich konnte ihn zwar nicht erkennen, es musste jedoch einer meiner Angestellten sein."

Die Attentäter konnten nie zweifelsfrei ermittelt werden, es wurden aber vier Terroristen für die Tat angeklagt, darunter auch zwei Werksmitarbeiter, und der Brigadist Vittorio Alfieri wurde schlussendlich für die Schüsse auf Pietro Dallera verurteilt.

Laut Dallera hatte der Terror schon sechs Monate zuvor begonnen. Zuerst wurde sein Büro im Werk angezündet, danach folgte nächtlicher Telefonterror. Grund für das Attentat war laut Aussagen der Roten Brigaden die „schändliche Aktivität" von Dallera, die er während 30 Jahren vorbereitet habe. In dieser Zeit wurden die Kommunisten im Betrieb entlassen und „privilegierte und arrogante Mitarbeiter" seien befördert worden „vom Lehrling zum Cavaliere". Möglicherweise spielte da auch Neid eine Rolle. Viele waren jedenfalls schockiert, als sich Gewerkschafter mit den Terroristen solidarisierten und unmittelbar nach dem Attentat den nächsten Streik ausriefen.

Zehn Monate später kehrte Pietro Dallera an seinen Arbeitsplatz in die Lackiererei im Stabilimento Arese zurück. Wie sich herausstellte, war das ein Fehler, denn es kamen neue Drohungen, dieses Mal gegen andere Arbeitskollegen, aber stets mit dem Hinweis auf das Attentat. Pietro Dallera zog einen Schlussstrich und verließ Arese. Fortan arbeitete er bis zu seiner Pensionierung 1986 zwar weiter für Alfa Romeo, aber zuerst in Südafrika, danach in Thailand und in Griechenland.

Walter de Silva ist ein begnadeter italienischer Automobildesigner und vierzehn Jahre lang für Alfa Romeo tätig.

Walter de Silva

Der begnadete italienische Automobildesigner hat im Centro Stile Alfa Romeo in Arese unter anderem das „Auto des Jahres" 1998, den Alfa Romeo 156, entworfen. Geboren 1951 in Lecco, begann Walter de Silva seine Tätigkeit im Automobilsektor 1972 allerdings im Centro Stile Fiat in Turin. Von 1975 bis 1979 war er anschließend im Studio des italienischen Designers Rodolfo Bonetto in Mailand mit dem Entwerfen von Möbeln befasst. 1979 ging er zurück nach Turin, um im Designstudio I.DE.A Institute zu arbeiten. 1986 wechselte er ins Centro Stile Alfa Romeo, das sich damals noch in Portello befand, und löste 1987 Ermanno Cressoni, den „Vater" des Alfa 75, als Chefdesigner ab.

Die Errichtung des neuen Centro Stile im Stabilimento Arese 1990 unter der Führung von Walter de Silva hatte Symbolcharakter für die Arbeit der kommenden 15 Jahre. De Silva führte eine neue Formensprache bei Alfa Romeo ein. Endlich hatte die italienische Marke wieder eine Linie, blühte die Schönheit erneut auf, die sie früher ausgezeichnet hatte. Dabei war de Silva immer schnörkellos, tat keinen Strich zu viel: „Ein Auto muss mit zwei, maximal drei Linien definiert sein. Ansonsten ist es overdesigned. Es gibt Autos, die haben so viele Linien, da könnte man drei Autos daraus machen.“

Nach dem beeindruckenden Concept Car Alfa Romeo Proteo wurden unter der Leitung de Silvas die Alfamodelle 145, 146, GTV & Spider 916, 156 und 166 entwickelt. Nicht zur Serienreife schafften es seine beiden Kreationen „Nuvola“ und „Kamal“. Leider, muss man sagen, denn beide Concept Cars bestechen mit wundervollen Formen und hätten das Straßenbild bedeutend aufgewertet.

Walter de Silva war ein Gestalter mit klaren Design-Prinzipien und über Jahre der wohl am besten anerkannte Designer der Szene. Die Entwürfe für den Alfa 156 und namentlich für dessen Kombivariante Sportwagon machten Ferdinand Piëch auf ihn aufmerksam. Der Chef des Volkswagen-Konzerns nannte den 156 Sportwagon das schönste Auto des Segments. Er beschloss, de Silva abzuwerben. So verließ der 1999 nach 14 Jahren Alfa Romeo zu Gunsten von Seat, Audi und VW. Die drei deutschen Marken bekamen dank der neuen Designideen de Silvas fortan ein Vielfaches an Aufmerksamkeit.

Am 30. November 2015 trat de Silva in den Ruhestand – das Ende einer Ära im Automobildesign. De Silva hinterlässt ein grandioses Lebenswerk, geschaffen nicht zuletzt während seiner Jahre im Centro Stile in Arese.

Unmittelbar danach begann Egger seine berufliche Karriere in der Design-Abteilung bei Alfa Romeo im neu eingerichteten Centro Stile in Arese. Unter Walter de Silva erlernte er schnell das Handwerk des Alfa-Romeo-Designers und worauf es bei den Fahrzeugen des Biscione zu achten galt. 1993 wurde er zum Chef-Designer von Alfa Romeo ernannt.

Nach einem kurzen Intermezzo bei Seat und Lancia (1998 – 2001) kehrte er 2001 wieder zurück ins Centro Stile und übernahm nach dem Abgang de Silvas auch die Leitung von Alfas Designabteilung. Für das Concept Car Nuvola und die beiden Modelle 156 und 166 zeichnete er ebenso verantwortlich wie Walter de Silva. Zu seinen persönlichen Erfolgen gehört die Entwicklung des Alfa 147, „Auto des Jahres“ 2001, und seines sportlichen Topmodells, dem Alfa 147 GTA.

Die Krone setzten sich Egger und sein Centro-Stile-Team allerdings mit seinem langjährigen Projekt eines Supersportwagens auf. Nachdem der Nuvola eine Designstudie blieb, schaffte Egger mit der Realisierung des Alfa 8C Competizione ein Meisterwerk, das es 2006 dank seinen Anstrengungen vom Prototypen (2003) zum Serienmodell geschafft hat. Damit setzte er sich ein Denkmal, das auf der ganzen Welt Anerkennung für ihn und für Alfa Romeo fand. 2008 folgte mit dem 8C Spider auch noch die offene Version. Beide Modelle wurden in limitierter Auflage von je 500 Exemplaren produziert und waren innerhalb kurzer Zeit ausverkauft.

Als 2007 bekannt wurde, dass Fiat plante, auch das Centro Stile in den Hauptsitz nach Turin verlegen zu wollen, verließ Wolfgang Egger das Unternehmen ebenfalls in Richtung Deutschland, zu Audi. 2014 kehrte er wieder nach Italien zurück und arbeitete kurze Zeit in Giorgio Giugiaros Firma Italdesign.

Wolfgang Egger gehört zu den einflussreichsten Automobildesignern der Welt.

Wolfgang Egger

Auch Wolfgang Egger gehört wie Walter de Silva zu den einflussreichsten Automobildesignern, die für Alfa Romeo gearbeitet haben. Er wurde 1963 in Oberstdorf im Allgäu geboren. Nach dem Abitur studierte er Design an der internationalen Hochschule für Kunst und Wissenschaften in Mailand. 1989 schloss er sein Studium als Industriedesigner ab.

Marco Fazio ist Nachfolger der famosen Elvira Ruocco und leitet das Archiv von 2005 bis Anfang 2016.

Marco Fazio

Marco Fazio war bis Anfang 2016 verantwortlich für das Archiv, das Centro Documentazione, im Gebäude des Centro Direzionale in Arese. Er war Nachfolger der famosen Elvira Ruocco, die 2005 pensioniert worden war.

Der 1977 in Ligurien geborene Alfafan studierte nach seiner klassischen Ausbildung Industrielle Archäologie. Das Studium schloss er 2002 an der Universität von Genua ab. Für ein Praktikum kam Marco Fazio 2003 zur Unterstützung von Elvira Ruocco ins Dokumentationszentrum. Zwei Jahre später übernahm er die Leitung des Archivs und war fortan allein für sämtliche Arbeiten und Anfragen aus aller Welt zuständig.

Damals wurde auch die Abteilung „Alfa Romeo Automobilismo Storico" mit dem Museum gegründet, für die er ebenso verantwortlich war. Die Abteilung kümmerte sich um die Präsentation der historischen Alfas bei internationalen Veranstaltungen, etwa beim berühmten Goodwood Revival in England und im historischen Motorsport. Auch heute ist diese Abteilung noch aktiv auf der ganzen Welt präsent und vertritt die Marke – nicht selten mit Marco Fazio an vorderster Front.

Laut Marco Fazio hat das Archiv in der jüngsten Vergangenheit erheblich mehr Arbeit bekommen als früher. 2009 wurden binnen eines Jahres noch 3300 Anfragen bearbeitet, 2015 waren es schon doppelt so viele. Insgesamt hat sich Fazio in den vergangenen elf Jahren um 31.638 Anfragen gekümmert und 15.097 Fotos verschickt. Immerhin hat er damit bei der Veröffentlichung von 466 Artikeln in Zeitschriften und Magazinen und von 126 Büchern mit dem Thema Alfa Romeo geholfen.

Fazio war schon als Kind begeistert von Alfa Romeo, zunächst speziell von der Giulia Super. Kein Wunder also, dass er sich 2002 mit dem ersten selbstverdienten Geld selber eine Giulia angeschafft hat. Seine Arbeit erlaubt es ihm, seine Leidenschaft für die Marke auszuleben, auch bei den Events, zu deren Teilnahme er mit dem Team von „Automobilismo Storico" gebeten wird. Dieselbe Passion bekommt er in den täglichen Emails zu spüren, in der wunderbaren Welt der Alfisti, wie er selbst sagt, deshalb bezeichnet er sich auch als vom Glück gesegnet. Seit Februar 2016 ist Marco Fazio zusammen mit Stefano Agazzi für den neu geschaffenen Sektor „FCA Heritage" zuständig mit der Aufgabe, die Kontakte zu den unzähligen Alfa-Romeo-Clubs weltweit zu pflegen.

Giuseppe Luraghi ist ein Mann des Volkes und auch öfters in der Produktion anzutreffen.

Giuseppe Luraghi
Giuseppe Eugenio Luraghi, geboren im Juni 1905, war eine der bedeutendsten Persönlichkeiten in Alfa Romeos Arese-Ära. Mit seinen Ideen und Entscheidungen als Präsident des Unternehmens zeichnete er hauptverantwortlich für die Goldenen Jahre der Marke. Luraghi studierte Volkswirtschaft an der Universität Bocconi in Mailand, mit Abschluss 1927, und betätigte sich nach seinem Studium vor allem als Journalist. 1930 bekam er eine Anstellung beim Reifenproduzenten Pirelli und übernahm anschließend auch leitende Positionen im Subunternehmen Linoleum. Nach zwanzig Jahren Managertätigkeit bei Pirelli wechselte er 1950 zu SIP und 1951 als Generaldirektor zu Finmeccanica, war also zuständig für den Maschinenbau unter IRI-Regie. Sein besonderes Augenmerk galt da schon der Partnerfirma aus dem Stadtteil Portello, da Alfa Romeo schon damals der Finmeccanica direkt unterstellt war.

Nach einem Konflikt mit dem IRI-Präsidenten verließ Giuseppe Luraghi das Staatsunternehmen 1956, kehrte jedoch 1960 als neuer Alfa-Romeo-Präsident zurück. Es folgten 14 glorreiche Jahre für den Autokonzern, in denen – auf Drängen Luraghis – 1962 das Stabilimento Arese gebaut wurde und erfolgreiche und leistungsstarke Modelle wie Giulia, GT und Alfetta reißenden Absatz fanden. Alfa Romeo war zu dieser Zeit ein florierendes Unternehmen, das nicht zuletzt dank seines engagierten Präsidenten auf der ganzen Welt großes Ansehen genoss.

In den 70er Jahren musste der Staatsbetrieb aufgrund politischer Forderungen das Alfasud-Werk in Pomigliano d'Arco bauen, um im maroden Süden des Landes neue Arbeitsplätze zu schaffen. Die Fabrik und das Modell Alfasud waren in technischer Hinsicht gut durchdachte Projekte, leider waren die Angestellten aber alles andere als zuverlässig. Das Resultat ist bekannt.

Nachdem die jahrzehntelangen Bemühungen um die Schaffung von Arbeitsplätzen im so genannten Mezzogiorno nur geringen Erfolg hatten, forderte die politische Bewegung der „Meridionalisten", dass kurzfristig noch mehr Investitionen um jeden Preis gemacht wurden. Die staatliche Wirtschaftsplanung forderte, dass Alfa Romeo neue Investitionen nicht in Mailand, sondern in Neapel vornehmen sollte.

Auch der christdemokratische IRI-Präsident und Politiker Giuseppe Petrilli sowie Industrieminister Ciriaco De Mita verlangten von Alfa Romeo noch ein zweites Werk im Süden in Irpinia. Alfa-Chef Luraghi wehrte sich: Aus Kostengründen sei es günstiger, die Kernproduktion von schnellen Personenwagen der Mittelklasse in Mailand zu belassen, wo die Lackiererei dringend modernisiert und vergrößert gehörte.

Zudem habe Alfa Romeo mit dem Alfasud-Werk bei Neapel mit 8000 Beschäftigten mehr für den Süden getan als jedes andere vergleichbare Unternehmen. Seit der Ölkrise, die alle Autohersteller zur Revision ihrer Investitionspläne gezwungen habe, bedeutete ein neuer Montagebetrieb in Süditalien den finanziellen Ruin und brächte außerdem Arbeitslosigkeit für den Mailänder Betrieb in Arese.

Das interministerielle Komitee für staatliche Planung (CIPE) in Rom und die staatliche IRI blieben jedoch auch jetzt auf ihren Weisungen bestehen und zwangen den Alfa-Präsidenten schließlich zum Abdanken. Luraghi war ein Opfer des „Meridionalismus", seiner Kündigung folgten nicht wenige Manager, die seine Meinung teilten.

Die Rivalen Luraghis handelten eher aus persönlichem Interesse, wollten sich mit dem Argument „Arbeitsplätze für den Süden" profilieren. Örtliche Clans bestimmten überdies, wer in den Genuss von Investitionen von außerhalb kam. Eine politische Untergruppe der Christdemokraten vergab die meisten Aufträge an Unternehmen, die nicht aus der näheren Umgebung kamen. Heute weiß man, dass die Mafia ihre Finger überall im Spiel hatte.

Schon beim Bau der Alfasud-Werke, so zitierte damals die deutsche Wochenzeitung *Die Zeit* den *Corriere della Sera*, sei dem Alfa-Romeo-Vorstand nahegelegt worden, bestimmte Bauarbeiterkolonnen zu beschäftigen und gewisse Lieferanten zu bevorzugen. Das umstrittene Werk in Irpinia wurde dann doch nicht gebaut – ein kleiner, letzter Erfolg des zurückgetretenen und allseits beliebten Ex-Konzernchefs.

Luraghi veröffentlichte nebenbei viele Bücher, sowohl erzählerische Werke als auch einige über die Automobilindustrie. Nach seiner Zeit bei Alfa Romeo rechnete er in diversen literarischen Werken auch mit den Protagonisten von Politik, Wirtschaft und Kultur ab, die Alfa Romeo durch ihre Fehlentscheidungen und Beschlüsse ernsthaft destabilisiert hatten. Bekannt wurde unter anderem der Titel „Alfasud, Mezzogiorno di fuoco“ von 1975. Sein letztes Buch veröffentlichte er 1991 mit dem Titel „Incontri eccellenti“, was so viel heißt wie Begegnungen auf höchster Ebene, in dem die Karrieren einiger „Exzellenzen“ beschrieben sind. Am 10. Dezember 1991 starb der letzte Grandseigneur von Alfa Romeo nach kurzer Krankheit im Alter von 86 Jahren.

Achille Moroni

Achille Moroni aus Mailand (geboren 1937) hat Maschinenbau mit Spezialfach Automobilkonstruktion studiert. Er wohnte in nur zwei Kilometern Entfernung vom Werk Portello. Nach dem Studium, das er aus Leidenschaft für den Automobilbau absolviert hatte, begann er im Frühling 1962 seine Tätigkeit bei Alfa Romeo als technischer Angestellter in der Qualitätsabteilung. Zuerst für die Funktionskontrolle zuständig, wechselte er in die Versuchs- und Produktauswertungsabteilung, wo er bis 1973 blieb.

Bis 1977 war Moroni dann in Brasilien in der Produktion des Alfa Romeo 2300 tätig, einer etwas anderen Alfetta mit 2,3-Liter-Motor. Nach der Rückkehr nach Italien war er in Pomigliano d'Arco für die Qualität des Alfasud verantwortlich. Wie wir wissen, war das keine leichte Aufgabe.

Achille Moroni musste den Ursachen für die massiven Rostprobleme auf den Grund gehen. Zunächst wurde vermutet, dass durch Korruption billiges Blech aus der Sowjetunion verwendet wurde. Es stellte sich dann heraus, dass die Bleche durchaus aus demselben italienischen Werk in Taranto stammten und die gleiche Qualität aufwiesen wie sämtliche Blechlieferungen nach Arese. Die Sache blieb mysteriös, denn die Alfasud-Bleche wurden auch mit denselben Produkten behandelt und lackiert wie die im Norden, zudem waren Lackiererei und Einbrennöfen viel moderner als die in Arese. Mit seinen Mitarbeitern begab sich Achille Moroni auf Ursachenforschung, untersuchte sowohl die Blechqualität als auch alle Phasen des Produktionszyklus.

Als erstes wurden große Diskrepanzen in den Bädern der Elektrophorese festgestellt, dann kam ans Licht, dass sich während der zahlreichen Ministreiks Kondenswasser auf den halblackierten Karosserien niedergeschlagen hatte. Nach dem Trocknen im Ofen hatten die Karosserien zwischen den einzelnen Lackierprozessen zu lange herumgestanden. Moroni und der Produktionsleiter legten neue Abläufe fest und ließen den Lackierprozess Tag und Nacht beobachten. Und sie hielten natürlich fest, dass die nur schlecht ausgebildeten und im Hauruckverfahren eingestellten Arbeiter ein teilweise legeres Verhältnis zur Arbeit hatten, wenn sie nicht gerade ohnehin wegen der Ernte oder etwas anderem abwesend waren.

1980, als das Alfasud-Werk die Rostprobleme langsam in den Griff bekommen, der Ruf von Alfa Romeo aber schon ernsthaft gelitten hatte, wurde Achille Moroni Direktor der Nordwerke in Arese plus des Wenigen, was in Portello noch übrig war. In Arese herrschte zu der Zeit ebenfalls große Unzufriedenheit, die Mitarbeiter waren jedoch weniger rigoros als die im Süden. So machten sie vor einem Streik noch jene Autos fertig, die sich mitten im Lackierungsprozess befanden.

Achille Moroni erlebte 1986 den Verkauf von Alfa Romeo an Fiat hautnah als Direktor der Nordwerke mit, hatte jedoch keinen Einfluss bei den zahlreichen Verhandlungen zwischen IRI, Ford und Fiat. Da er mit der Fusion zu Fiat-Alfa-Lancia nicht einverstanden war, verließ er 1990 den Konzern nach 28 Jahren.

Pasquale Oliveri wird nach seinen Jahren als Werksarbeiter Teil des offiziellen Automobilismo Storico Teams.

Pasquale Oliveri

Von 1997 bis 2004 war Pasquale Oliveri Vize-Präsident von Fiat-Alfa-Lancia und von 2005 bis 2008 verantwortlich für die Abteilung „Automobilismo Storico Alfa Romeo“. Der 1950 geborene Ingenieur aus Sestri Levante hatte schon seine Diplomarbeit an der Universität von Genua über die Firma Alfa Romeo geschrieben. Dazu besuchte er 1974 alle zwei Wochen das Werk Portello. Nach dem erfolgreichen Abschluss 1976 trat er zuerst in die Finmeccanica ein, begann allerdings schon kurze Zeit später in der Karosserieabteilung im Werk Arese und wechselte kurz darauf in die Lackiererei.

Lieber wäre er wahrscheinlich in die Projektierung oder, als Rennfan, gar zu Autodelta gegangen. Der Rennsport sollte für Oliveri jedoch ein Traum bleiben, für ihn wurden die Themen Qualität im Allgemeinen und Lackierung im Besonderen bestimmend. Man wollte bei Alfa Romeo in diesem Sektor zu den Besten gehören, und das waren damals die deutschen Hersteller. Mit dem Bau des Alfa 75 wurde eine erheblich verbesserte Rostschutz- und Lackbehandlung eingeführt, die Fiat Jahre später ebenfalls übernahm, und die der Zusammenarbeit mit Pietro Dallera und dem Trio Raveglia, Morfini, Longo zu verdanken war. Als kleine Genugtuung mag Rennsportfan Pasquale Oliveri empfunden haben, dass er auch für die Lackierung der Autodelta-Wagen verantwortlich war.

Als Fiat 2003 für die drei Marken separate Geschäftseinheiten bildete, die sich um die Qualität kümmern sollten, bekam Oliveri die Verantwortung für den Bereich bei Alfa Romeo. Die geschichtsträchtige Marke wurde damals besonders von der deutschen Klassiker-Fachpresse zu Recht für die mangelhafte Imagepflege kritisiert. In der Tat hatte die Pflege des automobilhistorischen Erbes im Hause keinen großen Stellenwert.

Die Presseangriffe aus Deutschland, dem Land der größten Konkurrenten BMW, Audi und Mercedes, wurden jedenfalls bei Alfa Romeo ernst genommen. Endlich sah man auch bei Alfa Romeo ein, dass die Imagepflege ein wichtiger Faktor für den Firmenerfolg war. Oliveri besuchte mit seinem Freund Axel Marx, einem großen Alfista und Sammler aus der Schweiz, dem auch die deutsche Automobilwelt bestens bekannt war, die drei Hauptkonkurrenten in Deutschland, die sich bereits sehr erfolgreich um die Geschichte und um die Fans ihrer Marken kümmerten.

Das Umdenken und die Rückbesinnung auf die Geschichte erwiesen sich als der technische wie der emotionale Schlüssel für eine erfolgreiche Kur der Marke. Im Falle Alfas wurde es auch nie nötig, teure Replikas anzufertigen. Dank der Weitsicht Satta Puligas und Luraghis, den Vätern des 1976 eröffneten Firmenmuseums Museo Storico, standen genügend fahrbereite und remobilisierbare Objekte aus der Vergangenheit in der eigenen Sammlung. Die Abteilung „Automobilismo Storico“ wurde gegründet, und nun ließ sich der Welt zeigen, dass das Herz, „il cuore dell’Alfa“, noch schlägt.

Die „Historiker“ hatten sich viel vorgenommen: Alle Museumsautos sollten instandgehalten, das Haus fürs breite Publikum geöffnet, alle Dokumente im Archiv für interne und externe Anfragen geöffnet werden. Die Abteilung sollte Orientierungspunkt für die Alfa-Clubs weltweit sein. Dazu kamen die engere Zusammenarbeit mit der „Scuderia del Portello“ und dem RIAR, dem „Registro Italiano Alfa Romeo“, die Unterstützung für historische Fahrzeuge bei Oldtimerrennen und natürlich die Teilnahme des offiziellen Automobilismo-Storico-Teams mit Museumsfahrzeugen an den größten und wichtigsten automobilen Veranstaltungen der Welt.

Der Einsatz hat sich gelohnt, nach einem Jahr harter Arbeit titelte die *Motor Klassik* „Die Wiedergeburt des Biscione“. Pasquale Oliveri hat das Heft aufbewahrt und sagt, ihm sei damals klargeworden, dass Alfa lebendiger war denn je. Wir haben es auch Pasquale Oliveri zu verdanken, dass der große Alfa-Romeo-Schriftzug, der früher auf den Parksilos thronte und von weitem sichtbar war, im Keller des Museums aufbewahrt wurde und vielleicht später wieder irgendwo Verwendung findet und in frischem Glanz erstrahlen kann.

Die junge Elvira Ruocco kurz nach ihrem Antritt bei Alfa Romeo.

Elvira Ruocco

Kaum zu glauben, dass sich bei Alfa bis Ende der 70er, Anfang der 80er Jahre praktisch kein Mensch um ein vernünftiges Archiv gekümmert hat. Den Löwenanteil der Aufbauarbeit hat mit Sicherheit Elvira Ruocco bewältigt. Sie war ab Mitte der 70er Jahre bis 2005 die Anlaufstelle für alle Besitzer von älteren Alfas, für Journalisten, Sammler, Autoren und Restauratoren. Geboren und aufgewachsen in der Nähe Neapels, arbeitete sie nach dem Erwerb eines Sprachendiploms in einer Pastafabrik, deren Chef eine Giulia besaß. Der Wagen faszinierte sie schon damals als junge Frau, und vollends ins Schwärmen geriet sie, nachdem sie ab und zu vom Chauffeur mit dem Alfa nach Hause gefahren wurde.

Nach dem Umzug ihrer Familie nach Saronno, nur wenige Kilometer von Arese entfernt, bewarb sie sich mehrmals bei Alfa Romeo für eine Bürostelle. Eines Tages wurde sie tatsächlich zum Vorstellungsgespräch ins Personalbüro eingeladen. Nach einigen Gesprächen sowie Prüfungen in Stenographie und Übersetzungen in Englisch und Französisch bekam sie am 3. Januar 1972 die Stellenzusage per Telegramm mit der Bitte, die Arbeit bei Alfa Romeo unverzüglich aufzunehmen. Für Elvira Ruocco ging ein Traum in Erfüllung. Alfa Romeo war damals noch der Stolz Norditaliens, der Diamant der Autoindustrie der gesamten Lombardei.

Obwohl das Stabilimento Arese 1972 schon seit zehn Jahren in Betrieb war, begann Elvira Ruocco ihre spannende Arbeit im Werk Portello. In ihren ersten beiden Jahren bei Alfa erlebte sie die Geburt des Alfasud und der Alfetta und lernte Rennfahrer wie Andrea de Adamich und Teodore Zeccoli kennen, außerdem fielen in diese Zeit der Rücktritt von Präsident Giuseppe Luraghi und der Tod von Orazio Satta Puliga.

Damit sie sich besser um ihre Familie in Saronno kümmern konnte, ersuchte sie um Versetzung nach Arese ins 1969 errichtete Centro Direzionale am Rande der großen und eindrucksvollen „Fabbrica“. Schließlich konnte Sie im Winter 1974 in der Abteilung für Industriefahrzeuge anfangen und wurde zwei Jahre später als Unterstützung für Öffentlichkeitsarbeit und Werbung in die PR-Abteilung versetzt.

Da sie vom geschichtlichen Hintergrund der Marke nur wenig Ahnung hatte, begann sie mit dem Selbststudium des Buches „Tutte le vetture Alfa Romeo dal 1910“ von Dottore Luigi Fusi, eines Werks, das noch heute die „Alfa-Bibel“ genannt wird. Aber es gab auch sonst genügend Personen, die sich gerne an Höhepunkte der Firmengeschichte erinnerten und ihr Wissen und ihre Geheimnisse an Elvira Ruocco weitergaben.

Ein geordnetes Archiv gab es zu jener Zeit noch nicht. Niemand war verantwortlich für die vielen Unterlagen von Alfa Romeo – bis dahin hatte es kein Mensch für wichtig gehalten, die unzähligen Dokumente, Pläne und Fotos an einem Ort gut aufzubewahren, um sie bei Bedarf auch schneller finden zu können. Somit haben wir es Elvira Ruocco zu verdanken, dass später das offizielle Markenarchiv mit dem Namen „Centro Documentazione Alfa Romeo" geschaffen wurde.

Ab Ende 1982 hatte Elvira Ruocco im Hintergrund daran gearbeitet, den riesigen Fundus zu ordnen. Verteilt über das gesamte Untergeschoss waren unzählige historische Dokumente und Unterlagen wild durcheinander eingelagert. Dazu gehörten auch noch unbelichtete Filmrollen, alte Alben, Presseartikel, Kataloge, Handbücher, Ersatzteilkataloge, technische Publikationen, Pläne von Alfa-Romeo-Modellen – buchstäblich tonnenweise Material, das nur darauf wartete, gesichtet, sortiert und archiviert zu werden.

Fortan war Elvira Ruocco zuständig für diese Arbeit, die sie so ordentlich und gründlich machte, dass Alfa Romeos Archiv 1996 gar als bestes in der Lombardei ausgezeichnet wurde. Selbstständig verfasste Ruocco Listen mit den unterschiedlichen Modellen, recherchierte Farben und Innenausstattungen und baute so ein einzigartiges und umfassendes Verzeichnis auf. Wer ihr die Chassisnummer seines Alfas mitteilte, durfte darauf zählen, Baujahr, Karosserie- und Interieurfarbe bei der Auslieferung, Produktionsdatum und Erstbesitzer oder Verkaufsbetrieb erfahren zu können. Auch Farbkarten sowie Konstruktionspläne waren nun im Archiv zu finden. Mit der Zeit machte sich Elvira Ruocco immer besser mit der Materie vertraut. So erhielt sie auch die Biografien berühmter Alfa-Romeo-Rennfahrer.

Außerdem hatte sie beinahe täglich Kontakt mit Journalisten, Oldtimerbesitzern und Alfa-Clubs auf der ganzen Welt, aber auch mit Kollegen aus den unterschiedlichsten Abteilungen des Werks Arese. Nur dank ihrer Unterstützung mit Unterlagen und Fotos war es vielen Studierenden und Autoren erst möglich, über das Thema Alfa Romeo Arbeiten zu verfassen. Auch selbst schrieb sie zahlreiche Artikel für Magazine oder als Gastautor für Bücher. Außerdem pflegte sie eine enge Freundschaft mit dem Ingenieur Giuseppe Busso und half ihm bei der Arbeit an seinem angesehenen Buch „Nel Cuore dell'Alfa".

Nach 33-jähriger Tätigkeit bei Alfa Romeo trat Elvira Ruocco 2005 in den Ruhestand, doch ihr leidenschaftlicher und akribischer Einsatz für Alfa Romeo wird auch heute noch von vielen geschätzt. So erhält sie nach wie vor zahlreiche Einladungen zu Veranstaltungen von Alfa-Romeo-Clubs aus ganz Europa.

Enrico Sala

Kaufmännischer Leiter in Arese war von 1965 bis 1980 Enrico Sala, Jahrgang 1927. Während des Baus der neuen Fabrik war er im Tessin als Direktor von Alfa Romeo Schweiz tätig. Nach seinem Eintritt 1963 arbeitete Sala als Verkaufsdirektor für den italienischen Markt hauptsächlich im Centro Direzionale, aber einmal in der Woche traf er sich in der Nähe von Portello im Büro von Hruska und Chirico zu Besprechungen

Enrico Sala ist in Arese von 1965 bis 1980 kaufmännischer Leiter. Sala ist treuer Anhänger Giuseppe Luraghis.

mit Vincenzo Moro, dem damaligen Vertriebsleiter, Giancarlo De Bona, dem Verkaufsleiter für Deutschland und mit Sergio Pincherli, der für die restlichen europäischen Märkte zuständig war, zur Konferenz. Das Projekt Alfasud war damals ein wichtiges Thema. Den Grundstein dazu legten Alfa-Präsident Giuseppe Luraghi und Vorstandsvorsitzender Vincenzo Moro 1968.

1973 erlebte Enrico Sala die „Krise Luraghi", die schließlich zum Ende seiner Präsidentschaft führte, hautnah mit. Er bewahrte auch alle Briefe zwischen der IRI und Luraghi auf. Eine interessante Korrespondenz: Luraghi setzte sich vehement für den Ausbau des Stabilimento Arese ein und verhinderte eine von IRI geforderte Kapazitätsverlegung von 70.000 Alfettas nach Pomigliano d'Arco. Er tat das mit Leidenschaft, immerhin hätte das praktisch zur Schliessung der Fabbrica geführt.

Nach dem Weggang Luraghis zog sich langsam aber sicher auch der besondere Geist aus Arese zurück, der mit dem Chef ins Werk eingezogen war. An die Ära Luraghi erinnern sich viele Protagonisten am liebsten zurück. Auch für Enrico Sala waren die von Luraghi getroffenen Entscheidungen jederzeit richtig und nachvollziehbar gewesen, das galt auch für das Alfasudprojekt. So wurden die hubraumschwächeren Autos im Süden gebaut, während die teureren – und qualitativ besseren – Autos aus dem Norden kamen. Noch 1982 produzierte Alfanord mehr Autos als BMW, doch das von IRI zusammengestellte Management versagte auf ganzer Linie, und die Verkaufszahlen sanken dramatisch.

Enrico Sala wehrte sich auch strikt gegen das Abkommen mit Nissan und das Arna-Projekt, nicht zuletzt deshalb, weil der Arna ein direkter Konkurrent für den Alfasud war und für den italienischen Markt für Alfa Romeo unnötig war. Enttäuscht verließ Sala das Unternehmen schliesslich nach 17 Jahren.

Knapp 30 Jahre später, am 1. März 2010, schrieb er einen Brief an Cesare Romiti, damals Fiat-Generaldirektor, der in einem Interview mit der Zeitung *Corriere della Sera* behauptet hatte, dass 1985 niemand an Alfa Romeo interessiert gewesen sei. Es sei ein Verlustgeschäft gewesen und das „Geschenk Alfa Romeo" von IRI an Fiat ein Mythos.

Sala schrieb nun Romiti voller Empörung, dass seine einstige Wertschätzung für den Fiat-Boss mit einem Schlag zerstört worden sei.

Auch er habe 1979 dem Projekt Arna von Ettore Massacesi nichts Positives abgewinnen können. Als Alfa-Verkaufsdirektor und Präsident der ANFIA, der Vereinigung der italienischen Automobilproduzenten, hatte er in Lingotto mit Romiti darüber gesprochen.

Die Geschichte belege, dass Alfa Romeo damals ein florierendes Unternehmen war, das gegen Ende der 70er Politiker und Manager der IRI aus rein politischen Gründen in den Abgrund manövriert hätten. Ford sei ernsthaft an Alfa interessiert gewesen. Romiti und Agnelli hätten zudem der IRI die geforderte Billion Lire, zahlbar binnen fünf Jahren, angeboten. Was ihn, Sala, so wütend mache, sei die Tatsache, dass Fiat das Geld erst 1993 bezahlte.

Dank der Verzögerung um fast zehn Jahre habe Fiat mit den damals üblichen Zinsen von 18 bis 24 Prozent ein Vielfaches der 1000 Milliarden Lire eingespart. Somit sei Alfa Romeo sehr wohl ein Geschenk an Fiat gewesen. Das habe Romiti im Interview von 2010 ebenso wenig erwähnt wie die damals gegebene Garantie der Arbeitsstellen und des Stabilimento. Zum Zeitpunkt des Interviews war Arese schon lange eine Geisterstadt. Sala starb 2011. Eine Antwort hat er nicht mehr erhalten.

Orazio Satta Puliga ist ein begnadeter Konstrukteur und Designer. Viele erfolgreiche Fahrzeuge von Alfa Romeo tragen seine Handschrift.

Orazio Satta Puliga

Der letzte der großen individuellen Konstrukteure Alfa Romeos war Orazio Satta Puliga, geboren 1910 in Turin. Nach ihm hat sich das Unternehmen mehr auf die Arbeit von Projektteams verlassen als auf das Schaffen Einzelner. Satta Puliga mit seiner Leidenschaft für Fremdsprachen war ein Ausnahmetalent in den Diensten von Alfa Romeo. Er war Designer, Konstrukteur und Ingenieur in Personalunion, und sein Name wird immer eng mit der Geschichte Alfa Romeos verbunden bleiben.

Er schloss sein Maschinenbaustudium 1933 am Turiner Polytechnikum ab und absolvierte 1935 auch noch die Ausbildung zum Luftfahrtingenieur. Seine bemerkenswerte Karriere bei Alfa Romeo begann er 1939 in Portello. 1946 wurde er Direktor der Konstruktions- und Versuchsabteilung, 1951 Direktor und 1969 stellvertretender Generaldirektor.

Sein Verdienst war jedoch nicht nur das Entwerfen erfolgreicher Autos, etwa des 1900. Er hat auch maßgeblich dazu beigetragen, bei Alfa Romeo moderne Produktionsmethoden einzuführen. Manches wirkt heute längst altmodisch, in der Zeit gleich nach dem Zweiten Weltkrieg hat es die Art und Weise, Autos zu bauen, tiefgreifend verändert.

So gehörte die Einführung eines Programms zur wissenschaftlichen Forschung und Verbesserung der Fahrzeugdynamik zu seinen Ideen.

Er schuf auch die Voraussetzungen dafür, leistungsstarke und zuverlässige Autos zu vergleichsweise günstigen Preisen anzubieten. Das hieß damals, dass Alfa Romeo idealerweise alle Komponenten der Autos auch in der eigenen Fabrik produzierte. Den Anfang machte Alfa mit der von Puliga entworfenen Limousine 1900 – ein gut fahrbares schnelles Familienauto von kompaktem Äußeren und großem Innenraum.

Der Wagen mit dem modernen Design bot auch sicherheitstechnisch Neues mit starrer Fahrgastzelle und leichter verformbaren Bug- und Heckpartien. Die hohen Verkaufszahlen bescherten Alfa Romeo goldene Jahre, führten jedoch allmählich zu Platzproblemen in Portello. Nach dem 1900 und dem nächsten Puliga-Spross Giulietta benötigte Alfa Romeo 1960 für die geplante Giulia dringend mehr Platz. So wurde, auch dank Orazio Satta Puligas, das neue „Stabilimento Arese" gebaut. Zu seinen Erfolgen als Designer und Konstrukteur zählen neben dem 1900 und der Giulietta auch die Giulia und der 1750, beides Modelle, die in Arese vom Band liefen. Auch die Alfetta von 1972 beruht auf seinen Ideen.

Der geniale Ingenieur verstarb 1974 nach schwerer Krankheit, aber sein Vermächtnis wurde von Menschen weiter geführt, die bei ihm gelernt hatten: Giampaolo Garcea, Giuseppe Busso, Ivo Colucci, Livio Nicolis, Consalvo Sanesi, Filippo Surace und Domenico Chirico.

Filippo Surace

Das Abenteuer Alfa Romeo begann für Filippo Surace, Jahrgang 1928, bereits in seiner Turiner Studienzeit. Eines Tages sah er einen 6C 2500 mit geöffneter Motorhaube und beim Blick darunter anstelle des üblichen Sechszylinders einen Vierzylindermotor. Der Fahrer des Wagens rannte sofort herbei, schloss die Haube und gab Gas. Nachdem Surace selbst bei Alfa angefangen hatte, erfuhr er im Februar 1956, was er da gesehen hatte: das famose Triebwerk des neuen Alfa Romeo 1900, auf dessen Basis die kommenden Generationen der Alfa-Reihenvierzylinder aufgebaut waren – und Giampaolo Garcea, seinen neuen Chef.

Anfangs in der Versuchsabteilung tätig, stieg Surace 1976 zum Leiter der Abteilung Forschung und Entwicklung auf. In den Jahren der Giulia hatten Surace und sein Team viel Arbeit, um das Modell ständig zu verbessern. So gelang es, das Fahrgestell des Autos und sein Fahrverhalten erheblich zu verbessern. Eine Herausforderung war die Giulia mit ihrer selbsttragenden Karosserie und den komplex geformten Blechen für Vertragswerkstätten und deren Spengler. Neuerdings wurden nach Unfällen eher Karosserieteile ausgetauscht als aufwändig repariert.

1967 zog auch die Entwicklungsabteilung nach Arese um, wo es für die technischen wie für die Versuchssektoren viel mehr Platz gab. Das war auch dringend nötig, da man sich für den Export in die USA entschieden hatte und große Anstrengungen zur Einhaltung der strengen US-Abgasnormen unternommen werden mussten. Der Umzug war für alle Abteilungen ein Riesenschritt. Alles war moderner, die Räume größer und heller, und in der Verwaltung wurden die ersten IBM-Rechner angeschafft.

Surace und das Team des Centro Tecnico arbeiteten nun oft am Wochenende oder in der Nacht, da sie nur dann Zugang zu den Rechnern bekommen hatten, die sonst von der Verwaltung benutzt wurden. Als erkannt war, wie hilfreich die Geräte für die Berechnungen der Forschungsabteilung waren, wurden dank Filippo Surace weitere Rechner angeschafft.

Die größte Herausforderung für Surace war die Entwicklung der Alfetta. Vor allem der Transaxle Antrieb mit der Getriebeanordnung im Heck und einer Antriebswelle, die mit Motordrehzahl rotierte, stellte die Entwicklungsabteilung, vor allem betreffend Vibrationen, vor große Probleme, die nur mit viel Mühe gelöst werden konnten. Nach unzähligen Versuchen wurde mit der dreifach gelagerten Kardanwelle mit Polygongummigelenken, auch Hardyscheiben genannt, schlussendlich die perfekte Lösung für den vibrationsfreien Betrieb gefunden.

Filippo Surace war während seiner 30 Dienstjahre für viele Entwicklungserfolge bei Alfa Romeo verantwortlich, dies betraf auch die Fahrzeuge aus dem Süden, Alfasud, 33 und Arna, da die Forschung für alle Modelle in Arese betrieben wurde. Surace verliess den Konzern 1985 als Generaldirektor nach einer Auseinandersetzung mit dem übrigen Vorstand und ging für drei Jahre bis zu seiner Pensionierung als technischer Direktor zu Piaggio. Seine Zeit bei Alfa Romeo bezeichnete er jedoch als wundervolle Erfahrung. Mit einem Lächeln sagte er einmal: „Eigentlich hätte ich Alfa Romeo dafür bezahlen müssen und nicht umgekehrt."

Giovanni Venturino

Giovanni Venturino, geboren 1924, war bis 1980 Direktor der Karosserieabteilung und 1982 verantwortlich für die Produktion im Ausland. Sein Vater war Besitzer eines Stahlpresswerks. Über dessen Kontakte zum damaligen Alfa-Präsidenten Giuseppe Luraghi fand Venturino 1960 nach fünf Jahren in einem Presswerk der IRI eine Anstellung bei Alfa Romeo. Er wurde technischer Spezialist im Sektor der Kaltblechverformung.

Der Bau des Stabilimento Arese war damals in vollem Gang, und Giovanni Venturino leitete den Bau des Presswerks. Nach der Fertigstellung der großen Halle war er auch zuständig für den Umzug und für die Installation sowohl der Pressen aus Portello als auch ganz neu beschaffter. Für die ersten tausend Exemplare der neuen Giulia mussten Karosseriebleche in England – beim Hersteller der Pressen – gefertigt werden, da während der Bau- und Umzugsphase weder in Portello noch in Arese das Presswerk lief.

Ohne diese Auslandsfertigung hätte die Produktion der Giulia erst Monate später begonnen werden können. Ende 1961 nahm dann die Karosserieabteilung als eine der ersten den Betrieb in Arese auf, damit die Giulia endlich in Großserie fabriziert werden konnte. Venturino betreute sämtliche Pressen im neuen Stabilimento, auf denen die Blechteile für die Giulietta aus Portello und für die Arese-Modelle Giulia und GT produziert wurden. Die neuen Pressen bezeichnete er damals als das Modernste, was es auf dem Markt gab.

Was in Portello aufgrund der alten Gebäudekonstruktion nicht möglich war, wurde beim Bau der Fabbrica schon im Voraus berücksichtigt und von Giovanni Venturino eingeplant: Die Stanzabfälle der Bleche wurden über Trichter ins Untergeschoss der Halle geleitet. Fließbänder führten den Abfall zu einer weiteren Presse, wo er zu Paketen verdichtet wurde, die zurück in die Schmelze kamen. Das sparte Zeit und Material.

Giovanni Venturino bekam in jener Zeit, als die Bänder häufig stockten, den Auftrag, die Produktion bei anderen Herstellern zu besuchen, um Verbesserungsmöglichkeiten für Arese zu finden. Vor allem bei BMW ging die Fertigung der Autos viel produktiver von statten. Venturionos Berichte nutzten allerdings namentlich in jener Zeit der häufigen Arbeitsniederlegungen wenig.

Später war Venturino verantwortlich für die Werke im Ausland. Alfa Romeo produzierte in den 80ern auch in Südafrika, in Brasilien, Griechenland, Thailand und Malaysia. Von Italien wurden sämtliche Teile geliefert, die dann an Ort und Stelle montiert und lackiert wurden. Venturino war für die Versand-Organisation zuständig. In Südafrika etwa verließen täglich nur gerade zehn Alfettas und GTV das Werk, in den übrigen Ländern waren es noch weniger. Am Ende war die Marktpräsenz bedeutender als der wirtschaftliche Erfolg.

Laut Giovanni Venturino herrschte in den Präsidialjahren Luraghis (1960 – 1973) noch ein großer Unternehmensstolz, auch für ihn sei es die schönste Zeit bei Alfa Romeo gewesen. An den heißbegehrten Autos arbeiteten die Leute mit Engagement und Herz – sie hätten sich als Angehöriger einer Eliteeinheit gefühlt. Mitte der 70er habe sich Alfa Romeo nach dem Austritt Luraghis zum Schlechten verändert. Der Name habe dennoch weltweit seinen Ruf behalten. So habe es nicht an den Produkten gelegen, dass Alfa Romeo 1986 in die Hände Fiats gekommen sei, sondern am Management. Und das sei dann auch letztendlich der Grund für die Schließung des Stabilimento Arese gewesen.

Die Geschichte der Mailänder Traditionsmarke wird im Werksmuseum ausführlich beschrieben.

Schlusswort des Autors

Seit meinen Jugendjahren zähle ich mich zu den leidenschaftlichsten Liebhabern der Marke Alfa Romeo. Meine Passion hatte mich dazu gebracht, (fast) alles über die Marke mit dem schönsten Firmenzeichen der Welt zu wissen – dachte ich. Doch während meiner Recherche zu diesem Buch lernte ich viel Neues kennen. Geschichten, über die ich mich gefreut habe, Geschichten über Menschen, die meinen Enthusiasmus teilen, und Geschichten über Menschen, die in den vergangenen 50 Jahren großartige Arbeit für die Marke geleistet haben. Aber es gab auch Berichte und Tatsachen, die mich geärgert haben, Entscheidungen etwa, die zum Ende von Arese geführt haben und beinahe auch zum Ende von Alfa Romeo. Meiner Begeisterung für Alfa Romeo tat dies jedoch keinen Abbruch. Im Gegenteil, ich bin mehr Alfista als je zuvor.

Umberto Di Paolo, im Frühjahr 2017

Alfa Romeo
servizio